Alfons Lüke

Das große Handbuch der Graphologie

Alfons Lüke

Das große Handbuch der Graphologie

Vollständig überarbeitete Neuausgabe

ARISTON

Die Deutsche Bibliothek – CIP-Einheitsaufnahme

Lüke, Alfons:
Das große Handbuch der Graphologie : Vollständig überarbeitete
Neuausgabe / Alfons Lüke. – 3. Aufl. – Kreuzlingen; München:
Ariston Verlag, 1998

© 1991/1998 by Ariston Verlag, Kreuzlingen
Alle Rechte vorbehalten

Umschlaggestaltung: Manu Böhler, Überlingen
Umschlagmotive: G+J Fotoservice/Photonica (oben links),
Bavaria Bildagentur (oben rechts und unten rechts)
Satz: EDV-Fotosatz Huber/Verlagsservice G. Pfeifer, Germering
Druck: Wiener Verlag, Himberg bei Wien

ISBN 3-7205-2033-1

Inhaltsverzeichnis

Einleitung 9

1. Die Grundlagen der Schriftpsychologie 11

Der »königliche Weg« 11

Die Handschrift als Ausdruck und Symbol 13

Bewegungs-, Form- und Raumbild 15

Möglichkeiten und Grenzen der
Schriftpsychologie 17

2. Der Aufbau der Persönlichkeit 21

Der Lebensgrund 22

Der endothyme Grund 25
Die Antriebe 25 – Die Gefühlsregungen 27 – Die Gestimmtheiten 27

Die Auseinandersetzung mit der Außenwelt 28
Die Wahrnehmung 28 – Vorstellungsbilder, Gedächtnis und
Phantasie 29 – Denken, Urteilen und Schließen 31 – Das Han-
deln 31

Der personale Oberbau: Geist und Wille 32

Formen der Dissoziation 34
Die Verdrängung 34 – Die Unechtheit 36 – Kompensation
und Adäquation 38

Das Unbewußte 39

Die Psyche in tiefenpsychologischer Sicht 40

Sigmund Freud und die Psychoanalyse 41 – Alfred Adlers
Individualpsychologie 42 – Die komplexe Psychologie Carl
Gustav Jungs 44

3. Die Schrifterfassung 47

Art und Umfang der Deutungsunterlagen 47

Die Schriftnorm als Ausgangsbasis 49

Ausdrucks- und Darstellungsprinzip 50

Bildcharakter und Symbolbedeutung 53

Hirnphysiologische Einflüsse auf das Schriftbild 54

Formhöhe und Variationsbreite 58

Schriftdominanten und signifikante Merkmale 62

Das Merkmalprotokoll 67

4. Die Analyse der Einzelmerkmale 75

Das Bewegungsbild 75

Die Arkade 75 – Die Girlande 81 – Der Winkel 86 – Der Faden 90 –
Andere Bindungsformen 94 – Der Verbundenheitsgrad 99 – Die Unver-
bundenheit 102 – Die Druckstärke 108 – Die Druckschwäche 113 –
Die Schärfe 115 – Die Teigigkeit 118 – Die Rechtsläufigkeit 121 – Die
Linksläufigkeit 126 – Die Eile 131 – Die Langsamkeit 134 – Die Locker-
heit 136 – Die Versteifung 139 – Versteifungsgrade 142 – Der
Ablaufrhythmus 145

Das Raumbild 149

Die Größe 149 – Die Kleinheit 153 – Die Weite 157 – Die Enge 161
– Die Rechtslage 164 – Die Steillage 168 – Die Linkslage 171 –
Große Längenunterschiede 173 – Geringe Längenunterschiede 176
– Die Oberlängenbetonung 178 – Die Unterlängenbetonung 183 –
Der Wortabstand 188 – Der Zeilenabstand 191 – Die Zeilenfüh-
rung 195 – Ränder 199 – Der Linksrand 201 – Der Rechtsrand 203
– Die Gliederung 205 – Die Ungliederung 208 – Die Raumver-
teilung 209

Das Formbild 211

Das Regelmaß 211– Das Unregelmaß 215 – Die Bereicherung 217 –
Vereinfachung und Vernachlässigung 220 – Die Völle 224 – Die
Magerkeit 227 – Die Anfangszüge 229 – Die Endzüge 234 – Die
Oberzeichen 239 – Das Ebenmaß 242 – Das Unebenmaß 245 – Der
Formrhythmus 247 – Die Lesbarkeit 250 – Die Eigenart 254 – Über-
und Unterstreichungen·256 – Die Strichqualität 258 – Die Unter-
schrift 260 – Die Sonderformen 264

5. Das Gutachten 267

Sein Aufbau 267

Die Gestaltung des Gutachtens: Auch negative
Befunde lassen sich positiv darlegen 271

Das »Schwerter Graphopsychogramm« 274

Ein Vergleich zweier Graphopsychogramme 278

6. Ausgewählte graphologische Aspekte 285

Die Kinder- und Jugendschriften 285

Probleme des graphologischen Partnervergleichs ... 289

Ehrlichkeit, Zuverlässigkeit und Echtheit und ihr
Ausdruck in der Schrift 291

Psychisches Tempo und Charakter 295

Schlußwort 299

Literaturhinweise 301

Adressen 305

Einleitung

Am 20. April 1800 schrieb Johann Wolfgang von Goethe an den befreundeten Physiognomiker Johann Kaspar Lavater: »Daß die Handschrift des Menschen Bezug auf dessen Sinnesweise und Charakter habe und daß man wenigstens eine Ahnung von seiner Art zu sein und zu handeln empfinden könne, ist wohl kein Zweifel, sowie man nicht allein Gestalt und Züge, sondern auch Mienen, Ton, ja Bewegung des Körpers als bedeutend, mit der ganzen Individualität übereinstimmend anerkennen muß.«

Diesen Worten kann man wohl auch heute nichts hinzufügen, obwohl sich inzwischen viele fachkundige Wissenschaftler der Handschrift und ihrer Deutung ernsthaft und erfolgreich angenommen haben. Es gibt die verschiedensten graphologischen Schulen, Deutungsverfahren und Techniken. Sie alle wollen ein möglichst zutreffendes Persönlichkeitsbild ihrer Klienten zeichnen. Wie man dabei vorgehen kann, zeigt dieses Buch.

Es ist kein Lehrbuch im üblichen Sinne, sondern mehr ein Leitfaden für angehende – und fortgeschrittene – Schriftpsychologen, die in diesem Werk aus der Fülle graphologischer Erkenntnisse schöpfen können. Hier wird ein erprobter Weg angeboten, selektiv dominante und signifikante Merkmale zu erkennen, sie einer Formstufe zuzuordnen und die entsprechenden Deutung miteinander zu vergleichen. Die Darstellung des dazu unbedingt erforderlichen psychologischen Grundwissens wird hierbei bewußt an den Anfang gesetzt, weil ohne eine solche Fundierung eine verantwortungsvolle Arbeit einfach nicht möglich ist.

In diesem Zusammenhang nimmt die Analyse der Einzelmerkmale den breitesten Raum ein. Des weiteren bietet das Buch in ausführlichen und systematisch geordneten *Merkmalgruppen* ein breites Spektrum an Deutungsmöglichkeiten. Durch Einzelbilder und eine Musterschriftanalyse soll dieser Leitfaden recht vielen, die sich mit der Schriftpsychologie befassen möchten, als handlicher Wegweiser und brauchbares Nachschlagewerk dienen.

Bei aller Begeisterung für die oft faszinierende Tätigkeit der Handschriftdeutung sollte der Graphologe sich immer seiner Grenzen bewußt bleiben, den Gültigkeitsanspruch seiner Disziplin im rechten Rahmen sehen und sein Können ganz in den Dienst am Menschen stellen. Die Voraussetzungen dafür liegen meinem Buch zugrunde. Möge es in diesem Sinne viele Freunde finden.

Schwerte-Ergste, Sommer 1998   *Alfons Lüke*

Die Grundlagen der Schriftpsychologie

Am Anfang allen Wissens steht die Neugier. Der Mensch will sich und seine Welt verstehen. Wir leben in einem Jahrhundert, in dem nicht mehr ehrfurchtsvoller Glaube und untertäniger Gehorsam die Welt regieren, sondern Leistung und Macht. Wissen – Know-how – ist eine solche Macht, und »Macht« kommt von »machen«. Alles scheint heute machbar.

Doch der Schein trügt, denn allzubald müssen wir unsere Grenzen erkennen. Sie liegen zumeist in uns selbst. Der Mensch ist sich selbst das größte Rätsel im Universum. Für Sophokles war er noch »das Gewaltigste auf Erden«, für uns ist er zu einem schier unergründlichen Forschungsobjekt geworden; der Körper für die Medizin, die Seele für den Psychologen, das menschliche Verhalten für Erzieher, Politiker und Marktforscher und vor allem für den Mitmenschen, der unser Partner, Mitarbeiter, Freund oder Nachbar ist. Vor allem möchten wir uns selbst erkennen und begreifen, uns unserer selbst vergewissern und das geheimnisvolle Dunkel unserer Seele erhellen, um Zugang zu unserem eigentlichen und tiefsten Wesen zu erhalten.

Der »königliche Weg«

Es gibt viele Wege, Erkenntnisse über den Menschen zu gewinnen, darunter Umwege wie den über die Sterne. Direkter gelangen wir zum Ziel über Verhaltensforschung, die Aufarbeitung der Familiengeschichte und Selbstbeobachtung. Schließlich bietet die moderne Psychologie auf der Basis gesicherter Erkenntnisse umfangreiche Testverfahren zur Erstellung von Persönlichkeitsbildern. Die Tiefenpsychologie hat dem menschlichen Drang nach Selbsterkenntnis ein weites Feld erschlossen. Und nicht erst seit Ludwig Klages gibt es den »königlichen Weg« der Handschriftdeutung. Er ist für jedermann leicht zugänglich, zwar nicht ganz einfach zu beschreiten, doch führt er verhältnismäßig sicher an das gewünschte Ziel. Die Geschichte der Graphologie ist in zahlreichen Fachbüchern nachzulesen (siehe Literaturverzeichnis).

Die moderne Schriftpsychologie setzt ziemlich komplexes Wissen voraus, das in seinen Grundzügen gewiß erlernbar ist, aber in seiner Anwendung Fähigkeiten verlangt, die nicht jedem Menschen a priori gegeben sind.

Um einem Außenstehenden das »Röntgenbild der Seele«, wie man das graphologische Gutachten auch gerne nennt, transparent zu machen, sind praktische Menschenkenntnis, psychologisches und graphologisches Grundwissen und Einblick in die Tiefenpsychologie wichtig. Der Graphologe muß außerdem die seelische oder geistige Struktur beziehungsweise das Verhalten eines Menschen sprachlich angemessen beschreiben können.

Zwischen Leib und Seele besteht eine ständige Wechselwirkung; sie drückt sich zu einem wesentlichen Teil körperlich aus, vor allem in den automatisierten Willkürbewegungen, von denen die Schreibbewegung ein Spezialfall ist. Dieser psychische *Ausdruck* offenbart den psychischen Fundus eines Schreibers, der *nicht* mit seinem erkennbaren Verhalten übereinzustimmen braucht.

Der Mensch *ist* nicht nur, er *wird* auch. Neben dem statischen waltet ein dynamisches Prinzip; hinter dem, was das Individuum darstellt, verbirgt sich sein Sein. Jeder von uns unterliegt Darstellungswünschen oder Leitbildern, was sich, wenn das wahre Sein nicht mit diesen Wünschen und Idealen übereinstimmt, häufig in der Inkongruenz zwischen dem textlichen Schriftbild und der Unterschrift zeigt. Den Blick dafür, ob sich hinter solcher Verstellung eine leitbildliche oder eine ausdrucksbetonte Motivation verbirgt, kann man schulen, aber das letzte Erfassen einer solchen seelischen Haltung ist mehr ein künstlerisch-intuitiver Akt und unterscheidet den wirklich guten Graphologen von einem nur graphologisch geschulten Menschenkenner. Genau dieser Faktor hat der Schriftpsychologie trotz bester wissenschaftlicher Fundierung lange den Weg zu einer breiteren Anerkennung versperrt und ist auch die Ursache für die heute noch weitverbreitete Skepsis gegenüber dieser Disziplin. Man sollte andererseits die Bedeutung der Intuition nicht überbewerten. Sie ist das Pünktchen auf dem i, doch die Basis der Schriftpsychologie bleibt eine solide wissenschaftliche und praxisbezogene Ausbildung.

Die Handschrift als Ausdruck und Symbol

Jede Handschrift ist Gehirnschrift. Auf Fuß- und Mundschriften trifft diese Aussage in etwas abgewandelter Form ebenfalls zu. Alle Bewegungen, auch Schreibbewegungen, kommen durch Befehle zustande, die vom Gehirn ausgehen. Die Schrift ist eine auf dem Papier fixierte Geste. Gesten drücken seelisches Verhalten aus. Man kann sie sehen und deuten. Ein Lächeln versteht jeder, ebenso eine Drohgebärde. Freude, Angst, Zorn, Trauer, Abweisung und Zustimmung, Habenwollen und Schenken, Aggression und Zärtlichkeit sind unverkennbare Gesten oder mimische Ausdrucksformen, die sich ohne jede Schwierigkeit in ihrer seelischen Bedeutung erkennen und verstehen lassen. Auch solche Gemütsäußerungen treten mit Hilfe von Muskelbewegungen in Erscheinung, die von den gleichen Gehirnpartien gesteuert werden wie die Schreibbewegung, und diese Erkenntnis liegt aller graphologischen Deutung zugrunde.

Es wäre jedoch zu einfach, wollten wir uns auf die direkte Geste als Ausdrucksmittel beschränken. Häufig bedient sich die Psyche auch indirekter, das heißt symbolischer Mittel. Die Sprache bestätigt das. Sie sieht im *Rechten* das Richtige, Erlaubte, Gute; im *Linken* das Falsche, Verbotene, Minderwertige, eine Tatsache, die man nicht »links liegen lassen« darf. *Rechts, richtig* und *Recht* sind nicht nur sprachlich verwandt, *rechts* ist auch unsere bevorzugte, »bessere« Seite.

Vom Kind fordern wir das »schöne«, das heißt das *rechte* Händchen, man schwört mit der *rechten* Hand, Christus sitzt zur *Rechten* des Vaters, die Dame oder den Höhergestellten läßt man *rechts* von sich gehen, Orden werden *links* getragen, damit das *rechte* Auge sie leichter erblickt.

Umgekehrt steht *links* oder *linkisch* häufig für Unbeholfenheit. Wer schlechte Laune hat, ist mit dem *linken* Fuß zuerst aufgestanden. In der Gaunersprache bedeutet »link« soviel wie falsch, unecht, schlecht, unehrlich. Selbst politisch hat der Begriff *links* eine leicht negative Färbung; während die bürgerlichen *Rechten* als die staatserhaltenden, konservativen Kräfte angesehen werden, wird von *links* Störung, wenn nicht gar Zerstörung befürchtet.

Ähnlich verhält es sich mit der »Oben-unten-Symbolik«. Alles Schwere sinkt nach unten, während das Leichte nach oben schwebt. Von *oben* haben wir einen guten Überblick, *oben* ist das Beherrschende, Freie. Worte wie: *hochschätzen, erhöhen, Hochschule, Hochadel, Hoher Priester, Hoheit, hochheilig, erhöhen, die Oberhand gewinnen, Oberbefehl, Oberin, Oberst, Überlegenheit, übergeordnet* und ähnliche Bildungen implizieren im allgemeinen etwas Positives; wogegen *Untertan, Untergrund, Unterwerfung, niedergeschlagen, gefallenes Mädchen, im Ansehen fallen, unter aller Würde, unter der Gürtellinie* einen negativen Anstrich haben.

All diese Bezeichnungen orientieren sich an Erscheinungen im anschaulichen Sinnenraum und verleihen dem *Unten* eine eher negative, dem *Oben* eine primär positive Sinndeutung. Diese symbolische Sprache ist auch in die Psychologie eingegangen. Wir sprechen von *höheren* und *tieferen* Schichten der Psyche. Der Mensch hat sich durch seinen *aufrechten* Gang Zutritt zu dem höheren, dem geistig-idealen Bereich erworben, um sich über das *tiefer stehende*, stärker oder ausschließlich an das Materielle gebundene Tier zu erheben.

Wir begegnen diesem Dualismus von *rechts* und *links*, *oben* und *unten* in der Schriftpsychologie recht häufig. Das liegt daran, daß unser Denken wesentlich von dieser Symbolik beeinflußt wird. So gelten in der Graphologie Linkstendenzen in einer Handschrift als Hinweis auf eine Zurückwendung auf die Vergangenheit, auf Besinnung, Introversion und Selbstbezogenheit. Rechtstendenzen symbolisieren Ausrichtung auf die Zukunft, das Du, die Umwelt, die Tat und die Außenwelt. Die Oberzone steht für den Bezug zum Höheren, Geistigen, Idealen, die Mittelzone symbolisiert das Zentrum, das Seelische, das Personale, die Unterzone das Niedere, Triebhafte, Materielle. Der Raum zwischen den einzelnen Wörtern weist auf die Distanz im zwischenmenschlichen Bereich hin, der Grundstrich auf das Wesentliche, Selbständige, Innere, der Aufstrich auf das Unwesentliche, Verbindende, Äußere. Die Linie symbolisiert das geistige Grundgerüst, das Formale, Abstrakte, andererseits das Bewegende und Aktive. Die gerade Linie deutet auf das Harte, Feste, Stabile, Gespannte, die gebogene Linie auf das Weiche, Gewundene, Schmiegsame, Biegsame oder Labile.

Die Vieldeutigkeit solcher Symbolik läßt auch ihre Problematik erahnen, daher sollte man mit Analogieschlüssen vorsichtig sein. Wer auf dem Papier dick aufträgt, tut das noch lange nicht im Leben, das wäre ein typischer falscher Analogieschluß, wogegen Ungründlichkeit in der Schrift auch meist auf Ungründlichkeit im sonstigen Verhalten hinweist.

Bewegungs-, Form- und Raumbild

Zur Gestik und Symbolik der Schrift kommt als drittes Moment die Anordnung der graphischen Merkmale im Raum hinzu, die uns weitere übergreifende Bedeutungen erschließt.

Alle Schrift ist Bewegung, manifestiert sich in Formen und steht im Raum. Die klassische Deutung des Schriftbildes unter diesen drei Aspekten ermöglicht es uns, die erwähnten Einzelmerkmale auch in einem weiter gespannten Rahmen zu untersuchen:

1. Das *Bewegungsbild* eröffnet einen Zugang zu den treibenden Kräften der Persönlichkeit. Es gibt Auskunft über Anlagen, Möglichkeiten und Fähigkeiten, vitale Ziele, Gefühle und Triebe.

2. Im *Formbild* erkennen wir unbewußte Strebungen, Wünsche, Ideale und Leitbilder. Es zeigt, was und wie der betreffende Mensch sein möchte, und gibt Aufschluß über die innere Form und die äußere Ausbildung der ihn treibenden Kräfte und Anlagen.
3. Das *Raumbild* spiegelt die Auseinandersetzung des Individuums mit seiner Umgebung wider. Es zeigt seine Art, sich einzuordnen, sein Verhalten zum Mitmenschen, und es läßt erkennen, wieweit die Auseinandersetzung mit der Umwelt seinen Charakter bereits geformt hat.

Komponenten des Raumbildes sind: Größe, Kleinheit, Weite, Enge, Ober- und Unterlänge, Schriftausdehnung, Schriftlage, Wort- und Zeilenabstand, Zeilenführung, Ränder und zuletzt die Oberzeichen. Zum Bewegungsbild zählen wir die Bindungsformen: Girlande, Arkade, Winkel oder Faden, den Verbundenheitsgrad, die Druckstärke beziehungsweise -schwäche, die Teigigkeit oder Schärfe, das Schrifttempo, den Versteifungsgrad, die Rechts- oder Linksläufigkeit sowie den Ablaufrhythmus. Aspekte des Formbildes sind: das Regelmaß und sein Gegenteil, Bereicherung oder Vereinfachung einschließlich Vernachlässigung, Völle oder Magerkeit, Eben- und Unebenmaß, Anfangs- und Endzüge, der Formrhythmus, die Eigenart, die Unterschrift und die Strichqualität oder Strichstruktur.

Welche spezifische Bedeutung einzelnen Merkmalen zukommt, wird an anderer Stelle genauer zu klären sein, aber schon das Vorherrschen eines bestimmten Typus des Bewegungs-, Raum- oder Formbildes ermöglicht eine erste Zuordnung und setzt entscheidende Akzente für die spätere Beurteilung.

Wir fassen noch einmal kurz zusammen:

1. Unter Graphologie versteht man das Erfassen der Schriftmerkmale und ihre charakterologische Ausdeutung. Sie ist der »königliche Weg« zur Menschenkenntnis.
2. Ludwig Klages ist der Vater der deutschen Graphologie. Seine Schüler und Nachfolger haben die von ihm erarbei-

teten Grundlagen ergänzt, erweitert und zu einer aner-
kannten Schriftpsychologie ausgebaut.
3. Um Graphologie erfolgreich zu betreiben, sind drei Voraussetzungen unerläßlich:
   a) ausreichende graphologische, charakterologische, psychologische und tiefenpsychologische Kenntnisse;
   b) sprachliche Gestaltungskraft;
   c) richtiges eidetisches (bildhaftes) und intuitives Erfassen
   von Ganzheit und Einzelmerkmalen.
4. Der Graphologe sieht in der Schrift die deutbare Geste, er
kennt den Symbolcharakter des Form-, Bewegungs- und
Raumbildes.
5. Aus der Summe dessen, was sich aus der Schrift eines
Menschen über sein Selbstbild und seine Ideale ersehen
läßt, erstellt der Graphologe seine Charakteranalyse.

Möglichkeiten und Grenzen der Schriftpsychologie

Die Möglichkeiten der wissenschaftlichen Schriftdeutung sind
unter-, oftmals aber auch überschätzt worden. Daher ist es
angebracht, ein Wort über die Möglichkeiten und Grenzen
der Schriftpsychologie anzufügen.

Der geübte Schriftpsychologe erkennt aus der Handschrift
das allgemein-menschliche Verhalten des Schreibers, sein
Temperament, seine Arbeitsweise, seine Antriebsstärke oder
-schwäche, seine Intelligenz und sein Durchsetzungsvermögen. Ferner lassen sich gültige Aussagen über die Loyalität
des Schreibers machen, über seine Liebesfähigkeit und seinen Gemütszustand, über Verhandlungsgeschick, Fleiß,
Durchhaltevermögen und Zuverlässigkeit, über sein Leistungsvermögen und seine Reife; kurz, der Graphologe kann
ein Persönlichkeitsbild zeichnen, das der wahren Persönlichkeit ziemlich nahe kommt, die Erfolgsquote liegt bei etwa
achtzig Prozent.

Keine Aussage machen kann der Schriftpsychologe über das
Alter, das Geschlecht und den Beruf, über Lebensumstände,
Krankheiten und Behinderungen, über Wissenstand und

Erfahrungen des Probanden, über seine Sympathien und vor allem keine Aussage über seine Zukunft. Es gibt im menschlichen Leben viele Imponderabilien, die auch der erfahrene Psychologe nicht vorausbedenken und einbeziehen kann. So sollte auch ein guter Graphologe in Ehrfurcht vor dem letzten Rätsel Mensch stehen und lediglich das zu Papier bringen, was er in voller Verantwortung und mit Gewißheit (nachweisbar) sagen kann.

Als Graphologe hört man öfter den Einwand, man könne seine Schrift doch willkürlich verstellen. Was bedeutet solche Verstellung für die Gültigkeit einer Schriftanalyse? Grundsätzlich ist nicht alles an der Schrift willkürlich veränderbar, vor allem nicht auf Dauer. Außerdem läßt sich eine bewußte Verstellung an unauffälligen Merkmalen als solche erkennen. Im allgemeinen ist der Mensch darüber hinaus so vielen Einflüssen und Entwicklungen unterworfen, daß er in verschiedenen Lebensphasen auch unterschiedlich schreibt. Weil er aber in seiner Grundstruktur von Kind an sich gleich bleibt, findet man in den Schriftbildern aller Lebensabschnitte eines Individuums die gleiche oder ähnliche seelische Struktur wieder.

Etwas anders verhält es sich mit bewußten Nachahmungen und Fälschungen, die zu bestimmten Zwecken angefertigt worden sind. Für solche Fälle ist nicht mehr der Graphologe, sondern der Schriftexperte zuständig. Zwar ist die Arbeit des Schriftexperten mit jener des Graphologen verwandt, immerhin arbeitet er am gleichen Material, er bedient sich jedoch anderer Mittel und hat vor allem eine andere Zielsetzung. Graphologische Kenntnisse können für den Schriftexperten nützlich sein, aber seine Beweisführung basiert auf anderen wissenschaftlichen Methoden.

Der Graphologe erarbeitet überwiegend Charaktergutachten. Ein Bedarf an solchen Gutachten besteht bei der Auswahl eines Bewerbers um eine verantwortungsvolle Position oder Stellung in Industrie und Handel. Etwa zehn Prozent der Firmen aus diesen Bereichen bedienen sich dieser brauchbaren, einfachen und ziemlich zuverlässigen Methode. Abgelehnt wird die Graphologie im allgemeinen nur von solchen

Möglichkeiten und Grenzen der Schriftpsychologie

Menschen, die mit ihrer Methodik und ihren Möglichkeiten nicht vertraut sind.

Es gibt auch Schriftpsychologen, die als Berater in anderen Bereichen tätig sind, beispielsweise im Personalwesen, in der Eheberatung, als Anlauf- und Auskunftsstelle für verschiedene Lebensberatungsstellen, als »Briefkastenonkel« oder vereinzelt im schulpsychologischen Bereich.

Sie alle haben eines gemeinsam, nämlich das Bemühen um den Menschen und seine persönliche Problematik, die entweder therapeutisch oder pädagogisch gemildert werden kann. Für den fremden Auftraggeber enthält das graphologische Gutachten neben wertvollen Aussagen über die Persönlichkeit des Probanden oft auch wichtige Erkenntnisse über dessen spezielle Fähigkeiten.

Alle Graphologie will Dienst am Menschen sein, egal unter welcher Fragestellung sie betrieben wird. Daß seine Arbeit dem Mitmenschen zum Segen gereiche, ist dem Graphologen als Hauptaufgabe gestellt, dessen muß sich jeder, der auf diesem Gebiet tätig ist, jederzeit bewußt sein.

2 Der Aufbau der Persönlichkeit

In seiner Beurteilung und Deutung einer Handschrift gelangt
der Schriftpsychologe notwendigerweise zu einer Aussage
über die Persönlichkeit und den Charakter eines Menschen.
Handelte es sich bei einem Menschen nicht um ein ungeheu-
er vielschichtiges Wesen, so wäre eine solche Aussage einfach. Aus Erfahrung wissen wir aber, daß kein Mensch dem
andern gleicht. Erbgut, Lebensumstände, Konflikte, Vorbilder,
Erziehung, die Umwelt mit ihren Anpassungsforderungen
und nicht zuletzt der Mensch in seinem Selbstverwirkli-
chungsstreben prägen die Persönlichkeit.

Die philosophische Tradition des Abendlandes bedient
sich daher, um diese ungeheure Vielfalt in den Griff zu
bekommen, von alters her des Prinzips der vertikalen Unterteilung der personalen Einheit. Ob wir mit dem aristoteli-
schen Bild vom Kosmos beginnen, wo zuunterst die gestalt-
lose Materie und zuoberst der Geist steht, oder Platons Unterscheidung von Begierde, Wille und Verstand übernehmen,
worin er den Fleisch- vom Seelen- und diesen wiederum vom
Geistmenschen abgrenzt, geblieben ist bis heute, wenn auch
in Abwandlungen, die traditionelle Dreiteilung der Persönlichkeit in *Leib, Seele* und *Geist.* Selbst die Tiefenpsychologie
mit ihren Kategorien *ES, ICH* und *ÜBER-ICH* hängt im Prinzip
der gleichen Auffassung an. Auch Ludwig Klages hat dieses
Modell akzeptiert. Eines der bekanntesten Bücher zu diesem
Thema ist Philipp Lerschs Werk *Aufbau der Person.* An seiner
übersichtlichen Gliederung wollen wir uns im folgenden bei
unserer Darstellung der Grundfunktionen der menschlichen
Persönlichkeit orientieren. Ohne ein klares Bild vom Aufbau
der menschlichen Persönlichkeit kommt kein Graphologe

aus. Hinter jeder seiner Aussagen steht eine Philosophie, die auf empirisch gesichertem Grund verankert sein sollte. Daher sind die folgenden psychologischen Grundkenntnisse unabdingbar für jede schriftpsychologische Tätigkeit.

Der Lebensgrund

Die Elementarstufe im Aufbau der menschlichen Persönlichkeit bezeichnen wir als den *Lebensgrund*. Diese Funktion ist die Basis aller Befindlichkeiten. Sie ist ebensosehr von genetischen wie von äußeren Einflüssen getragen. Hirnstammtätigkeit und Hirnrindenbeschaffenheit, Hypophyse und Hormondrüsen, Nebennierenaktivitäten und Sexualhormone, Blutdruck und Kreislauf, chemische Stoffe in Sedativen und Rauschmitteln, Alkohol und andere Drogen, dies alles wirkt unmittelbar auf unseren Lebensgrund ein. Solche Einflüsse können uns zu Euphorie oder Apathie, zu Aggression oder Gleichgültigkeit tendieren lassen. Sogar die Organe des Verdauungssystems beeinflussen durch ihre Säfte mehr oder weniger unsere seelische Befindlichkeit, gleichermaßen die Umstellung der Drüsentätigkeit in der Pubertät oder im Klimakterium. Im rein organischen Leibgeschehen zeigt sich also der Lebensgrund, der auch Auslöser tiefgreifender seelischer Prozesse sein kann. Man darf den *Lebensgrund* nicht mit der *Vitalität* beziehungsweise der Lebenskraft verwechseln, die wir zur Bewältigung und Auseinandersetzung mit unserer Umwelt benötigen. Sie ist die allgemeine Lebensenergie – auch Biotonus genannt –, gleichsam der seelische Elan, der das Temperament mitbestimmt und Schaffenskraft und Entschlußfreudigkeit weitgehend beeinflußt. Allerdings ist sie ein wesentlicher Aspekt des Lebensgrunds, der aber noch von Wetter, Klima, Bodenbeschaffenheit und Vegetation einer Landschaft beeinflußt ist. Selbst der Rhythmus der Jahreszeiten strahlt in unser seelisches Befinden hinein.

Gefühle wie Heimweh und Verliebtsein zeigen, wie auch das Seelische in den leiblichen Bereich hineinwirkt. Schmerz, Wut und Angst schlagen uns auf den Magen, das Wasser läuft einem beim Anblick gewisser Köstlichkeiten im Mund zusammen, die Galle geht einem vor Ärger über, ein Magengeschwür kann durchaus ein Symptom seelisch ungelöster Konfliktsituationen sein, nämlich dann, wenn zwischen dem Wunsch, geliebt zu werden, und der Forderung nach ehrgeiziger Leistung, die das bewußte Ich sich selbst abverlangt, eine schier unüberbrückbare Kluft entstanden ist.

Das genaue Verhältnis zwischen äußerer und innerer Wirkung beziehungsweise innerer Ursache und äußerer Wirkung kann hier außer Betracht bleiben, fest steht, daß Körper und Seele eine sich durchdringende Ganzheit bilden, sich gegenseitig bedingen und dadurch ergänzen. Der Anstoß zu einem bestimmten Verhalten mag schwerpunktmäßig einmal im Körper liegen oder ein andermal im Seelischen, an der Tatsache der integrierten Ganzheit von Körper und Seele ändert sich dadurch nichts. In der Somatopsyche (= Leibseele) sind nach Philipp Lerschs Auffassung die Triebe und Begierden lokalisiert, während Gefühle und Strebungen in der Thymopsyche (= Willensseele) fundiert sind, die wiederum von der Noopsyche (= Gemütseele) als Regulativ überlagert ist. Trotz der klaren begrifflichen Trennung ist ein gegenseitiges Durchdringen aller drei Vermögen unabweisliche Voraussetzung der tatsächlichen Leib-Seele-Einheit und -Ganzheit.

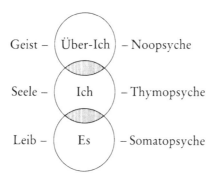

Man kann zwar von einer *Tiefen-* beziehungsweise *Vitalperson* sprechen und sie abgrenzen gegen eine *Kortikalperson* (das heißt gegen die »höheren« Bewußtseinsfunktionen), aber eine solche Abgrenzung dient nur der Hervorhebung unterschiedlicher Aspekte eines Kontinuums. Vorstellen, Denken und Handeln gehören ebenso zum Menschen wie das vegetative Funktionssystem. Welche Gewichtung man den einzelnen Funktionen beimißt, ist Sache der Weltanschauung. Der Unterleib mit Verdauungsapparat und Geschlechtsorganen, die Brust mit Herz und Lunge, der Kopf als Sitz des Willens und des Verstandes dienen nur als Symbole zur Veranschaulichung des Aufbaus einer seelischen Ganzheit, die nicht aus quasigeologischen Schichten besteht, sondern nur als ein unaufhebbarer Zusammenhang funktioniert. Gerät in diesem Ganzen nur ein geringer Teil aus dem Gleichgewicht, reagiert der Körper ebenso wie die Psyche sofort sehr empfindlich. Gerade diese Tatsache kann als Beweis dafür gelten, daß alle drei Bereiche menschlichen Seins gleichgewichtig sind.

Wir selbst erleben einen Teil unseres Lebensgrundes als Zustand der Vitalperson, vor allem bei den erwähnten Störungen, aber die Kortikalperson ist sich dessen kaum bewußt, und auch unsere genetischen Bedingungen geraten nur selten in unser Blickfeld und in unser Bewußtsein. Da jedoch das Erbe der gesamten menschlichen Gattung, der Blutstrom, der Familie, Volk, Rasse und schließlich das ganze Menschengeschlecht durchzieht, in uns wirkt, sind wir sozusagen in jedem Gen programmiert; aus weiter Vergangenheit sind wir ein Glied in dieser Lebenskette, das in diesem genetischen Strom fortzeugend in die Zukunft hinüberreicht.

Mögen wir auch als Individuen in diesem Leben mehr oder weniger durch andere Einflüsse mitgeprägt und gestaltet sein, immer ist es das organische Leben, der Lebensgrund, die Elementarstufe, die als Träger der nächsthöheren Stufe, des endothymen Grundes (= des Gemütslebens), unser Dasein vielleicht entscheidender mitbestimmt, als wir selbst es ahnen. Die moderne Überbetonung des Intellekts könnte leicht zu der Annahme verführen, auch eine Persönlichkeit sei machbar. Die Erfahrungen der Menschheitsgeschichte sprechen eine andere Sprache, denn der unwandelbare Lebensgrund ist dem Menschen häufig mehr Last als Lust, immer aber auch eine Aufgabe, die er mit Hilfe seines seelisch-geistigen Potentials zu bewältigen sucht.

Der endothyme Grund

Der *endothyme Grund* ist der Ursprung von Erlebnissen, Stimmungen und Gefühlen, Affekten und Gemütsbewegungen, Trieben und Strebungen, die wir zwar bis zu einem gewissen Grad unterdrücken, aber nicht hervorrufen können, das heißt, beim Auftreten solcher Regungen geschieht etwas mit uns, wir werden innerlich bewegt.

Der *endothyme Grund* ist, auf dem Lebensgrund ruhend, für das bewußte Ich nicht überschaubar oder gänzlich kontrollierbar. Endothyme Erlebnisse gehören der tiefsten und innersten Sphäre unseres Gefühlslebens an. Der endothyme Grund hat drei Erscheinungsformen:

Die Antriebe Der wichtigste Aspekt des endothymen Grundes sind jene Strebungen, durch die das seelische Leben erst in Gang gebracht wird. Wir erleben solche Antriebe (Triebe) als einen Zustand des Mangels und der Bedürftigkeit, und zwar sowohl bei Hunger und Durst als auch wenn Geltungs- und Machtwille betroffen sind. Solange dergleichen Bedürfnisse noch nicht erfüllt sind, drängt es uns in eine Zielrichtung, die uns *den* Weg beschreiten läßt, der die Befriedigung unseres jeweiligen Bedürfnisses am ehesten zu garantieren scheint. Darin liegt der dynamische Charakter allen Seelenlebens begründet. Alle derartigen Antriebserlebnisse sind innere Akte, in denen menschliches Leben sich zu verwirklichen sucht.

Der wichtigste Drang ist der zum Leben selbst. An zweiter Stelle kommt das Streben nach Genuß, der Drang zur Lustbefriedigung. Das ist die Ebene der Libido, des Geschlechtstriebs, den Sigmund Freud als »den Lebenstrieb« schlechthin bezeichnet hat.

Eine nicht unbedeutende Rolle im menschlichen Leben spielt der Erlebnisdrang, der sich nur in der Begegnung mit der Außenwelt erfüllen kann. Der Mensch möchte sich aber auch als Individuum verwirklichen; aus diesem Drang entspringen: Selbstbehauptungstrieb, Egoismus, Wille zur Macht und das Geltungsbedürfnis genauso wie das Selbstwertstreben.

Alle diese Triebe und Strebungen sind teils angeboren, teils werden sie durch die Umwelt beeinflußt, teils durch Zufallseinflüsse stimuliert. Sie wirken auf verschiedene Art und Weise und zu verschiedenen Zeiten in jedem von uns. Das konkrete Verhalten eines Menschen ist daher nicht von *einer* Triebfeder abhängig, sondern von einem ganzen Bündel verschiedengewichtiger Strebungen, deren Mit- und Ineinander, den verschiedenen Stimmen eines Orchesters vergleichbar, erst das »Klangbild« des menschlichen Antriebslebens ausmachen, das seinerseits wiederum entweder harmonisch oder in verschiedener Weise gestört sein kann. In einem solchen Konzert gibt es immer Mißklänge, das heißt seelische Konflikte und Neurosen, die auf eine Lösung drängen und damit zahlreiche Kräfte binden, die, an anderer Stelle eingesetzt, wahrscheinlich erfolgreicher gewirkt hätten.

Unproblematisch lebt nur jener Mensch, dessen Strebungen, egal welcher Richtung, ohne Behinderung Verwirklichung finden. Aber wehe dem, bei dem die geheimsten Wünsche auf der Strecke bleiben. Da kommt es naturnotwendig zu Frustrationen und ihren Folgeerscheinungen: Ersatzbefriedigung und Kompensation treten an die Stelle der eigentlichen Wunscherfüllung und bieten dennoch keine Befriedigung. Es hängt wohl von der genetisch und umweltbedingten Charakterstruktur eines Menschen ab, ob sein Leben in dieser Hinsicht erfolgreich verläuft oder nicht.

Das Verhältnis von Wollen und Können bestimmt den Grad der Harmonie oder Dissonanz im Triebleben eines Menschen. Je mächtiger die Energie eines Antriebs ist, um so mehr sucht diese Strebung die Führung im menschlichen Leben zu übernehmen; je geringer der Energieschub, desto belangloser wird der entsprechende Antrieb für die gesamte Lebensgestaltung.

Antriebsstärke und Nachhaltigkeit bestimmter Triebregungen sind von Individuum zu Individuum unterschiedlich stark ausgeprägt. Wirkungsweise und Bedeutung solch elementarer Aspekte des menschlichen Seelenlebens richtig einzuschätzen, ist für den Schriftpsychologen von entscheidender

Wichtigkeit, weil er nur so in der Lage ist, ein zutreffendes Urteil über den Charakter und die Fähigkeiten des Probanden abzugeben.

Die Gefühlsregungen Alle dem endothymen Grund entspringenden Triebe und Strebungen sind umkleidet von Gefühlsregungen, diese wiederum sind qualitativ wie quantitativ von den Trieben und Strebungen getönt, eine Einheit, die sich nicht trennen läßt. Die Unterscheidung von Trieb und begleitendem Gefühl ist eine rein sprachliche. Je mehr Tiefe ein Gefühl hat, um so intensiver drückt sich darin die Frustration oder die Befriedigung eines Triebwunsches aus. Flache Gefühlsregungen zeugen von einem schwachen Antrieb und verschwinden daher schnell. Affekte sind solche Gefühlsregungen, welche die Kontrollinstanzen des Bewußtseins wegschwemmen, so daß das betroffene Individuum beispielsweise blind vor Wut agiert. Je tiefer ein Gefühl ist, desto größere existentielle Bedeutung kommt ihm natürlich zu. In den tiefsten Schichten seines Seins ist der Mensch immer wieder vor die Entscheidung gestellt, diesen oder jenen Weg einzuschlagen. Wenn er dabei seinem *wirklichen* Gefühl genügend Aufmerksamkeit schenkt, wird es ihm fast immer den rechten Weg weisen.

Die Gestimmtheiten Mit den Gefühlen gehen länger anhaltende Gestimmtheiten des endothymen Grundes einher. So ist zum Beispiel das Trauern eine aktive Gefühlsregung, Traurigkeit hingegen eine Gestimmtheit, ein Zustand, der als Hintergrund das ganze Wesen durchtönt. Einen solchen Zustand bezeichnet man im Sprachgebrauch auch als Zumutesein.

Einige solche Gestimmtheiten sind: Zuversichtlichkeit, Frische, Unwohlsein, das Gefühl von Schwäche oder Stärke, Verspannt- oder Gelöstheit, Ruhe oder Unruhe. Diese Grundschicht des Erlebens hat der Mensch noch weitgehend mit dem Tier gemein, aber darauf baut sich bei ihm höheres seelisches und geistiges Leben auf. Diese »Leibgebundenheit« der Seele – jene Ebene der psycho-physischen Einheit Mensch, welche die Medizin als Tiefenperson bezeichnet – ist auch die Basis aller sogenannten psychosomatischen Reaktionen, die ihrerseits wiederum charakterologische Implikationen haben. Ernst Kretschmer hat das in seinen Arbeiten über die Gestalttypen nachgewiesen. Ob ein Mensch sich habituell wohl fühlt, müde oder frisch ist, von körperlichem Behagen getragen oder von Unbehagen gestört wird, ist für ihn durchaus nicht unbedeutend. Die körperliche und die seelische Gesundheit bedingen sich nun einmal wechselseitig, eine Erkenntnis, die sich in der modernen Medizin immer stärker durchzusetzen beginnt.

Die Auseinandersetzung mit der Außenwelt

Haben wir im vorhergehenden Kapitel Wesen und Funktion des endothymen Grundes zu verstehen gesucht und dabei auch körperlich-seelische Strebungen und Zustände und die sie begleitenden Gefühlsströmungen näher betrachtet, so wenden wir uns jetzt dem Erleben der Außenwelt zu, das ein durch die seelische Verfassung des erlebenden Subjekts so oder so gefärbter physiologischer Akt ist, der seinerseits auf die seelische Verfassung des Subjekts zurückwirkt. Nicht umsonst vergleichen wir unsere Sinne häufig mit auf die Außenwelt gerichteten »Antennen«.

Die Wahrnehmung Die niederen Sinne, Haut, Geschmacks- und Geruchssinn, senden uns die Signale der Lebenszuträglichkeit, sind aber auch Organe des Genusses und können von daher auch ausschließlich Lustgewinn vermitteln. Sie üben jedoch auch einen nicht zu unterschätzenden Einfluß auf unser Sozialverhalten aus, indem sie instinktmäßig Sympathie beziehungsweise Antipathie auslösen, je nachdem ob wir einen anderen Menschen gut leiden oder nicht »riechen« können.

Hören und Sehen sind wegen ihrer größeren Vielseitigkeit und Reichweite höhere Sinnesfunktionen. Sie verschaffen uns unter anderem einen Zugang zur Welt des Geistigen und der

Kunst und ermöglichen uns eine intensive Kommunikation mit unserer jeweiligen Umwelt. Das Sehen löst auch Gefühle aus. Es gibt Form- und Farbseher, letztere sprechen vornehmlich auf Farben an und sind damit stärker Gefühlen und Stimmungen unterworfen, während Formseher die Welt primär im Abstand der objektiven Gegenständlichkeit auffassen.

Das bis hierher Gesagte impliziert, daß unsere Sinne keine objektiven Übermittler der Außenwelt sind. Man sieht, fühlt und interessiert sich im allgemeinen am meisten für das, was der eigenen Stimmungslage am ehesten entspricht. So unterscheiden sich beispielsweise Mann und Frau schon in ihrer Sinneswahrnehmung oft gründlich. Während der Mann in seinem neugeborenen Sohn stolz den Stammhalter erblickt, sieht die Frau in erster Linie den hilfebedürftigen Säugling. Ist das Auto für den Mann vielfach – wenn auch meist unbewußt – ein Prestigeobjekt, betrachtet die Frau einen schönen Wagen eher als Schmuckstück, in erster Linie jedoch als zweckbestimmtes Fortbewegungsmittel.

Bestimmte Dinge in unserer Umwelt erhalten auf dem Weg über unsere Sinne aufgrund unserer Vorlieben, Interessen und Wünsche erst ihren »Aufforderungscharakter«; was wir wahrnehmen, richtet sich zunächst einmal nach unseren Strebungen und Gefühlsregungen; so können bestimmte Sinneseindrücke bestehende Sexualwünsche noch verstärken, wogegen der Anblick eines Leidenden bei entsprechender Disposition Hilfegefühle hervorrufen kann. Daher ist je nach Interessenlage und Temperament die Empfänglichkeit verschiedener Menschen für ein und denselben visuellen Reiz höchst unterschiedlich ausgeprägt.

Vorstellungsbilder, Gedächtnis und Phantasie Unser Gegenstandsbewußtsein beruht gleichermaßen auf der jeweils konkreten Sinneswahrnehmung und auf Erinnerungsbildern und frei assoziierbaren Vorstellungen. Deshalb ist der Mensch fähig, über das konkret Gegebene hinausgehend, ganze Sinnzusammenhänge zu bilden. Das Gedächtnis hat die Funktion, solche Erinnerungsfelder aufzubewahren.

Über seine Arbeitsweise sind sich Fachleute im allgemeinen einig. Am besten behält man, wofür man sich besonders interessiert und was zum eigenen Arbeitsgebiet gehört. Auch behält das Gedächtnis gute Erfahrungen bereitwilliger als schlechte. Offenbar spielt auch der Assoziationszusammenhang, in welchem dem Gedächtnis bestimmte Informationen zugeflossen sind, für das Erinnerungsvermögen eine wichtige Rolle. Diese Erkenntnis stützt auch die pädagogische These, es sei am besten, Kindern den Lehrstoff lustbetont zu vermitteln.

Neben dem Erinnerungsvermögen gibt es die freie Assoziationstätigkeit, das heißt die Phantasie. Ihr kommt im Aufbau der Persönlichkeit eine eminente Bedeutung zu. Schon die Phantasiespiele der Kinder nehmen in ihrer Zielrichtung vorweg, was spätere Selbstentfaltung und Selbstverwirklichung erst gestalten sollen. Das Kind »spielt« Verhaltensweisen Erwachsener durch, um später in ähnlichen Situationen Herr der Lage zu sein. Schon das spielende Kind gibt Aufschluß darüber, wie es sich einst entfalten wird.

Die schöpferische Phantasie hat bereits kognitiven Charakter, das heißt, sie ist ein Organ der Erkenntnis; sie erkennt sozusagen im voraus das noch zu schaffende Gebilde. Eng verwandt mit der Phantasie ist die Intuition, das plötzliche Klarwerden von Sachverhalten und Zusammenhängen. Phantasietätigkeit und Intuition sind psychologisch letztlich nicht erklärbar. Alle genialen Erfindungen, die der Menschheit Fortschritt und höheres Sinnerleben gebracht haben, sind aus solch intuitiver, schöpferisch-produktiver Phantasie geboren, vor der wir nur mit Staunen stehen, sie jedoch nicht wirklich fassen können.

Die welterschließende Leistung der Phantasie ist gewiß von Mensch zu Mensch verschieden, aber auf jeden Fall an der Gestalt der realen Welt mitbeteiligt. Auf diese Weise manifestiert sich die menschliche Seele, das heißt das Prinzip des Gestaltungswillens, in der Außenwelt. Dieses Potential zu verwirklichen ist die Hauptaufgabe des menschlichen Lebens. Um den eigenen – eingeborenen – Lebensentwurf zu verstehen und zu realisieren, bedarf es vieler Mühen und Anstrengungen. Die Schriftpsychologie kann zu dieser Selbstfindung einen nicht unerheblichen Beitrag leisten.

Denken, Urteilen und Schließen Kehren wir zu den mehr formalen Aspekten der Weltaneignung zurück. Nachdem die wahrgenommene Wirklichkeit vor das Bewußtsein gebracht ist, ist es Aufgabe des denkenden Erfassens, dem jeweiligen Menschen die Einsicht in das sachlich-gegenständliche Sosein der Wirklichkeit zu geben. Das denkende Erfassen der »Wirklichkeit« setzt ihn instand, sich in seinem Lebensraum zurechtzufinden. Das geschieht in drei Formen: im *Begriff*, im *Urteil* und im *Schluß*. Je mehr klare Begriffe wir haben, desto fundierter ist unser Wissen. Im Urteil wird etwas endgültig festgestellt und damit unserem Verhalten Rückhalt gegeben. Vergleichen wir verschiedene Urteile miteinander, so kommen wir zu Schlüssen. Schlußfolgerungen, zu denen wir aufgrund eigener Erfahrungen gelangt sind, haben für uns einen wesentlich höheren Wert als noch so viele nützliche Gedanken, die andere für uns gedacht haben.

Denken, Urteilen und Schließen sind prinzipiell nicht Selbstzweck, ihnen folgt das wirkliche Handeln.

Das Handeln Eine Handlung ist die Verwirklichung eines Begehrens, egal ob sie dem Spieltrieb oder dem Tätigkeitsdrang, einem Genußverlangen oder der Libido, dem Egoismus oder künstlerischem Gestaltungswillen entspricht, immer wird in ihr ein Wunschverlangen seine Erfüllung suchen.

Alle Handlungen sind Lebensleistungen und zielen auf Erfolg. Dieser Erfolg ist für uns lebensnotwendig, denn ohne ihn schreiten wir nicht mehr voran, stagnieren oder fallen sogar zurück. Nur in einem erfolgreichen Handeln kann der Mensch sich selbst verwirklichen. Daher ist auch gezielt angestrebter und geplanter Erfolg eine der besten Therapien, um einem Menschen beispielsweise ein verlorenes Selbstwertgefühl wiederzugeben. Die meisten unserer Handlungen sind freilich Gewohnheitshandlungen, die sich weitgehend automatisiert haben.

Daneben gibt es Instinkthandlungen, Trieb- und Affekt-handlungen, aber auch Handlungen, die auf moralisch-ethischen Grundsätzen beruhen und willensbestimmt sind, und gerade solche Handlungen sind entscheidend für unsere Entwicklung. Der Wille gibt in jedem Fall sein »Placet«, oder er legt sein »Veto« ein, setzt sich mit Widerständen auseinander und überwindet sie oder auch nicht. Dabei kommt es darauf an, daß der Wille die Kraft findet, nicht immer dem stärkeren Motiv nachzugeben, sondern auch andere Entscheidungskriterien zu berücksichtigen. Danach bedarf es sozusagen nur noch des berühmten »Willensrucks«, um eine Handlung durchzuführen. Das geschieht, weil es sich auch hier meist um häufige Wiederholungen handelt, meistens automatisch, das heißt, die Bewußtseinsschwelle wird oft gar nicht mehr erreicht, und damit ist viel seelische Energie gespart für Aufgaben, die anderweitig willensmäßig angegangen werden müssen.

Der personale Oberbau: Geist und Wille

An der Nahtstelle von Sinneswahrnehmungen, Triebleben und Denken liegt das *ICH,* das Denken, Wollen und Triebwünsche miteinander koordiniert. Der Mensch hat gerade darin seine Verantwortlichkeit, seine Würde und Freiheit, daß er den endothymen Verlockungen deutlich zustimmend oder ablehnend gegenübertreten kann. Wer wie ein Kind nur aus endothymen Regungen heraus lebt, ist keine entwickelte Persönlichkeit; erst wo das Gemüt und das Gewissen zu Kernstücken der Persönlichkeit werden, wo Denken und Wollen regulativ in das »naturhafte« Geschehen eingreifen, verwirklicht sich das personale Selbst, nimmt eine Persönlichkeit Form an.

Auf dem Weg zu solcher Selbstverwirklichung sind wohl die meisten Menschen, aber dieser Weg ist so steinig und schwierig, daß nur wenige den Aufstieg schaffen und das Leben der Masse ein mehr oder weniger fruchtloses Mühen bleibt. Die volle Selbstentfaltung setzt das Bestehen eines integrativen Gleichgewichts zwischen unseren diversen Stre-

Der personale Oberbau: Geist und Wille

bungen und den Forderungen des Über-Ich voraus, das auszubalancieren unsere ständige Anstrengung erfordert.

Das individuelle Gepräge eines Menschen wird durch die Art seines Denkens und durch seine Willensbetätigung wesentlich bestimmt. Abstraktionsvermögen, realitätsgerechtes Denken, Phantasie, Urteilsfähigkeit, Gedächtnis sind geistige Faktoren, die neben Konzentrationsfähigkeit und logischem Denk- und Kombinationsvermögen Voraussetzung eines erfüllten und in sich abgerundeten Lebens sind. Ist der Willenseinsatz gering, wird auch das Denken der Bequemlichkeit anheimfallen. Stärkerer Willenseinsatz fördert entsprechend die geistige Regsamkeit. Allerdings sagt reine Intelligenz nur etwas darüber aus, was ein Individuum zu leisten imstande ist, wie und ob dieses Vermögen erfolgreich eingesetzt wird, hängt von Willenskraft, Entschlußfähigkeit und schließlich Durchhaltevermögen ab.

Im Vorfeld einer Willensentscheidung konkurrieren immer verschieden starke Motive miteinander, die zu einem Entschluß drängen, der allerdings meistens schon durch die Situation vorgegeben ist. Wer immer das eine tun, das andere aber nicht lassen will, kommt im Leben nie zurecht. Wer kein Risiko eingeht, keine Verantwortung übernehmen will, anderen zuschiebt, was er selbst entscheiden sollte, der leidet an einem zu schwachen Selbstwertgefühl, manchmal auch nur an eingebildeten Minderwertigkeitskomplexen, die jeden Entschluß lähmen. Solche Menschen bleiben häufig auf der Strecke, während die Entschlußfreudigen in ihrer lebensbejahenden Einstellung in dieser Hinsicht klar im Vorteil sind.

Das Volumen an Willensenergie hat ähnlich wie das Potential an Vitalkraft einen vorgegebenen Umfang, der sich nicht beliebig vergrößern läßt; allerdings kann man den Willen durch gezieltes Training und systematische Übung schulen und festigen. Dadurch wächst aber nicht die psycho-physische Gesamtenergie; der Wille kräftigt sich höchstens an den Widerständen, und in der bewußten Zielsetzung übernimmt er durch ständige Übung leichter organisierende Funktionen. Es gilt nicht umsonst als Zeichen der Reife, wenn wir über unseren Willen verfügen.

Gewinnt der noetische Überbau im Verhalten eines Menschen das Übergewicht, sprechen wir von »Kopflastigkeit«; jedenfalls ist das harmonische Verhältnis, in dem Leib, Seele und Geist stehen sollten, in einem solchen Fall gestört, da nur die Verstandesseite der Persönlichkeit entwickelt ist. Reiner Intellektualismus ist keine gesunde Form menschlichen Daseins.

Sind einem Menschen nicht Herz und Verstand Maßstab aller Dinge, sondern der reine, uneingeschränkte Wille, der sich alle übrigen Impulse und Regungen gnadenlos unterwirft, so führt das zwar äußerlich meistens zum Erfolg, innerlich jedoch verarmt ein solcher Mensch, wird einsam und verhärtet sich, weil ihm die Verbindung zum endothymen Grund abhanden gekommen ist.

Der goldene Mittelweg, wie er uns in subkortikalen Schriften häufig begegnet, der zwischen den Weiten des Geistes und des Gemüts den harmonischen Ausgleich findet, ist ein erstrebenswertes Ideal, muß aber von den meisten Menschen in einem lebenslangen Entwicklungsprozeß hart erkämpft werden. Erst wenn Ruhe und Ausgeglichenheit des Alters die Wogen ohnehin geglättet haben, wird dieses Mühen manchmal belohnt. Dem Schriftpsychologen ist die Aufgabe gestellt, seinen Mitmenschen auf diesem Weg Helfer und Wegweiser zu sein.

Formen der Dissoziation

Es kann vorkommen, daß seelischer Grund und Oberbau, die natürlicherweise zur Funktionsganzheit integriert sein sollten, sich voneinander lösen und isolieren. Wir sprechen dann von einer Spaltung (Dissoziation) der seelischen Schichten. Ursache solcher Dissoziationen sind:

Die Verdrängung Eine Verdrängung liegt vor, wenn bestimmte Regungen des endothymen Grundes nicht zur Kenntnis genommen werden, ihre Dynamik aber zu stark ist, um sich ersticken zu lassen. Die Verdrängung ist dann mehr

Formen der Dissoziation

oder weniger ein feiges Ausweichen, man drückt sich um eine klare Stellungnahme herum, um die Unlust eines inneren Konflikts zu vermeiden. Die gefährliche Regung wird aus dem Bewußtsein verdrängt und so scheinbar unschädlich gemacht. Das führt aber nur dazu, daß das Verdrängte unterschwellig weiter gärt – der Konflikt behält ja seine energetische Ladung – und die verteufelte Angewohnheit annimmt, gerade dann an die Oberfläche zu drängen, wenn es gar nicht in unser Konzept paßt, wie beispielsweise sexuelle Vorstellungen bei religiöser Meditation.

Gegenstand der Verdrängung sind häufig: hemmungsloser Egoismus, Gefühle der Schuld oder Minderwertigkeit, Aggressionen und sexuelle Bedürfnisse, die wir uns im Augenblick nicht erlauben dürfen. Beim Wiederauftauchen solcher verdrängten Gefühle kommt es meistens zu nervöser Unruhe, Unsicherheit und Gehemmtheit, Mißbehagen und Angst, seelischer Verkrampfung oder störender Spannung. Wir bezeichnen solche Erscheinungen, wenn sie bedrohlichen Charakter annehmen, als Psychoneurose.

Selbstverständlich hat die Natur Mittel und Wege entwickelt, um die durch die Verdrängung bewirkte Dissoziation der Persönlichkeit – wenigstens zeitweise – wieder aufzuheben. Eine solche Möglichkeit ist der Traum; er ist die Nahtstelle, an der die dissoziierten Schichten der Psyche wieder miteinander in Dialog treten können, wenn das Bewußtsein des Träumenden sich vom Traum sagen läßt, was es am Tag zuvor überhört hat.

Eine positive Art der Verdrängung ist die Sublimierung, bei der die Triebwünsche in geistige, künstlerische, sportliche und andere Leistungen umgesetzt werden. Die einfache Verdrängung bleibt jedoch immer ein erfolgloser Abwehrversuch, der keine Ruhe gibt.

Eine andere Form des Ausweichens liegt vor, wenn die Verdrängung nur unvollständig vollzogen wird und die eigene Unzulänglichkeit und die eigenen Wünsche sich im Mitmenschen in Form positiver (Idealisierung) oder negativer Zuschreibungen widerspiegeln. Subjektive Erlebnisinhalte oder Vorgänge werden dann in ein anderes Objekt verlegt. Diesen Vorgang nennt die Psychologie *Projektion*. Wo die

Projektion vorherrscht, überschwemmt sie unsere Wahrnehmung und unser Denken, schließlich unser ganzes Weltbild, weil sie alles Geschehen entsprechend der jeweiligen seelischen Befindlichkeit des betreffenden Subjekts interpretiert.

Wenn wir Menschen begegnen, die durch ihr Aussehen oder Verhalten bestimmte Assoziationen in uns auslösen, so schließen wir nicht selten irrtümlich, daß sie auch charakterlich mit unserem »inneren« Bild von ihnen übereinstimmen. Solche Automatismen oder Fixierungen führen beispielsweise in der Partnerwahl dazu, daß manche Menschen immer wieder auf denselben Typus anspringen. Auf Projektionen oder Idealisierungen beruhende Einschätzungen anderer sind daher meistens falsch. Handschriften, die bewußt dahingehend stilisiert sind, dem Leser ein gewisses – positives – Bild vom Schreibenden zu vermitteln, sollte man daher mit Vorsicht begegnen.

Die Unechtheit Während die einseitige Orientierung und die Gespaltenheit der Persönlichkeit auch im Alltagsleben leicht zu erkennen sind, ist die *Unechtheit* eine dissoziative Form, die nicht ins Auge springt. Ein unechter Mensch richtet eine äußere Fassade auf als bewußte Verdeckung seiner wahren, inneren Vorgänge, seiner Gefühle und Gesinnungen. Eine solche Fassade nennen wir Maske, die oft nur schwer als solche zu erkennen ist, graphologisch jedoch beispielsweise da sichtbar wird, wo Text und Unterschrift wesentlich voneinander abweichen.

Es gibt diese Unechtheit am häufigsten im Zusammenhang mit den Gefühlen. Das menschliche Seelenleben hat ja nicht nur ein inneres, sondern auch ein äußeres Antlitz. Dieses »Sichdarleben« entspricht im allgemeinen dem *wahren* Sein eines Menschen. Wir nennen dieses Sich-Zeigen *Ausdruck*, es ist das Offenbarwerden der Innerlichkeit. Ist aber ein Gefühl in Wirklichkeit gar nicht vorhanden, das heißt, versucht ein Mensch, eine Innerlichkeit vorzutäuschen, die er eigentlich nicht besitzt, wird sein Gebaren unecht, übertrieben und maniert und sein Tun zum »Getue«. Selbstverständlich schlägt sich diese Tendenz auch in der Handschrift nieder.

Formen der Dissoziation

Im Willensbereich liegt eine solche Unechtheit dann vor, wenn der Mensch zwar möchte, aber nicht mit seiner ganzen Entschlußkraft hinter seinen Vorsätzen steht, nicht eigentlich will; er bildet sich nur ein zu wollen und macht sich damit höchstens selbst etwas vor.

Von einer Unechtheit im Denken spricht man, wenn es nicht von der nötigen Überzeugungskraft getragen wird, wenn die Worte zum Gerede werden, die Gesinnung nicht auf jener tiefen Verantwortung basiert, die sich für echte Werte entschieden hat, wenn die Weltanschauung einer vereinfachenden und intoleranten Ideologie zum Opfer gefallen ist und dem Individuum einen existentiellen Halt bietet.

Es gibt eine weitere Form unechten Umgangs mit dem Mitmenschen, die wertneutral zu sein scheint und bei Diplomaten und Geschäftsleuten dann zum Vorschein kommt, wenn sie nicht auf direktem, sondern mehr auf strategischem Weg zum Ziel zu gelangen trachten. Dieses Verhalten ist keineswegs berufsgebunden, sondern findet sich auch bei solchen, denen es an Durchsetzungskraft mangelt. Gewiß gibt es bestimmte Situationen, in denen es legitim ist, die eigene Innerlichkeit nicht zu offenbaren, das Prinzip des unechten Umgangs mit anderen Menschen ist jedoch abzulehnen. Daran ändern auch alle Hinweise auf die in Politik (»Staatsräson«) und Geschäftsleben üblichen Praktiken nichts; Verstellung ist und bleibt ein unlauteres Mittel zur Durchsetzung der eigenen Interessen.

Unechtheit hat verschiedene Wurzeln. Eine dieser Wurzeln ist die vermeintliche oder tatsächliche Erwartungshaltung anderer Menschen, der wir glauben entsprechen zu müssen. So werden Kinder häufig gezwungen, dankbar, freundlich oder »lieb« zu sein, obwohl ihnen gar nicht danach zumute ist; altkluge Antworten sind ein typisches Vorzeichen solch falscher Anpassung. Die falsche Berufswahl ist ebenfalls häufig Ursache für unechtes Verhalten. In einem solchen Fall ist ein Mensch vor Forderungen gestellt, die er seelisch gar nicht erfüllen kann. Viele hochgestellte Persönlichkeiten, Priester, Lehrer sowie Väter und Mütter müssen ihren Anvertrauten eine Rolle vorspielen, hinter der keine echte Überzeugung steht; ihre gesellschaftliche Stellung zwingt sie, zwischen ihrer »Persona« und ihrem »Selbst« einen Unterschied zu machen, das heißt, sich anders zu geben, als ihnen ums Herz ist.

Der Drang zur Verstellung wird häufig um so stärker, je gebildeter ein Mensch ist, er wird mehr oder minder zum Schauspieler. Von einem solchen Menschen sagt man dann zu Recht, daß er in dem aufgeht, was »man« von ihm erwartet; viele versuchen ein Leben lang, eine solche Situation zu meistern, und mancher bleibt dabei menschlich auf der Strecke, weil alle übrigen seelischen Potentiale verkümmern und die Reifung der Persönlichkeit blockiert ist.

Eine weitere Ursache der *Unechtheit* liegt im Geltungsstreben. Manch einer möchte eine gesellschaftliche Position einnehmen, der er innerlich nicht gewachsen ist. An die Stelle echten *Ausdrucks* tritt dann die *Darstellung*. Die Motivation zum Handeln erwächst dann nicht aus *innerer* Berufung, sondern ausschließlich aus dem Streben nach *äußerem* Erfolg. Weil dem betreffenden Individuum die eigene innere Leere und Unbedeutendheit unterschwellig bewußt ist, verstärkt es wiederum seine Bemühungen, nach außen hin zu glänzen und Macht und Einfluß zu gewinnen.

Kompensation und Adäquation Abschließend müssen wir im Zusammenhang mit der *Unechtheit* die Begriffe der *Angleichung* (Adäquation) und des *Ausgleichs* (Kompensation) klären. Die Kompensation ist auch eine Gegenwehr gegen das Minderwertigkeitsgefühl, aber im Grunde genommen ist jedes »Schauspielern« der Versuch, über einen Mangel hinwegzutäuschen, das heißt, ihn auszugleichen. So kann sich auch ein ansonsten echter Mensch unecht verhalten, wenn er sich in eine Situation gestellt sieht, der er nicht gewachsen ist. Wird die *Kompensation* sogar weit über das erforderliche Maß hinaus praktiziert; sprechen wir von *Überkompensation,* einer Erscheinung, die der Schriftpsychologe bei der Ausdeutung sehr genau beachten muß, will er sich nicht in Spekulationen über die Persönlichkeit des Probanden verlieren.

Neben der situationsbedingten Unechtheit kennen wir die habituelle. Menschen, die sich gewohnheitsmäßig verstellen, werden im Sprachgebrauch häufig als »Theaternaturen« bezeichnet. Sie wollen um jeden Preis mehr scheinen, als sie sind. Kompensatorische Bemühungen beim Schreiben sind recht häufig anzutreffen, denn der erwachsene Mensch versucht wie der ABC-Schütze, bei falscher Schreibweise seine Unzulänglichkeit umgehend wieder »auszuputzen«, das heißt sie auf direktem oder indirektem Wege zu berichtigen oder durch Leistungen auf einem anderen Gebiet aufzuwiegen. Es gibt aber auch die Technik, die eigene Unzulänglichkeit zu überspielen, wie etwa durch betonte Forschheit, Imponiergehabe, Anmaßung, Verachtung, Eigensinn und Rechthaberei. Die schon erwähnte Geltungssucht ist oft das Ergebnis solch eines überkompensierenden Verhaltens.

Ergänzend wäre ein Wort zum Begriff der seelischen Substanz zu sagen. Zwar läßt sich nicht genau bestimmen, *was* sie ist, die Erfahrung zeigt jedoch, *daß* sie ist. Wir erleben sie als Fülle und Tiefe des endothymen Grundes. Je echter ein Mensch in seiner Haltung ist, desto mehr ist er auch mit sich selbst eins, und je unechter, desto mehr sind seine Taten »Mache«, wirkt er gekünstelt und unnatürlich.

Alle *echten* Eigenschaften eines Charakters sind ursprünglich unbewußt, während alle bewußten, nachgebesserten und absichtlichen Handlungsweisen und Haltungen sich der *Unechtheit* annähern. Daher sollten wir alle uns bemühen, nach dem Grundsatz zu leben: »Werde, wer du bist!«

Das Unbewußte

Die Bezirke unserer Seele reichen weiter und tiefer, als unser Bewußtsein je ausloten könnte. Bleiben uns so elementare Lebensvorgänge wie Blutkreislauf und Nervenfunktionen schon unbewußt, so nötigt uns dennoch die Erfahrung, ein *Unbewußtes* anzunehmen, aus dessen Tiefe frühere Erlebnisse plötzlich in Form gewisser Vorstellungen wieder aufsteigen können. Wo und in welcher Form diese Erlebnisse in der

Zwischenzeit aufbewahrt waren, wissen wir nicht. Ähnlich verhält es sich mit unseren genetischen Anlagen, sie sind uns eingegeben und aktivieren sich erst in dem Augenblick, da sie gebraucht werden.

Eine spezielle Form der Bewußtseinsunfähigkeit bestimmter Impulse liegt vor, wenn das Individuum »unliebsame« Regungen gar nicht ins Bewußtsein aufsteigen läßt. Es leistet dann solchen Wünschen Widerstand, die es aufgrund seiner lebensgeschichtlichen Konditionierungen für unzulässig hält. Die unterdrückten Impulse laden sich jedoch mit einer derart starken Energie auf, daß das Bewußtsein all seine Kraft zu ihrer Verdrängung aufwenden muß und der davon betroffene Mensch unter einer ungeheuren inneren Spannung steht. Die verdrängten Regungen entwickeln sich zu seelischen Nebenzentren, die in eigener Regie arbeiten, und zwar unter Umgehung des personalen Oberbaus, und damit für den Neurotiker zu einer ständigen Störungsquelle werden. Solche seelischen Abspaltungen oder Nebenzentren verursachen laut Sigmund Freud nicht nur Zwangsneurosen und Hysterie, sondern führen auch zu Fehlleistungen beim Sprechen (sich versprechen) und beim Lesen (sich verlesen) und zu einer symptomatischen Vergeßlichkeit.

Die Psyche in tiefenpsychologischer Sicht

Im folgenden wollen wir uns mit den drei Hauptschulen der *Tiefenpsychologie* befassen. Es handelt sich um die von Sigmund Freud begründete *Psychoanalyse,* die von Alfred Adler entwickelte *Individualpsychologie* und um C. G. Jungs *komplexe Psychologie.*

Als Schriftpsychologe kann man an den bahnbrechenden Erkenntnissen der Tiefenpsychologie nicht achtlos vorübergehen. Erst seit S. Freud ist der Begriff des Unbewußten grundlegender Bestandteil jeglicher psychologischer Theorie und Praxis. Daher ist es unumgänglich, daß wir uns wenigstens mit den Grundbegriffen der drei tiefenpsychologischen Richtungen vertraut machen.

Sigmund Freud und die Psychoanalyse Sigmund Freud erklärt den Sexus zum Lebenstrieb schlechthin. Fehlgeleitete oder blockierte sexuelle Triebenergien sind daher für einen Menschen die größte Störquelle in seinem Leben. Alles Bewußtsein ruht auf dem Unterbewußtsein, dem auch die eigentlichen Energiequellen (Triebe) des Individuums entspringen. Allen seelischen Störungen liegt laut Freud ein Triebkonflikt zugrunde. Die Tendenz unserer Triebe entspricht in der Regel nicht den Forderungen der Gesellschaft, daher müssen wir sie bändigen.

Für den Umgang mit den Trieben gibt es vier Möglichkeiten: Man kann den Trieb ausleben oder ihn sublimieren, das heißt, seine Energie so umwandeln, daß er nicht mehr als Sexus erkennbar wird. Möglichkeiten einer solchen Umwandlung bieten geistige, künstlerische oder sportliche Aktivitäten. Ein dritter Weg des Umgangs mit Triebforderungen ist die sanfte Verdrängung, die darin besteht, daß man Ersatzbefriedigung sucht. Diese Art der Triebverarbeitung ist schon neurotisch zu nennen. Die vierte und letzte Weise der Auseinandersetzung mit unseren Triebimpulsen ist die radikale Verdrängung. Folge solcher Verdrängung sind schwere Neurosen, deren Bewältigung so viel Energie aufzehrt, daß für die eigentliche Lebensbewältigung kaum Kraft übrigbleibt.

Die Gratwanderung, die der Mensch zu vollziehen hat, besteht darin, einen erträglichen Ausgleich zwischen den Forderungen des Triebs und der Gesellschaft (Moral) zu finden. Triebmächte lassen sich nicht ungestraft unterdrücken, daher ist jeder einzelne von uns vor die Aufgabe gestellt, die »Forderungen der Natur« mit dem menschlich Vertretbaren auszusöhnen.

Sigmund Freud hat auch als erster die grundlegende Bedeutung der Mutter- beziehungsweise Elternliebe für die zukünftige Entwicklung des Kindes erkannt. Das Kind in seiner Angewiesenheit auf den Erwachsenen bedarf der ständigen Versicherung, daß die Mutter oder die Eltern es lieben, sonst verliert es das Gefühl der Lebenssicherheit. Liebesverlust und Liebesentzug sind die großen ersten Leiden des Menschen, und ihr Ausmaß und die Art und Weise ihres Auftretens haben oft schicksalhafte Folgen für sein weiteres Leben.

Wenn die Mutter(liebe) fehlt, ist das Kind gezwungen, seine ungestillten Bedürfnisse kompensatorisch zu befriedigen. An diesem Punkt liegt der Ursprung der Neurose. Das Schwanken zwischen »Ich soll«, »Ich kann nicht«, »Ich möchte« und »Ich darf nicht« kann zu schwerwiegenden seelischen Konflikten führen, deren Lösung mit unangemessenen Mitteln angestrebt.wird. Der Neurotiker greift deshalb im allgemeinen auf regressive (= kindliche) Mechanismen der Konfliktverarbeitung zurück, die seinen Konflikt nur verstärken und ihrerseits neue Angstschübe und Zwangsvorstellungen auslösen und damit der Neurose immer neue Nahrung geben.

Es ist das Verdienst Freuds, solche bis dahin unbekannte Mechanismen aufgezeigt zu haben. Seine Lehre fand jedoch nicht nur Anerkennung, sondern auch Widerspruch. Die von ihm entwickelte Methode der Psychoanalyse ist auch heute noch weit verbreitet, viele ihrer dogmatischen Feststellungen, besonders hinsichtlich der Rolle der Sexualität, gelten jedoch inzwischen als einseitiger Reflex viktorianischer Lebensverhältnisse.

Alfred Adlers Individualpsychologie Alfred Adler, der lange ein Schüler Sigmund Freuds war, ging in seiner *Individualpsychologie* eigene Wege. Für ihn war nicht mehr der Sexus die entscheidende Lebensmacht, sondern das *Machtstreben* oder – negativ ausgedrückt – das in seinem Machtstreben blockierte *Minderwertigkeitsgefühl.* Die meisten Kulturmenschen leiden unbewußt in irgendeiner Hinsicht unter diesem Gefühl und setzen sich kompensatorisch damit auseinander, das heißt, sie versuchen, durch besondere Leistungen auf irgendeinem Gebiet »Unzulänglichkeiten« vergessen zu machen.

Eine andere Weise, Minderwertigkeitsgefühle zu »verarbeiten«, bietet das Ressentiment. Das Individuum sagt sich: »Eigentlich bin ich viel mehr als die anderen, die mir im Leben überlegen sind.« Um diese »eigentliche« Überlegenheit zu retten, wendet sich ein solcher Mensch praktisch von der Realität ab, er flieht vor der Wirklichkeit und baut sich ein

Die Psyche in tiefenpsychologischer Sicht   43

völlig unrealistisches Selbstbild auf, mit dem er im Leben permanent scheitert, was seine Minderwertigkeitsgefühle und die daraus resultierenden Ressentiments wiederum verstärkt. Einen Ausweg aus diesem Teufelskreis bietet nur die Frage: »Was nützt mir meine (seelische) Krankheit? Was versuche ich auf diesem indirekten Weg zu erreichen?« Wer sich diese Frage nicht stellt, verstrickt sich immer tiefer in das gerade beschriebene System des Ausbalancierens der eigenen Unzulänglichkeiten durch vermeintliche Absicherungen und Überkompensationen.

Im zweiten Schritt sollte sich der unter Minderwertigkeitsgefühlen Leidende Rechenschaft über Art und Bezugspunkte dieser Empfindungen geben und dann dahin gelangen, seine Schwächen zu akzeptieren, um auf diese Weise sein seelisches Gleichgewicht wiederzufinden. Die Therapie basiert also auf der Annahme, daß objektive Selbsterkenntnis zur Heilung führen werde. Zeigen sich bei dem Behandelten erste Erfolge, wird er von seiten des Therapeuten ermutigt, damit er Schritt für Schritt lernt, daß er keiner Fassade und keiner Unechtheit bedarf, um mit seinen gegebenen Schwächen vor der Umwelt zu bestehen.

Das größte Hindernis für die Entfaltung des Macht- und Geltungsstrebens ist das Leben in der Gemeinschaft. Aber wir müssen, um vor uns selbst zu bestehen, den Kampf mit dem Leben aufnehmen. Überall ist für uns Konkurrenz. So erfährt beispielsweise ein Mann, der in der Liebe abgelehnt oder von einem Nebenbuhler aus dem Feld geschlagen wird, eine empfindliche Verwundung seines Machtstrebens. Wer unterliegt, egal wo, bekommt Minderwertigkeitsgefühle. Wer jedoch aufgrund solcher Erfahrungen dem Lebenskampf ausweicht, sich in Selbstmitleid oder Krankheit flüchtet und alles passiv laufen läßt, dem gleiten die Zügel vollends aus der Hand, und er endet als bedauernswertes Opfer seiner eigenen Lebensuntüchtigkeit.

So konsequent die Individualpsychologie aufgebaut ist und so richtig sie gewisse Aspekte des menschlichen Verhaltens darstellt, sie geht dennoch von falschen Voraussetzungen aus. Der Begriff des Machttriebs orientiert sich zu sehr an den teilweise recht verschwommenen lebensphilosophischen Vorstellungen der Jahrhundertwende. Man kann nicht als Macht und Geltungsstreben bezeichnen, was die Natur in einem völlig gesunden Existenzdrang hervorbringt. Einen wesentlichen Fortschritt muß man Alfred. Adler jedoch zugestehen: Während Freud einem weitgehend mechanistischen Wissenschaftsbegriff anhängt, appelliert Adler an den freien Willen des Individuums, wobei seine Zielsetzung als pädagogisch durchaus wertvoll anzusehen ist.

Die komplexe Psychologie Carl Gustav Jungs Der dritte bahnbrechende Tiefenpsychologe ist Carl Gustav Jung mit seiner Lehre vom *kollektiven Unbewußten.* Er versteht darunter den seelischen Niederschlag gewisser Urerfahrungen, die allen Menschen gemeinsam sind und beispielsweise in Kunst, Religion und im Traum in Form von *Archetypen* (= Ursymbole) in Erscheinung treten. Sie haben Geburt und Tod, Reifung und Selbstentfaltung zum Gegenstand. C. G. Jung hält dieses Unbewußte für den Ursprung alles Schöpferischen, es enthält gleichsam die Lebensgesetze selbst in anschaulicher Form.

Neben dem *kollektiven* gibt es ein *persönliches Unbewußtes,* in dem noch nicht oder nicht mehr bewußtseinsfähige Regungen und Impulse »gespeichert« sind. Der Überbewertung der Sexualität bei Freud setzt Jung einen allgemeinen Begriff der Lebensenergie entgegen und erschließt der Neurosenlehre damit eine ganze Reihe neuer Aspekte. Er hat auch den Begriff des *Schattens* in der Psychologie eingeführt, womit jene seelischen Tendenzen bezeichnet sind, die im Bewußtsein des jeweiligen Individuums noch keine Anerkennung gefunden haben. Zum Schatten des Mannes gehört seine unbewußte weibliche Seite, die *Anima,* die umgekehrte Erscheinung bei der Frau bezeichnet C. G. Jung als *Animus.*

Ziel von Jungs analytischer Psychologie war es, Brücken zwischen Bewußtsein und Unbewußtem zu bauen, um das Handeln vom Gesichtspunkt des Bewußtseins wie des Unbewußten aus transparent zu machen und damit eine Versöhnung der menschlichen »Tages«- mit seiner »Nachtseite« herbeizuführen. Auf diese Weise hoffte er, die häufig so folgen-

Die Psyche in tiefenpsychologischer Sicht

reiche Gespaltenheit des modernen Menschen, dessen Rechte nicht weiß, was die Linke tut, zu überwinden und ihm auf psychologischem Weg jene existentielle Verankerung zurückzugeben, die ihm seit dem Verlust seiner religiösen Bindung in wachsendem Maße abhanden gekommen ist.

Das Problematische an C.G. Jungs Theorie ist seine Begriffsbildung, die zwischen Tatsachenaussagen und symbolischen Umschreibungen häufig nicht klar unterscheidet. Es ist jedoch sein Verdienst, Sigmund Freuds monokausales, mechanistisches Weltbild gesprengt und viel zur Verbreitung eines organischen und multidimensionalen Verständnisses seelischer Vorgänge beigetragen zu haben. Die moderne Psychologie verdankt ihm entscheidende Anstöße. Die Psychotherapie insbesondere hat von ihm wertvolle Anregungen erfahren, besonders auf den Gebieten der Traumdeutung, der freien Assoziation und hinsichtlich der psychologischen Ausdeutung spontan gemachter oder gezeichneter Bilder, wie sie in manchen Testverfahren vom Probanden verlangt werden. Im übrigen hat C. G. Jung sich wesentliche Verdienste um die Kulturgeschichte erworben, da er sich bei der Erläuterung seines Symbolbegriffs in erheblichem Maße auf fernöstliches Gedankengut und Anschauungsmaterial gestützt hat.

Alle drei beschriebenen Richtungen der Tiefenpsychologie stimmen darin überein, daß auch moralische Regungen verdrängt werden können; Regungen etwa des Gemütes oder des Gewissens. Häufig genug werden auch Empfindungen des Mitgefühls und der echten Liebe und elementare religiöse Fragen verdrängt, deren Unterdrückung zu einer Störung des seelischen Gleichgewichts und damit der ganzen Persönlichkeit führen kann.

Der tiefste und letzte Zug allen menschlichen Seins liegt jenseits der Erkenntnisfähigkeit aller empirischen Psychologie. Das metaphysische Geheimnis der Individualität läßt sich nicht rational erfassen und zum Gegenstand der Aussage machen. Allein die Liebe läßt einen Menschen den anderen in seiner Einmaligkeit, Unvertauschbarkeit und Unwiederholbarkeit sehen. Jeder Psychologe – und dazu gehört der

Schriftpsychologe – sollte daher das Unsagbare respektieren. Helfen kann er seinen Mitmenschen nur, wenn er an den Grenzen seiner Wissenschaft haltmacht und die Würde und Einmaligkeit des Individuums unangetastet läßt.

Das in den folgenden Kapiteln ausgebreitete graphologische Basiswissen wird niemanden zum kompetenten Graphologen machen, dazu bedarf es einer längeren Erfahrung. Deshalb sollte der Anfänger – aber auch der fortgeschrittene Schriftpsychologe – seine Analysen sooft wie möglich einer Gegenkontrolle unterziehen, um auf diese Weise die eigenen diagnostischen Stärken und Schwächen realistisch einschätzen zu lernen. Nur so gewinnt der Neuling auf die Dauer die nötige Selbstsicherheit und Selbstbestätigung, ohne die auch der beste Schriftpsychologe nicht auskommt.

3 Die Schrifterfassung

Art und Umfang der Deutungsunterlagen

In den vergangenen Jahrzehnten haben Industrie und Handel zur besseren Auslese von Stellenbewerbern zunehmend graphologische Eignungsgutachten genutzt – nach statistischen Erhebungen aus dem Jahre 1982 waren das etwa 15 Prozent aller Wirtschaftsunternehmen. Da die Handschrift eines Bewerbers leicht zu erhalten ist, wird die schriftpsychologische Analyse häufig bevorzugt. Ein verantwortungsvolles graphologisches Gutachten läßt sich nur erstellen, wenn dem Diagnostiker genügend handschriftliches Material von seiten der Probanden vorliegt.

Vorab ein Grundsatz: Je mehr handschriftliches Material dem Graphologen zur Verfügung steht, desto differenzierter wird das von ihm entworfene Charakterbild. Darüber hinaus unerläßlich sind Angaben über das Alter, das Geschlecht und den Beruf des Schreibers. Im übrigen sollte der Proband in einer kurzen Anmerkung Auskunft über das von ihm in der Schule erlernte *Ausgangsalphabet* geben. Erwünscht sind auch Angaben über seinen oder ihren Bildungshintergrund und über belastende Lebensumstände. Hilfreich wären Informationen über einschneidende Kindheitserlebnisse oder Krankheiten, die zu einer Veränderung des Verhaltens geführt haben (etwa Kinderlähmung), schließlich über schwere Schicksalsschläge wie etwa die Scheidung der Eltern. Linkshändigkeit ist zwar von sekundärer Bedeutung, trotzdem kann es für den Graphologen nützlich sein, davon zu wissen.

Die Schriftprobe sollte wenigstens zehn fortlaufende Zeilen auf unliniertem Papier (am besten DIN A 4, auch DIN A 5 ist möglich) umfassen und mit Datum und Unterschrift versehen sein. Man darf niemals ein graphologisches Urteil über jemanden fällen, dessen Unterschrift man nicht mit der Textschrift verglichen hat; umgekehrt läßt eine Unterschrift allein nur bruchstückhafte Aussagen zu. Liegen außer der Schriftprobe noch Zeugnisse, Referenzen und ähnliche Beurteilungen – auch mündlicher Art – vor, sollte der Schriftpsychologe sie nach Abschluß seiner Analyse in seine Interpretation einbeziehen, wenn es zum besseren Verständnis der Persönlichkeit des Probanden beiträgt. Auch psychologische Beobachtungen, wie sie beispielsweise am Schreibstil zu machen sind, dürfen nur als Hinweise auf persönliche Eigenarten des Schreibers betrachtet, nicht aber als graphologische Erkenntnisse ausgewertet werden. Da Bewerbungsschreiben meistens in »Sonntagsschrift« abgefaßt sind, ist eine spontane Schriftprobe für die graphologische Ausdeutung geeigneter. Reine Alltagsnotizen, wie sie sich auf Schmierzetteln und in Stundenprotokollen finden, verzerren das Bild zur anderen Seite hin. Aufschluß über das Verhältnis des Probanden zu räumlichen Relationen können von ihm beschriftete Briefumschläge liefern. Generell sind mit einem Füller abgefaßte Schriftproben zuverlässiger zu analysieren als mit Kugelschreiber, Bleistift oder Faserstift geschriebene, Postkarten und vorgedruckte Fragebogen eignen sich nicht zu einer schriftpsychologischen Deutung, weil sie den Schreibenden in seiner räumlichen Entfaltung behindern.

Unentbehrliches Hilfsmittel bei der praktischen Arbeit des Graphologen ist eine acht- bis fünfzehnfach vergrößernde Lupe. Sie läßt die Strichstruktur einwandfrei erkennen. Ein durchsichtiger Winkelmesser und ein Millimetermaß sind zur Lage- und Ausdehnungsmessung unverzichtbar; man halte sich überhaupt zuerst an meßbare, danach erst an die schätzbaren Merkmale des Schriftbildes. Das Auge schult sich nicht bei nur flüchtigem Betrachten des Schriftbildes; wenn man sich genügend Zeit nimmt, entdeckt man im allgemeinen auch noch charakteristische Merkmale, die beim ersten Hinsehen entgangen sind. Je intensiver man eine Schrift aus den verschiedensten Blickwinkeln betrachtet – das heißt, indem man das Blatt falsch herum hält oder es im Gegenlicht einer Lampe von hinten anschaut –, desto mehr erschließen sich einem ihre charakteristischen Eigenheiten.

Der Auftraggeber erwartet von einem Graphologen eine ziemlich hohe Treffsicherheit, und die ist nur bei ganz gewissenhafter Prüfung der Schrift möglich. Je umfangreicher die Zahl der Schriftproben, desto sicherer gelangt der Diagnostiker zum richtigen Ergebnis. Das graphologische Sehen will systematisch und mit Ausdauer erlernt sein, daher sei jedem Anfänger in diesem Wissenschaftsbereich dringend empfohlen, Schriftpsychologie nicht in Eigenregie zu betreiben, sondern so lange einen erfahrenen Diagnostiker zu Rate zu ziehen, bis er selbst genügend sicher ist.

Die Schriftnorm als Ausgangsbasis

Jede Schrift ist zunächst Produkt einer bestimmten *Schreibschule*, wovon es, regional und nach Ländern abgegrenzt, verschiedene gibt. Zur Zeit werden in der Bundesrepublik Deutschland in den alten und neuen Bundesländern unterschiedliche Schriftvorlagen verwendet, selbst in Bayern weicht die Norm von den übrigen Bundesländern geringfügig ab, ein wenig mehr in Österreich und in der Schweiz und erst recht in den anderen europäischen Ländern und in den Vereinigten Staaten. Ein Graphologe, der diese verschiedenen *Grundlagenalphabete* nicht kennt, kann nur bedingt zuverlässige Aussagen machen.

Für Kinderkritzeleien im Vorschulalter gelten noch einheitliche Beurteilungskriterien (siehe dazu Gertrud Beschel: *Kritzelschriften*). Auch solche Kritzeleien sind in gewissem Sinne deutbar, aber die persönliche Gestaltung der Handschrift fängt erst da an, wo eine erlernte Norm nach eigenem Willen, eigener Motorik und individuellem Empfinden und Geschmack umgestaltet wird. Das beginnt schon beim Erlernen des ersten Buchstabens. Wenn dreißig ABC-Schützen in einer Schulklasse nach der gleichen Vorlage einen Buchstaben schreiben lernen, ergeben sich dreißig verschieden gestaltete Formen, das Bild wird um so vielfältiger, je komplizierter etwa ein Großbuchstabe zu schreiben ist.

Die meisten Kinderschriften sind jedoch bis etwa zum zehnten Lebensjahr normnah und formtreu. Individuelle Unterschiede zeigen sich lediglich im *Druck*, in der *Weite*, in der *Lage*, in *gelockerten* und *versteiften Formen*. Die Eigengestaltung verstärkt sich krisenhaft in der Pubertät, sie ist ein guter Gradmesser nicht nur für die Schreibreife, sondern überhaupt für den persönlichen Reifungsgrad (siehe dazu D. Gramm: *Graphologie der Schülerschrift*). Je weiter der junge Mensch von der erlernten Norm abweicht, um so mehr tritt seine Eigenart hervor, und um so ausdrucksstärker und damit aussagekräftiger ist seine Schrift. Aber auch Entwicklungshemmungen lassen sich anhand der *Formtreue* feststellen.

Ausdrucks- und Darstellungsprinzip

Wenn man sich mit den verschiedenen graphologischen Schulen und Richtungen auseinandersetzt, bleiben schließlich immer drei Hauptverfahren übrig, wie man als Graphologe die Bedeutung der einzelnen Schrifttypen aufschlüsseln kann. Das erste ist die *Ausdruckskunde*, wie sie Ludwig Klages begründet hat. Das zweite basiert auf den bewegungs- und hirnphysiologischen Erkenntnissen Professor Rudolf Pophals, auf die sich Heinrich Pfanne in seinem *Lehrbuch der Graphologie* stützt. Die dritte Methode ist die von Max Pulver entwickelte Deutung der Schrift in ihrem *Symbolgehalt*.

Das Gute ist, daß man alle Wege gleichzeitig beschreiten kann und daß sie einander recht sinnvoll ergänzen. Im vierten Kapitel dieses Buches, das eine eingehende Erläuterung der Bedeutung der einzelnen Schriftmerkmale enthält, sind die drei Betrachtungsweisen so miteinander kombiniert, daß dadurch eine differenzierte Schriftanalyse wesentlich erleichtert wird. Im Grunde genommen ist jede graphologische Auswertung ein Problem der Ausdruckskunde. Deshalb wollen wir uns zunächst diesem Zusammenhang zuwenden.

Ausdrucks- und Darstellungsprinzip 51

Vom *Ausdruck* spricht man, wenn zwischen einer sinnlich wahrnenmbaren Erscheinung der körperlichen Außenwelt und einer Gegebenheit der seelischen Innenwelt ein polarer Zusammenhang besteht. Lassen Sie mich Beispiele geben: Ein großer Hund kommt auf einen Menschen zu, der sich vor ihm fürchtet. Unwillkürlich nimmt dieser Mensch sofort eine Abwehrhaltung ein. Oder: Ein freundlicher Zeitgenosse grüßt uns. Wir erwidern den Gruß mit freundlicher Miene und drücken durch unser Verhalten aus, daß wir seine Geste verstanden und wohlwollend aufgenommen haben. So zeigt sich in der Regel auf unserem Gesicht, wie uns zumute ist. Demnach verraten Gesten, Mimik und Bewegungen, was in uns vorgeht. Gleichsam als Sonderfall fällt auch die Schrift als *fixierte Geste* in diese Kategorie, da Schreibbewegungen vom gleichen Gehirnzentrum aktiviert werden wie die übrigen Bewegungen.

Wenn man einmal die Schrift als *Geste* erkannt hat, dann liegt es nahe, zum Beispiel die *Girlande* als einladende oder wohlwollende Geste zu deuten, die *Arkade* als Ausdruck einer Schutzhaltung und den *Winkel* als kompromißloses Entweder-Oder.

Zwischen Leib und Seele besteht eine ständige Wechselwirkung, die sich vor allem in automatisierten Willkürbewegungen zeigt. Dieser körperliche Ausdruck ist vor allem Wesensausdruck der Persönlichkeit. In seinem zu Papier gebrachten Selbstausdruck offenbart der Schreiber seine seelische Struktur, die jedoch mit dem äußerlich erkennbaren Verhalten *nicht* übereinzustimmen braucht.

Wir unterscheiden daher zwei Spielarten des Ausdrucks, den direkten und den indirekten. Direkt ist der Ausdruck dann, wenn er unmittelbar den Tiefenbereichen der Psyche, dem Vitalbereich oder dem Ich-Bereich entspringt. In der Schriftpsychologie hat sich dafür die Bezeichnung »expressiver« Ausdruck eingebürgert. Wenn die im körperlichen Ausdruck sichtbar werdenden Regungen zuvor eine Bewußtseinskontrolle passiert haben und der Ausdruck gleichsam stilisiert ist, dann spricht man in Anlehnung an Ludwig Klages von *Darstellung*. Diese Haltung zielt immer auf Erfolg, das heißt, der sich Produzierende will mit seinem Verhalten unmittelbar eine Wirkung erzielen. So deutet beispielsweise für den Graphologen ein besonders groß geschriebener Anfangsbuchstabe immer auf ein in Aufwallung gesteigertes Selbstwertgefühl hin. Grundsätzlich läßt sich nicht ausschließen, daß *Ausdruck* und *Darstellung* gleichzeitig auftreten können. Entspringt die Bewegung einem unzensierten Gefühlsantrieb, dann handelt es sich wirklich um *Ausdruck*, ist jedoch der »Ausdruck« inszeniert, dann liegt der Geste ein Darstellungswunsch zugrunde.

Auf konkrete Beispiele angewandt, bedeutet das: Entspringt die Größe einer Schrift einem starken Antrieb, was sich unter anderem durch starke Druckbetonung manifestiert, so ist das ein wirklicher *Ausdruck* der Persönlichkeit. Erkennt man in ihr jedoch vornehmlich eine Vorliebe für *Größe*, was bei gleichzeitiger Druckschwäche häufig der Fall ist, dann ist die Größe der Schrift *Darstellung*. Die *Weite* einer Schrift resultiert entweder aus *Expansionsdrang* = Ausdruck oder aus bloßer *Breitspurigkeit* = Darstellung. Noch prägnanter kann man sagen: Ausdruck finden wir in der Bewegung, Darstellung bedient sich formaler Elemente und gestaltet allzu bewußt den Raum. Rudolf Heiss hat den Unterschied folgendermaßen definiert: »Im *Bewegungsbild* finden wir vor allem Anlagen und Eigenschaften des seelischen Ablaufs, im *Raumbild* erscheinen die Eigenschaften der Umweltbezogenheit und Umweltorientierung, im *Formbild* endlich die Eigenschaften der Persönlichkeit im engeren Sinne«.

Beschränkte sich die Schriftdeutung auf die hier dargelegten Aspekte, dann wäre sie eine relativ einfache Sache, aber schon Ludwig Klages weist darauf hin, daß jedes einzelne Ausdrucksmerkmal und vor allem jedes Schriftmerkmal seiner Natur nach mehrdeutig ist und erst im Zusammenhang mit dem Ganzen eindeutig wird.

Abschließend sei gesagt, daß nicht alle Menschen ihr bevorzugtes Ausdrucksfeld in der Handschrift haben; das gilt nicht nur für Schreibungeübte, sondern manchmal auch für geistig hochstehende Menschen, deren Ausdrucksschwerpunkt in anderen Bereichen liegt. In solchen Fällen sind Schriftdeutungen unergiebig, so daß man von einer Aussage absehen sollte. Diese Situation ist jedoch selten.

Bildcharakter und Symbolbedeutung

Über die *Symbolik* sowie ihre Bedeutung für das menschliche Verhalten und in der Sprache haben wir im Eingangskapitel ausführlich gesprochen. Hier geht es uns nun speziell um den Symbolcharakter der Handschrift, der sich erst über die räumliche Anordnung der Schrift und im Zusammenhang erschließt.

Meistens ist ein Blatt Papier der Wirkungsraum des Schreibenden, und nach seinen Maßen ist dieser Raum begrenzt. Ränder und Abstände nach oben und unten haben ebenso ihre symbolische Bedeutung wie Zeilen- und Wortabstände. Bleiben wir zunächst beim Wort selbst. Wir teilen die Buchstaben in Zonen ein, wobei zum Beispiel das *m* nur die Mittelzone einnimmt, das *b* in seinem oberen Teil die Oberzone mit einschließt, und das *g* in seinem unteren Teil die Unterzone, das *f* aber alle drei Zonen umfaßt.

= Oberlänge (OL) obere Zone — Geist/Über-Ich
= Mittellage (ML) mittlere Zone — Seele/Ich
= Unterlänge (UL) untere Zone — Leib/Trieb/Es

Der Oberzone ordnet man das Höhere, Geistige, Ideale, die Phantasie zu. Die Mittelzone, das Zentrum, symbolisiert das Ich, das Personale, das Seelische, wogegen der Unterzone das Leibliche, Materielle, Instinkthafte, Niedrige und Triebhafte zugeschrieben wird.

Die Rechts-Links-Symbolik sagt in ihrem Richtungscharakter viel über die Mentalität eines Menschen aus. Der Linkszug ↶ weist auf den Anfang, das Ich, das Innere, das Vergangene zurück, deutet also auf Introvertiertheit, der Rechtszug ↗ dagegen auf die Zukunft und das Kommende. Er symbolisiert Aktivität, Tätigkeitsdrang und Extrovertiertheit.

Der Raum zwischen einzelnen Wörtern beträgt normalerweise eine Buchstabenbreite (m). Ist er größer, zeigt das eine relativ große Distanz zur Umwelt an, er symbolisiert gleichsam den »Inselcharakter« der Existenz des Schreibers. Ist der Abstand gering, läßt sich daraus auf eine geringe Distanz des Probanden zu seinen Mitmenschen schließen. Den Symbolgehalt von Zeilenabständen und Rändern möge man der Tabelle im vierten Kapitel unter dem Stichwort *Raumbild* entnehmen (siehe S. 149 ff.).

Auch die *Linienführung* sagt etwas über den Schreiber aus. Je gerader sie ist, desto mehr möchte der Schreiber das Eindeutige, Stabile, Feste und Klare betonen, wogegen die bogige Linie das Schmiegsame, Gelöste, Emotionale, aber auch Labilität andeutet. Im Abstrich einer Schrift zeigt sich, ob der Proband selbständig ist und was für ihn wesentlich ist, im Aufstrich kommt das Wesentliche zum Ausdruck. Im Abstrich liegt auch der natürliche *Druck.* Wird dieser Druck auf die Basis oder gar in den Aufstrich verlagert, so verkehrt sich damit die gesamte Symbolik. Die symbolische Signifikanz der einzelnen Merkmale sollte man niemals dogmatisch betrachten, sondern immer nur im Zusammenhang mit den anderen Merkmalen.

Hirnphysiologische Einflüsse auf das Schriftbild

Beim Schreiben werden Streck- und Beugemuskeln in Bewegung gesetzt. Dazu erhalten sie vom Nervensystem die entsprechenden Befehle. Die Vermittlung dieser Befehle geschieht auf zwei Wegen, über die *sensorischen,* aufsteigenden und die *motorischen,* absteigenden Bahnen. Die aufsteigenden Bahnen leiten die von der Peripherie des Körpers her eindringenden Reize zur Zentrale, dort werden sie in Bewegungsimpulse umgesetzt und durch die absteigenden Bahnen an das Muskelgewebe weitervermittelt.

Die Steuerungszentren des Schreibens sind der *Hirnstamm* (= Subkortex) und die *Hirnrinde* (= Kortex). Rudolf Pophal definiert ihre Funktionen folgendermaßen:

1. Die Hirnrinde ist das Zentrum der spezifisch menschlichen Funktionen, zu denen auch das Schreiben gehört.
2. Wir erlernen das Schreiben willkürlich und sind gehalten, Vorlageformen in wesentlichen Punkten beizubehalten, um uns schriftlich verständlich zu machen.
3. Alle diese Willkürbewegungen, insbesondere die Bewegungsnachbildung gemäß Vorlage, werden von der Hirnrinde gesteuert.
4. Man kann nichts schreiben, was man nicht vorher gedacht hat, und auch für diese Denkprozesse ist die Hirnrinde zuständig.
5. Die Willkürbewegung des Schreibens kann, wie alle Willkürbewegungen, automatisiert werden und geht dann in das vom Hirnstamm gesteuerte motorische System über. Dieser Hirnstamm ist der entwicklungsgeschichtlich ältere Hirnteil. Bei Säuglingen ist er der anfänglich einzig funktionsfähige Gehirnteil.

Der Hirnstamm wiederum enthält zwei Funktionen, die für das Schreiben besonders bedeutsam sind: das *Pallidum* und das *Striatum*. Die Bedeutung der beiden Hirnstammteile erkennt man am besten, wenn sie geschädigt sind oder ausfallen, weil sich dann die gesamte Motorik verändert. Es ergeben sich im Endeffekt vier Schreibtypen: pallidär, striär, subkortikal und kortikal.

1. Wir sprechen von einer *Pallidumschrift*, wenn ungezügelte, ungehemmte, ausfahrende und vor allem unkoordinierte Hin- und Herbewegungen das Schriftbild prägen.

Pallidumschrift

2. Das Striatum wirkt genau entgegengesetzt, es bremst und hemmt die pallidären Impulse, so daß eine unsichere, gehemmte, versteifte Schrift entsteht, die dazu noch unzulänglich koordiniert ist.

Striatumschrift

3. Die eigentliche Hirnstammwirkung zeigt uns die ausgewogene *subkortikale* Schrift. In ihr sind alle Bewegungen rhythmisch und wie selbstverständlich koordiniert. Solche Schreiber sind in jeder Lage ausgeglichen und haben es in der Bewältigung ihrer Lebensaufgabe leichter als andere.

subkortikale Schrift

4. Die Hirnrinde nun erzeugt Einzelbewegungen, die eine mehr oder minder vom Geist oder vom Willen gesteuerte Koordination aufweisen; sie wirkt daher mehr regelnd als rhythmisch, im Einzelfall bewirkt sie auch ein Überwiegen der formalen und räumlichen Elemente. Typische *Kortikalschriften* sind Schul- und Zuchtschriften. Sie neigen zu Manieriertheiten und darstellenden Elementen.

Hirnphysiologische Einflüsse auf das Schriftbild 57

[handschriftlicher Text]

Kortikalschrift

Es wäre für den Schriftpsychologen ein leichtes, ließen sich alle Schriften in eine der vier Kategorien einordnen, aber es ist leider wie bei allen Typisierungen: die Mischformen überwiegen. Deshalb lassen sich im Einzelfall nur Tendenzen aufzeigen und entsprechend ihrer Gewichtung bewerten:

1. Eine Pallidum-Vorherrschaft spricht entweder für die Vorherrschaft der Antriebe oder für unzureichende unwillkürliche Hemmungen.
2. Die Striatum-Vorherrschaft weist auf zu geringe Antriebe oder auf relativ starke unwillkürliche Hemmungen hin.
3. Überwiegender Hirnstammeinfluß spricht für Ausgewogenheit und Einheitlichkeit des psychischen Grundes.
4. Eine Hirnrinden-Vorherrschaft (Kortikalschrift) deutet auf geistige und willentliche Einflüsse verschiedenster Art hin, zugleich jedoch auch auf starke darstellende Elemente.

Das *Lehrbuch der Graphologie* von Heinrich Pfanne kommt auf der Basis dieser hirnphysiologischen Kategorisierung zu ganz ähnlichen Typisierungen wie andere graphologische Richtungen und Schulen.

Dieses Kapitel wäre unvollständig, würden wir nicht einen Begriff erläutern, der ebenfalls aus der Bewegungsphysiologie stammt, nämlich den der *Versteifung*. Muskel-, also auch Schreibbewegungen können locker oder verkrampft, genauer: *versteift* sein. Jegliche »Lockerheit« wird einem angemessenen Verhältnis von Pallidum und Striatum verdankt, wobei der pallidäre Einfluß ein wenig überwiegen dürfte. Wo diese beiden Funktionen in einem ausgeglichenen Verhältnis zueinander stehen, fließt die Schrift leicht, locker, zügig, rhythmisch und gut koordiniert, aber nicht ausgesprochen regelmäßig dahin. Scharfe *Winkel* sind dann ebenso selten wie eindeutige *Faden*. Solche Schriften sind elastisch und haben meist kurvige Bindungsformen, sie bevorzugen die *Girlande* und weisen einen guten *Verbundenheitsgrad* auf.

Versteifte Schriften können sowohl vom striären als auch vom kortikalen Bereich her gebremst sein. *Formbetonung* und *Regelmaß* sind zum Beispiel kortikalen Ursprungs; eine solche Schrift wirkt gesteuert, gehalten, gebremst und straff. Bei striärer Versteifung ist die Bewegung eingeengt, die Schrift wirkt gestaut, spröde, zittrig, unsicher, sperrig und ohne Fluß. Ungleichmäßige Bindungsformen, Wechsel von Arkade und Winkel und ein vermischter Verbundenheitsgrad sind weiterhin dafür typisch. Die Bedeutung der einzelnen Versteifungsgrade finden Sie im vierten Kapitel unter dem Oberbegriff *Formbild* erklärt (siehe S. 211 ff.).

Formhöhe und Variationsbreite

Jede Handschrift ist von ihrem Schreiber geprägt und sagt damit etwas über seine Entwicklungsstufe aus und über die Möglichkeiten und Grenzen seiner weiteren Entfaltung. Das Gesamtbild einer Schrift entscheidet daher darüber, ob die Deutung in eine eher positive oder negative Richtung geht. Ludwig Klages hat für diesen Gesamteindruck den Begriff des *Formniveaus* eingeführt; freilich war ihm dieser Begriff selbst nicht ganz klar. Spätere Autoren suchten differenziertere Bezeichnungen; so sprach Roda Wieser von einem *Grundrhythmus*, Max Pulver von *Wesensgehalt* und Rudolf Heiss von *Formrhythmus*. Manche kommen ganz ohne diesen Begriff aus, so etwa Heinrich Pfanne. Wilhelm H. Müller und Alice Enskat lösen ihn in verschiedene Aspekte, wie *Qualität der Bewegung, Elastizität der Spannung* und *Qualität der Form*, auf, die erst gemeinsam einen Gesamteindruck ergeben.

Trotz aller Widersprüche im einzelnen kann die Graphologie auf eine gewisse Kategorisierung nicht verzichten; zur genaueren Interpretation der oft mehrdeutigen Einzelmerkmale ist sie sogar unumgänglich.

Um nicht auf Ludwig Klages' sehr allgemein gehaltenen Begriff des Formniveaus angewiesen zu sein, ziehe ich die Bezeichnung *Schriftformat* vor. Das Schriftformat wird am Entwicklungsgrad des Schriftbildes bemessen, den es im Einzelfall zu bestimmen gilt. *Format* wird dabei zugleich in seiner charakterologischen Bedeutung verstanden und umfaßt ein ganzes Spektrum von Entwicklungs- und Reifegraden.

Doch zunächst wollen wir uns mit den fünf Abstufungen des Schriftformats, das heißt seiner variierenden *Formhöhe* auseinandersetzen:

Ein *sehr hohes Format* zeigt eine Schrift, die einen sichtlich persönlichen Stempel trägt und die erlernte Schablone ihres Ausgangsalphabetes durch einen hohen Grad an Eigenart ersetzt hat, dabei zugleich lebendig und ausgewogen ist, echt und aufrichtig wirkt und alle darstellenden Elemente vermeidet. Eine optimale Aufteilung des Raumes und ein hohes Maß an Gestaltungskraft sprechen ebenfalls für ein sehr hohes Format.

Formhöhe 1 mit Tendenz nach 2

Auch in der *zweithöchsten Formstufe* erwarten wir noch klare und eigengeprägte Formen, einen guten Ablaufrhythmus und eine übersichtliche Gliederung. Es können aber schon darstellende Momente mit einfließen, und die Ausgewogenheit erreicht nicht mehr ganz den Grad der ersten Stufe.

Formstufe 2

In der *dritten Formstufe* zeigen Bewegungs-, Form- und Raumbild nur mäßige Abweichungen von der erlernten Norm. Der Eigenartsgrad hält sich in Grenzen. Die Lebendigkeit der Schrift ist wegen ihrer Annäherung an die Vorlage sichtbar geringer. Solche Schriften lassen sich oft nur schwer einordnen, weil auf den ersten Blick wenig Individualität in ihnen zu erkennen ist.

Formstufe 3

Das gelingt uns schon weit besser in der *Formstufe vier,* die meist deutlich erkennbare Störfaktoren im Gesamtbild aufweist. Die Schrift ist auf dieser Formstufe recht unausgewogen, und die darstellenden Züge nehmen zu. Im übrigen erscheint diese Schrift unelastisch und von nur geringer Gestaltungskraft geprägt. Zu diesem Typus gehören auch manierierte und stilisierte Schriften.

Formstufe 4

Der *Formstufe fünf* ordnen wir die als nicht gelungen bezeichneten Schriften zu. Ihr Fluß ist stark gestört, sie sind steif und ungenügend geordnet. Es mangelt ihnen an Ausgewogenheit, und sie neigen zu Übertreibungen.

Formstufe 5

Es ist wiederum nicht so, daß wir jede Schrift präzise einer der fünf Formstufen zuordnen können. Die Vielschichtigkeit des menschlichen Charakters führt notwendig zu gegensätzlichen Strebungen in ein und demselben Individuum. So ist es wahrscheinlich, daß die meisten Schriften Tendenzen nach oben und nach unten aufweisen. Bestimmte Schriftzüge mögen im Einzelfall sehr wohl gekonnt, echt gestaltet und in sich ausgewogen sein und damit einer höheren Formstufe angehören, als es dem Gesamtbild entsprechen würde. Umgekehrt kann das Gesamtbild einen überwiegend positiven Eindruck machen und dabei einzelne gestörte Schriftzüge einer niedrigen Formstufe zeigen. Solche Widersprüchlichkeiten richtig zu sehen und einzustufen, ist erste Aufgabe des Schriftpsychologen, will er dem Schreiber mit seiner Beurteilung gerecht werden. (Siehe dazu die Tabellen auf S. 63–65.)

Schriftdominanten und signifikante Merkmale

Hat sich der Diagnostiker mit der Festlegung des Schriftformats, das heißt der Formstufenhöhe erst einmal eine solide Deutungsbasis geschaffen, geht er einen Schritt in der selektiven Richtung weiter, das heißt, er wählt jene *Einzelschriftmerkmale* aus, die charakteristisch für die zu analysierende Schrift sind.

Nach graphologischer Auffassung ist die Handschrift bekanntlich eine Geste beziehungsweise im Raum zur Form erstarrte Bewegung. Bewegungs-, Raum- und Formbild sind die Grundlage, von welcher der Schriftpsychologe ausgeht. Einige dieser Elemente sind meßbare Größen, andere müssen richtig eingeschätzt werden, und so sind subjektive Einflüsse in der Beurteilung nie ausgeschlossen, dessen sollte sich der Graphologe bei allem Bemühen um Objektivität stets bewußt bleiben.

Kehren wir zurück zu jenen unverwechselbaren *Merkmalen* einer Schrift, die ihr das individuelle Gepräge verleihen. In diesen Merkmalen offenbaren sich sowohl die *Verlaufsgestalt* und die ihr zugrundeliegende *Urgeste* als auch das unbewußte *Selbstbild* des Schreibers, das er anderen Menschen vermitteln möchte. Es erhebt sich jedoch in diesem Zusammenhang die Frage, wo eine charakterologische Deutung ihren jeweiligen Angelpunkt hat, das heißt jenes Motiv, das ganz maßgeblich das Handeln eines Menschen bestimmt. Früher ging man zu diesem Zweck konsequent alle spezifischen Merkmale einer Schrift durch und trug sie in Merkmalprotokolle ein. So ergaben sich bestimmte graphische Kurven und Linien, aus denen sich die Charakterstruktur des Probanden quasi ablesen ließ.

In unserer selektiven Methode hingegen isolieren wir zunächst all jene Merkmale, welche die *Eigenart* einer Schrift

Übersichtstafel zur Ermittlung des Schriftformates (Formhöhe)

Kriterien der Formhöhe	Stufe 1	Stufe 2	Stufe 3	Stufe 4	Stufe 5
Ausgangsalphabet	eigengestaltet	vereinfacht	gut zu erkennen	manieriert, stilisiert	stark vernachlässigt
Norm	überwunden	frei gestaltet	Anlehnung an	verarmt, schablonenhaft	überladen, zerrissen
Eigenart	hoch	erkennbar	mäßig	kaum	keine
Gestaltung	kreative und gekonnte Form	eigengeprägte Form	vorhanden	wenig	keine
Gliederung	optimal	übersichtlich	noch übersichtlich	tritt nicht hervor	ungeordnet, keine
Ablaufrhythmus	ausgewogen, ebenmäßig, durchgeistigt	glatter Ablauf, Bewegungsbetonung	leichte Ablaufstörungen, getaktet, regelmäßig	unausgewogener Bewegungsablauf, gestört, unruhig, unebenmäßig	monoton, verkrampft, stärker gestört oder gehetzt, chaotisch
Echtheit	persönlicher Stempel	stilvoll	fremde, übernommene Züge	Wechselbindungen, betonte Anfangszüge	sich stärker widersprechende Schriftmerkmale
Lebendigkeit	ansprechend	etwas reguliert	Schablonennähe	wenig, eher starr	Übertreibungen oder unlebendig, tot
Darstellungsmerkmale	keine	geringe	einzelne, Betonung an Großbuchstaben	auffallend und deutlich sichtbar	übertriebene Bereicherung
Elastizität/Versteifung	elastisch	locker	ausgeglichen	unelastisch, gestört	verkrampft
Störfaktoren	keine	kaum	leichte	deutliche	viele

Charaktereigenschaften und Verhaltensweisen, die dem Schriftformat (Formhöhe) entsprechen

Formhöhe	1	2	3	4	5
allgemeines Verhalten	profilierte Persönlichkeit, großmütig, innerlich ausgeglichen, hat Ausstrahlung	geradlinig, gemessenes Auftreten, tolerant, gesinnungsfest, ethische Einstellung	konventionsgebunden, konservativ, Verzicht auf eigene Form, Vorsicht, gemäßigt	individualistische Tendenzen verschiedene Hemmungen, Maske, Darstellungswille	doppelte Moral, überheblich, labil, gewissenlos, hohe Störanfälligkeit
geistige Fähigkeiten	souveräner Überblick, hat geistig alles im Griff, sehr produktiv	Weitblick, logisches Denken und Planen, Kritikfähigkeit, selbständiges Urteilsvermögen, Phantasie	hat Durchblick, vernünftiges Urteil, überlegt, kommt zurecht, ordnungsliebend	hat noch Einblick, Mangel oder Übermaß an Phantasie, mühsames Denken, oberflächlich	unzureichende Geistesgaben, unklares und verworrenes Denken, dumm, geistig blind
Willensbereich	hohe Selbstdisziplin, feste Hand, innerlich gefestigt, Freimut, sehr konsequent, viel Unternehmungsgeist	hat sich in der Gewalt, Kontrolle der eigenen Leistung, zielstrebig, Ausdauer, Fleiß, Schwung, Elan	Selbstbeschränkung, willig, beständig, gehorsam, aktiv, Ehrgeiz als Kompensation	starres Festhalten, verkrampft, stur, eigenwillig, Opposition, Mangel an Zucht und Ordnung	Herrschsucht, rechthaberisch, aggressiv, Willkür, Ablehnung von Gesetz und Norm
Ich-Bereich	gesundes Selbstbewußtsein, innere Sicherheit, Würde	selbstsicher, natürlich gehobenes Selbstwertgefühl	verständige Selbsteinschätzung, gesundes Ego, Haltsuchen an fremden Normen	sich wichtig machen, Geltungs- und Machtbedürfnisse, eitel, vorurteilsbeladen	egozentrisch, arrogant, hysterisch, anmaßend, sich maßlos überschätzend

charakterologischer Bereich

Formhöhe	1	2	3	4	5
Fühlen, Gemüt	ausgeglichene und stabile Gefühlslage	gefühls- und instinktsicher, Gemütswärme, ernst, sensibel, natürliche Hingabe	aufgeschlossen für Gemütswerte, wache Sinne, sanftes Gemüt	Gefühlsarmut oder Überschwang, steht unter seelischem Druck, neigt zu Ausschweifung, geringes Zartgefühl, Weichling	überspannt, falsches Pathos, depressiv, grobe Sinnlichkeit
Vitalbereich	vitale Verwurzelung, mannhaft	gesundes Lebensgefühl, intensiv psychisch belastbar zähtatbereit	ökonomischer Kräfteeinsatz, biologisch angepaßt, Zurückdrängen der leiblichen Triebe, etwas gehemmt	neurotische Verdrängung oder Angst, innere Unsicherheit, gereizt, genießerisch, antriebsschwach oder triebbetont, degeneriert	hemmungslos, maßlos, haltlos, schwulstig, süchtig, feige, animalisch
mitmenschlicher Bereich	Hilfsbereitschaft, Ritterlichkeit, Wohlwollen und Güte als Grundhaltung	gutmütig, mitfühlend, hilfsbereit, herzlich, verständnisvoll, geduldig	brav, subaltern, anpassungsbereit, verträglich, konfliktscheu, autoritätsgläubig	kontaktarm, verführbar, anpassungswillig, mißtrauisch, berechnend, zu glatt	rücksichtslos, brutal, böswillig, dreist, schroff, verlogen, falsch
Leistungsbild	Führungstalent, vorbildliche Berufshaltung, - unbedingt aufrichtig, geniale Fähigkeiten	verantwortungsbewußt, zuverlässig, gründlich, geschickt, beweglich, diplomatisch	Dienst nach Vorschrift, praktischer Sinn, nicht übermäßig engagiert, solide, unvoreingenommen	schwerfällig, bequem, Pedant, unflexibel, unbeständig, kein Sinn für Qualität, oberflächlich, lavierend	Bluffer, Chaot, pflichtvergessen, faul, anarchisch

ausmachen, die sofort ins Auge fallen. Wir bezeichnen solche Schriftmerkmale als *Dominanten*, und ihnen kommt für die Deutung eine Schlüsselposition zu. Ob eine Handschrift von ihrer *Größe*, ihrer *Lage*, dem *Druck* oder ihrer *Teigigkeit* geprägt ist oder ob *Arkaden* oder *unnötige Bereicherung* die auffallendsten Merkmale sind, gibt dem Schriftpsychologen Aufschluß darüber, welche Charakterzüge im Gesamtbild der Persönlichkeit vorherrschen.

In den meisten Schriften sind vier bis fünf solcher dominanten Züge vorhanden, die dann in Verbindung mit der jeweils erreichten Formstufe eine erste Grobanalyse gestatten; die weiteren Feinheiten ergeben sich aus der anschließenden Bestimmung der *signifikanten Merkmale*. Das sind solche Schriftzüge, die zwar nicht unmittelbar ins Auge fallen, aber doch immerhin für den jeweiligen Schreiber charakteristisch sind.

Mit der Herausstellung *dominanter* und *signifikanter Merkmale* hat der Schriftpsychologe schon ein relativ differenziertes Charakterbild des Probanden. Abschließend sollte er die Schrift noch einmal genau in Augenschein nehmen, um zu überprüfen, ob er nicht irgendwelche Merkmale übersehen hat.

Die in den üblichen *Deutungstabellen* den einzelnen Merkmalen zugeordneten Eigenschaften sind häufig mehrdeutig. Ihre präzise Bedeutung ergibt sich erst im Kontext. Dabei braucht sich der Diagnostiker noch nicht einmal an den Wortlaut dieser Zuordnung gebunden zu fühlen. Er kann ihnen im Einzelfall durchaus etwas von ihrer Schärfe nehmen oder sie umgekehrt in ihrem positiven Gehalt ein wenig einschränken. Wichtig ist die Stimmigkeit aller Einzelmerkmale innerhalb des Gesamtbildes. Man sollte also imstande sein, die eigene Deutung im einzelnen zu begründen. Gewiß spielt auch die Intuition eine wichtige Rolle. Broder Christiansen und Elisabeth Carnap halten sie sogar für Anfang, Mitte und Ende jeder Schriftdeutung. Ich bin allerdings der Meinung, daß die in einem Gutachten dargelegte Beurteilung unbedingt begründbar und nachvollziehbar sein sollte.

Im übrigen sollte der Graphologe den *Dominanten* keinen alleinigen Vorrang vor anderen Merkmalgruppen einräumen. Den *sekundären Merkmalen* kommt ein nur etwas geringeres

Gewicht zu als den Dominanten. Alle Befunde sind miteinander abzustimmen und im Gesamtzusammenhang zu begründen, wobei *graphologisches* mit *psychologischem* Denken in Einklang sein sollte. Nur so wird ein klares, treffendes und in sich stimmiges Bild des jeweiligen Schrifteigners zu zeichnen sein.

Das Merkmalprotokoll

Nach Ermittlung der Formhöhe und der Schriftdominanten sowie der signifikanten Merkmale beginnt der wichtigste Teil der graphologischen Tätigkeit, die detaillierte Analyse der Schrift und die Erstellung eines *Merkmalprotokolls.* Darin werden die mit Hilfe der *Merkmaltabelle* gewonnenen Erkenntnisse über einzelne Charakterzüge des Schreibers festgehalten. Dieses Protokoll bildet die Basis des später im *Gutachten* (Synthese) vertretenen Urteils.

Haben wir für eine Schrift beispielsweise *Formstufe 3* ermittelt und als erste Dominante die *Größe*, so ergäbe sich nach der Tabelle als Deutungsbefund:

A.3.*:   optimistische Lebensgrundbestimmung
       mutig, frisch
       verantwortungsbewußt
       Lebensfreude
       euphorisch
       naiv
       heile Jugend

Theoretisch könnten wir alle sieben Möglichkeiten in Betracht ziehen, aber je nach Gesamtbild gibt es zur *Größe* korrelierende Merkmale, zum Beispiel Druck, Girlande, ausfahrende Züge, Endbetonungen, Vereinfachung und anderes mehr. Solche Merkmale müssen auch berücksichtigt werden, bevor man sich auf eine oder zwei Qualifizierungen festlegt. Am Anfang erscheint das recht schwer, weil man den Über-

---

*A.3. = *allgemeines Verhalten,* typisch für *Formstufe 3* (Die Zahl hinter dem Großbuchstaben bezeichnet immer die *Formstufe.*)

blick noch nicht hat, aber mit viel Übung schult sich auch dafür der Blick, so daß das ausgewählte Deutungsmerkmal dann zu den übrigen paßt, das heißt mit ihnen abgestimmt ist oder korreliert. Das Hauptmerkmal wird nicht nach Gefühl oder Gutdünken, sondern nur begründet ausgewählt. Fehlt eine eindeutige Begründung für die Hervorhebung eines Merkmals, sollte man es auch nicht zur Analyse heranziehen. So gelangt man zu einer auch für andere nachvollziehbaren Interpretation, und eine Fehldeutung ist weitgehend ausgeschlossen.

Das genaue Vorgehen soll an einem Beispiel erläutert werden:

Schriftprobe einer etwa dreißigjährigen Sekretärin:

Prüfung der Formstufe ergab: F.2. – T.3., das heißt: Formstufe 2 mit Tendenz nach 3;

dominante Merkmale: Girlande, steil, gute Gliederung, vereinfacht, verbunden;

signifikante Merkmale: weite Wortabstände, teigig, geringe Längenunterschiede, linksläufige Züge;

noch ausdeutbar: Ränder, Weite, Ebenmaß, Oberzeichen, Endzüge.

Für den Anfänger ist es zweckmäßig, wenn er die einzelnen Deutungsbefunde farbig markiert, beispielsweise die Dominanten rot, die signifikanten Merkmale grün und die übrigen blau, damit die Gewichtigkeit erkennbar bleibt.

Das Merkmalprotokoll   69

Laut Merkmaltabelle ergibt sich folgende Deutungsmöglich-
keit (siehe dazu S. 63 ff.):

Girlande:	Deutung:
A.2. allgemeines Verhalten:	
aufgeschlossen	ja, korrespondiert mit Weite
liebenswürdig	ja, auch betonte Endgirlande
gutmütig	ja, Girlande spricht dafür
offenherzig	nein, dagegen sprechen die geschlosse-nen a, o, g, besonders d
tolerant	ja, entspricht Girlande und Weite
natürlich	mit Einschränkung wegen Steillage
warmherzig	ja, Girlande, Weite, Endzüge, teigig
hilfsbereit	ja, siehe **warmherzig**
A.3. immer ansprechbar	ja, Girlande und Teigigkeit
sanftes Gemüt	ja, siehe **ansprechbar**
G.2. geistige Fähigkeiten:	
aufgeschlossen	ja, Girlande und Weite
allgemein interessiert	ja, siehe **Aufgeschlossenheit**
anregbar	ja, in den ersten beiden schon impliziert
lernfähig, bildsam	ja, Girlande, steil, gute Verbundenheit und gute Gliederung
spontane Auffassung	nein, keine weiteren Anhaltspunkte
rege Phantasiefähigkeit	nein, siehe **Auffassung**
G.3. mitteilungsfähig	anzunehmen, aber hier irrelevant
W.2. Willensbereich:	
zäh bei im Grunde nach-giebiger Psyche	ja, Girlande, Weite, Regelmaß
willig	ja, Girlande, Weite, teigig
I.2. Ich-Bereich:	nicht vorhanden
I.3. Vorherrschen des Wunsch-lebens	wahrscheinlich, Girlande und teigig
Tendenz zum Subjekti-vismus	liegt nahe, Girlande und einzelne linksläufige Züge
Angst vor Verbindlich-keit	nein, dagegen Regelmaß und gute Gliederung

Girlande:	Deutung:
F.2. Fühlen, Gemüt:	
natürliche Gefühlsoffen-heit	nein, weil a, o, d und g geschlossen
emotional	ja, Girlande und teigig
natürliche Hingabe-fähigkeit	nein, dagegen spricht Steilheit
liebesfähig, liebebedürftig	ja, Girlande und teigig
erlebnisfähig	ja, siehe **liebesfähig**
mitfühlsam	ja, siehe **erlebnisfähig**
F.3. empfänglich	ja, Girlande, teigig und weit
V.2. Vitalbereich:	entfällt
V.3. weiblicher Typus	trifft voll zu
M.2. mitmenschlicher Bereich:	
entgegenkommend und versöhnlich	ja, Girlande und Weite
gutmütig, gutartig	ja, Girlande, teigig betonte Endgirlande
natürlich, offen, unver-stellt	nein, weil steil, linksläufige Züge und weite Wortabstände
Einfügungs- und Anpassungs-gabe	ja, Girlande und Vereinfa-chung
mitfühlend	eingeschränkt, weil steil und weite Wortabstände
kontaktfreudig	beschränkt, weil steil und linksläufig
verträglich	ja, Girlande und hohe Mittellage
anpassungswillig	grundsätzlich ja, Einschränkung wegen Steilheit und weiter Wortabstände
fähig, sich mitzufreuen und mitzuteilen	ja, Girlande, Mittellage, teigig
mitteilungsbedürftig	ja, Girlande und Verbundenheit
L.2. Leistungsbild:	
Anerkennungsbereitschaft	entfällt, weil hier irrelevant
Arbeit geht leicht von der Hand	ja, Girlande, verbunden und gute Gliederung
emotionale Biegsamkeit und Schmiegsamkeit	mit Einschränkung, weil steil und einige linksläufige Züge

Das Merkmalprotokoll 71

Damit haben wir im **Deutungsbereich Girlande** eine Vielzahl von Deutungsbefunden gesammelt. Nun zeichnet sich eine Seite des Charakters der Schrifturheberin schon deutlich ab. Nehmen wir noch einen weiteren Aspekt hinzu, und zwar die **Steilheit** der Schrift (siehe dazu S. 168 ff.):

Steilheit:	Deutung:
A.2. allgemeines Verhalten:	
charaktervoll	ja, steil, regelmäßiger rechter Rand und genaue Oberzeichen
gradlinig	ja, steil und regelmäßige gerade Zeilenführung
sich selbst treu	ja, steil und Ebenmaß
Haltung	im Prinzip ja, Einschränkung wegen Teigigkeit und leichter Lageschwankungen
A.3. sachlich	ziemlich, weil steil, Einschränkung wegen Girlande und Teigigkeit
G.2. geistige Fähigkeiten:	
Verstandesvorherrschaft	nicht unbedingt, Gemüt ist ebenso stark vertreten, vielleicht Ausgleich
hoher Grad an Bewußtheit, souverän, überlegt	ja, alle drei Deutungen treffen zu
W.2. Willensbereich:	
standhaft	ja, steil und Regelmaß
maßvoll	ja, siehe **standhaft**
W.3. willensstark	ja, siehe **maßvoll**
I.2. Ich-Bereich:	
durchsetzungsfähig	ja, steil und weiter Wortabstand
repräsentationsfreudig	nein, keine Oberlängenbetonung, vereinfacht
distinguiert	nein, dagegen spricht Girlande
I.3. selbstgenügsam	nicht auszuschließen
F.2. Fühlen, Gemüt:	
zurückhaltend	ja, steil und einzelne linksläufige Züge
V.2. Vitalbereich:	
Distanz zur Lebenswirklichkeit	ja, siehe **zurückhaltend**

Steilheit:	Deutung:
V.3. verdrängte Leidenschaftlich- keit	möglich wegen Teigigkeit; sonst nicht sicher
M.2. mitmenschlicher Bereich:	entfällt
L.2. Leistungsbild: verantwortungsbewußt	ja, steil, regelmäßige und gute Gliederung, Ebenmaß
pflichtbewußt	ja, siehe verantwortungsbewußt
besonnen	ja, steil, weite Wortabstände
ruhig	ja, subkortikaler Unterbau, ebenmäßig

Damit wären weitere Deutungsmöglichkeiten aufgezeigt. In gleicher Weise würden die Merkmale *gute Gliederung, Vereinfachung* und *Verbundenheit* untersucht. Rechnen wir im Schnitt für jedes dominante Merkmal mit zwanzig Qualitätszuweisungen, ergäbe das rund hundert Deutungshinweise, die anschließend ergänzt beziehungsweise modifiziert würden durch etwa die gleiche Anzahl signifikanter Merkmale und die übrigen noch zu berücksichtigenden Merkmale. Bei den signifikanten Merkmalen kann man sich auf die Ausdeutung einiger weniger eindeutiger Motive beschränken. Für unser Beispiel wählen wir als signifikantes Merkmal: *geringer Längenunterschied (hohe Mittellage)* (siehe dazu S. 176 ff.):

Geringer Längenunterschied:	Deutung:
A.2. allgemeines Verhalten: Betonung des Persönlichen	ja, weil Mittellage, steil, links- läufig und weite Wortabstände
Herz regiert Kopf	nein, weil steil
gleichmütig, ausgewogen	ja, Mittellage und Ebenmaß
G.2. geistige Fähigkeiten: abgeklärtes, reifes Urteil	ja, weil gute Gliederung
G.3. in sich ruhend	nein, dagegen sprechen Vereinfachung und rasches Tempo

Das Merkmalprotokoll   73

Geringer Längenunterschied:	Deutung:
W.2. Willensbereich:	entfällt
I.2. Ich-Bereich: ausgeglichen	ja, weil Ebenmaß
F.2. Fühlen, Gemüt: Reaktionen und Haltungen sind hauptsächlich vom Gemüt und von der Gesinnung bestimmt	von der Gesinnung, weil Regelmaß, Ebenmaß, Mittellage, genaue Ränder und genaue Oberzeichen
F.3. Gefühle werden höher einge- schätzt als Verstand und Vernunft	nein, weil steil und weiter Wortabstand
V.2. Vitalbereich: innerlich ausgeglichen und zufrieden	ja, hohe Mittellage und Ebenmaß
M.2. mitmenschlicher Bereich: anspruchslos	nein, dagegen sprechen Größe, Weite und Linksläufigkeit
bescheiden	nein, siehe anspruchslos
L.2. Leistungsbild: wenig experimentier- und risikofreudig nicht aus der Ruhe zu bringen	möglich, nicht anderweitig abgesichert ja, weil Mittellage, Ebenmaß, weite Wortabstände, Linksrand, gute Gliederung

Wählen wir aus der dritten Gruppe der noch ausdeutbaren
Merkmale das *Ebenmaß* (siehe dazu S. 242 ff.), so ergeben
sich weitere Qualitätszuweisungen. Eine Auswahl:

A.2. **allgemeines Verhalten:**
harmonisch
Sinn für Ästhetik

G.2. **geistige Fähigkeiten:**
Sinn für Maß und Vernunft

W.2. **Willensbereich:**
willensstark
nach Vervollkommnung strebend

I.2. **Ich-Bereich:**
natürlich, selbstbewußt

F.2. **Fühlen, Gemüt:**
naturverbunden

V.2. **Vitalbereich:**
unkompliziert

L.2. **Leistungsbild:**
flexibel und belastbar

Alle diese hier im einzelnen nicht analysierten Befunde können noch hinzugenommen werden, meist bestätigen oder verstärken sie die Ergebnisse aus den ersten beiden Gruppen. Je mehr Übereinstimmungen sich zwischen den Gruppen finden, desto sicherer kann man sein, daß die gefundenen Qualitätszuweisungen dem wahren Charakter des Probanden entsprechen.

Nachdem wir alle drei Merkmalgruppen sorgfältig überprüft haben, ordnen wir unsere Ergebnisse praktischerweise in der aus dem vorhergehenden Beispiel ersichtlichen Reihenfolge, das heißt, zuerst notieren wir unsere Ergebnisse über das allgemeine Verhalten, dann über die geistigen Fähigkeiten, das Willensvolumen, den Ich-Bereich und so weiter bis zum Leistungsverhalten. Dabei mögen Sie auf Qualitätszuweisungen stoßen, die nicht in das ermittelte Gesamtbild passen. Sie sind auf jeden Fall festzuhalten, nach einer Begründung und Erklärung forscht man in der Synthese.

4 Die Analyse der Einzelmerkmale

Das Bewegungsbild

Die *Merkmalanalyse* ist das Abc des Graphologen. Deshalb wollen wir jetzt einen genaueren Blick auf die *Einzelmerkmale* werfen. Es geht weniger um das Wie der Erfassung als um das Warum der Zuordnung, von dem schließlich die Glaubwürdigkeit unserer Aussage abhängt. Wie breit gefächert die Deutungsmöglichkeiten eines solchen Merkmals sind, zeigen die folgenden Tabellen, die die Vielfalt menschlicher Verhaltensmöglichkeiten widerspiegeln.

Die Arkade Schreiben ist eine geistig überformte Vitalbewegung, und die Einzelmerkmale sind Produkte dieser Bewegungen.

Wir beginnen mit der *Arkade*, die aus einem Aufstrich besteht und in einem nach unten gerichteten rückläufigen Bogen endet. Diese Bewegung symbolisiert eine Bezogenheit auf das Ich, sie ist nach oben geschlossen und nach unten geöffnet.

Beispiel:

Die Arkade bildet ein Dach, unter dem etwas abgeschirmt, geschützt wird. Liegt die Betonung im Aufstrich, muß der Schreiber physiologisch natürliche Widerstände überwinden, er glaubt also, besondere Kräfte zu haben, mit denen er besondere Leistungen erzielen will. Wird, was meistens der Fall ist, der Abstrich betont, zeugt das von einer Schutzhaltung. Es wird dadurch etwas ein- oder abgeschlossen, der Schreiber hält sich zurück, Spontaneität läßt er nicht zu, dafür dominieren Reflexion und Überlegenheit. Eigenschaften wie Vorsicht und Besonnenheit, aber auch Scheinanpassung oder Verheimlichung können in der Arkade zum Ausdruck kommen.

Galt das bisher Gesagte von der arkadenartigen *Bewegung*, so wird die *Form* der Arkade, falls diese betont ist, anders gedeutet. Ob Bewegungs- oder Formmerkmale vorherrschen, erkennt man entweder an der betont lockeren Schrift oder an den zur Versteifung neigenden Schriftzügen, wie das obige Beispiel zeigt.

Die Form der Arkade ist der römischen Architektur entlehnt. Dieser Bogen zeichnet sich durch optimale Belastbarkeit aus und war daher besonders für den Brückenbau geeignet. Arkadenschreiber sind – und das ist ein wesentlicher Aspekt der Symbolik – fähig, Getrenntes formal und äußerlich zu verbinden. Sie können Druck von außen oder fremde Einflüsse und Kräfte überdurchschnittlich gut ertragen und verkraften seelisch mehr als andere Menschen. Die nach unten hin offene Arkade ist gleichsam für die Kräfte, die aus dem Inneren kommen, offen, während sie vor äußeren Einwirkungen abschirmt. Menschen dieses Typs lassen nichts an sich heran; sie neigen dazu, sich gegenüber der Umwelt und den Mitmenschen zu verschließen, und dies um so stärker, je deutlicher der Abwärtszug eingekrümmt ist:

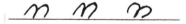

Arkadenschreiber sind auch in gesellschaftlicher Hinsicht nach innen orientiert, das heißt auf die Familie und ein fest umrissenes soziales Umfeld; sie möchten niemandem Einblick in ihr Inneres gewähren, am liebsten unantastbar sein oder wenigstens mit Samthandschuhen angefaßt werden. Die formbetonte Arkade hat etwas Formelles an sich, bei hoher Formstufe sogar etwas Formvollendetes, Aristokratisches, sie stellt etwas dar. Bei nicht gelungener Form nimmt sie den Charakter der Fassade an oder der Starre, gelegentlich sogar der Verstellung und der Unehrlichkeit.

Die Lebensform des Arkadenschreibers beruht maßgeblich auf Konventionalität. Sein Leitbild weist stark subjektive Züge auf, er zeigt Haltung und Stil und sucht sie auch. In unserer Zeit des Formverfalls wirkt er deshalb gelegentlich steif, gehemmt, abgekapselt, wenig natürlich oder spontan; er leidet aber unter innerer Unsicherheit und sucht ständig nach äußerem Halt.

Manchmal treten Arkaden nur in Einzelformen auf, besonders an Wortanfängen und in Unterschriften; in solchen Fällen muß man entscheiden, ob es sich um ein reines Raumsymbol, um eine Betonung der Form oder der Bewegung handelt. Solche Arkaden sind nicht selten Schlüsselmerkmale für den gesamten Schriftausdruck, und man darf sie deshalb in ihrer Wichtigkeit keineswegs unterschätzen.

Treten Arkaden schon in Kinderschriften auf, so deutet das meist auf einen äußeren Druck hin, der das Kind überfordert, so daß es mit Gehemmtheit, Verschlossenheit oder gar Trotz reagiert. Es will seine innere Unsicherheit verbergen und sucht vornehmlich Schutz und Halt.

Es gibt zahlreiche Sonderformen der *Arkade*, die ich im einzelnen hier nicht erläutern kann, man möge daher die jeweilige Bedeutung der nachfolgenden Tabelle entnehmen:

A.	allgemeines Verhalten	repräsentationsfreudig
1.	aristokratisches Weltgefühl	Familienstolz
	majestätische Würde	Traditions- und Sippenbindung
	Eleganz	distanziert
	gewähltes Auftreten	geprägt durch Herkunft und
2.	vornehm, distinguiert	Vergangenheit
	gepflegte Umgangsformen	guter Zuhörer
	Haltung	zurückhaltend aus Takt und
	Lebensernst	Besonnenheit

belastungsfähig
Vorliebe für reine Formen
3. hoher Grad an Förmlichkeit
Prestigedenken
Darstellungsvermögen
reserviert
angespannte körperlich-seelische
Grundhaltung
Interpretation von Eindrücken und
Erlebnissen nach vorgefaßter
Meinung und subjektiven Wert-
gesichtspunkten
Mangel an Natürlichkeit
vornehmtuerisch
Exklusivität
4. zugeknöpft, verschlossen
Veräußerlichung
Kultur des Scheins
der gesellschaftlichen Phrase zuge-
neigt
subalterne Lebensunechtheit
Vortäuschung feiner Manieren
gekünstelt
leere Form
5. blasiert
nur Fassade
greisenhafte Starre
Verstellung

G. geistige Fähigkeiten
1. exaktes Denken, Präzision
hohe Konzentrationsfähigkeit
architektonische Begabung
scharfe Beobachtungsgabe
2. zielgerichtetes Denken
Lebensklugheit
mitteilungsunwillig
ästhetisch-formale Einstellung
Sinn für Raumharmonie
Stilbewußtsein
Stilempfinden, Geschmack
Kunstverstand

Formwille, Formbewußtsein
Sinn für Maß und Form
3. besonnen
hoher Grad an Bewußtsein
vorsichtig
Mangel an Spontaneität
4. äußerliches Nachahmen von Vorbildern
Form wichtiger als Inhalt
5. Wandlungs- und
Einsichtsunfähigkeit
Neigung zur Phrase

W. Willensbereich
1. voller Einsatz
Festigkeit, Durchhaltevermögen
2. Aktivität
Selbstbeherrschung
3. maßvoll
ausdauernd
4. unkoordinierter Aktivismus
Selbstüberforderung
5. zweckwidriger und unökonomischer
Kräfteeinsatz

I. Ich-Bereich
1. Selbständigkeit
2. defensiv
Selbstsicherung, Selbst-
schutz
verschlossen
3. äußere Sicherheit und Gewandtheit
bei innerer Gehemmtheit
Unterdrückung natürlicher Impulse
Hang zum schönen Schein
4. unnahbar
narzißtisch
Mangel an Zivilcourage
Selbsttäuschung und Fehleinschätzung anderer
unfähig, eigene Schwächen
einzugestehen

Das Bewegungsbild

Trennung von Gefühl und Handeln
phrasenhaft (moralisierend)

5. hochmütig
anmaßend, prätentiös
heuchlerisch
hart

F. **Fühlen, Gemüt**
1. innere Zurückgezogenheit
verschlossen
2. Desinteresse an der Umwelt
ängstlich
Abwehrhaltung
3. Verbildung der Gefühle
gefühlskalt

V. **Vitalbereich**
1. Vergewaltigung der Triebkräfte im
Dienste eines Formideals
verdrängtes Triebleben
2. Verdrängung bis zur
Selbsttäuschung
innere Verkrampftheit
innere Abwehr

M. **mitmenschlicher Bereich**
1. Diskretion
vornehme Zurückhaltung
Abstand
distinguiert
2. oberflächlich im Kontakt
Abkapselung
verschlossen
förmlich, zugeknöpft
Tendenz zur Isolation
schwer zugänglich
äußerlich liebenswürdig bei innerem
Unbeteiligtsein
scheinbare Anpassung
schwer beeinflußbar
hart im Nehmen
Halt suchend

3. kalte Höflichkeit
unnatürlich, steif
wenig soziale Bindung
mehr nehm- als gebefreudig
Mangel an Offenheit und Natürlichkeit
subalternes Verhalten
4. intolerant
versnobt
mißtrauisch
katzenfreundlich
süffisant
opportunistisch
5. unaufrichtig
Duckmäuser
falsch

L. **Leistungsbild**
1. geschickt in formalen Dingen
tadellose Haltung
stark belastbar, leistungsfähig
2. schwierigen Aufgaben und Schick-
salsschlägen gewachsen
wenig risikofreudig
3. konservativ
pragmatisch und ideologiefeindlich
diplomatisch
äußerlich gewandt
unbeeinflußbar
Gewohnheitsmensch
4. Verstellungskünstler

S. **Sonderformen**

gestützte Arkade
A.4. kaschiert innere Verkrampftheit und
Unaufrichtigkeit durch Haltung
W.3. Überforderung des Willlens
I.4. Verschlossenheit
V.1. Verspanntheit
erregbar und nachtragend
5. triebhafte, dumpfe Natur, die aktiv
einem verborgenen Ziel nachgeht

M.4. verschlossen
5. verschlagen, verlogen
   unaufrichtig
L.4. vorgetäuschte Geschäftigkeit

schlaffe Arkade
V.4. Verdrängung und Rationalisierung
   von Triebimpulsen

Schleifenarkade
A.3. Geltungsstreben
4. Fassadennatur
M.3. jemanden einwickeln wollen
5. Scheinheiligkeit
   gerissener Heuchler
I.3. gelegentlich hochfliegende ethische
   Anwandlungen
4. Wunsch, etwas darzustellen, was
   anlagemäßig oder umweltbedingt
   unmöglich ist
   Schutzfunktion

Deckstrich
OZ: Zuwendungs- und Aufnahmeproble-
   me im intelligiblen Bereich
MZ: emotionale Hemmung
UZ: Mangel an Entfaltung auf sinnlichem
   Gebiet
A.3. Ausdruck der Hemmung, Befangen-
   heit, Unsicherheit

druckschwache, unrhythmische Arkade
M.4. Vortäuschung von Festigkeit und
   Sicherheit, Verschlossenheit

Winkelarkade
W.4. Aggressivität, die sich hinter Förmlichkeit verbirgt, Traditionsbewußtsein

Anfangsarkade
A.3. Förmlichkeit
I.3. Wunsch, sich von der Masse
   abzuheben
4. unechtes Selbstbewußtsein
L.4. leerer Aktivismus

Arkade in Rechtslage
M.3. weich und katzenfreundlich
4. meist nicht ganz aufrichtig

Krallenzug am Ende
I.1. Egoismus (versteckter)
2. Sicherheitsdenken
   problemscheu

Arkaden in Oberzone
G.2. Betonung geistiger Interessen
W.2. Neigung zum Dogmatismus

arkadenhafte Umbildung
in der Oberzone; arkadenhafte
Einbindung der Oberzone
G.3. geistige Dominationswünsche
4. fremdes Gedankengut als das eigene
   ausgebend
I.3. Fehleinschätzung der eigenen Rolle
4. narzißtisch
F.2. Gefühl für malerische Effekte
   gestaltungs- und darstellungsfreudig
L.3. formale Imitationsfähigkeit
4. Schauspielerei

Schlußarkade

M₁ , reuuus

M.4. gehemmter Mitteilungsdrang aus
   Vorsicht, aus Berechnung, Angst,
   Eigensinn und Verlegenheit, Wider-
   spruch zwischen Sein und Schein

Mäander-Zug

ErRErmen

W.3. will zwar, kann aber nicht, ist
   überfordert (meist in Pubertäts-
   schriften)

Die Girlande Die *Girlande* ist die Umkehrung der Arkade und von der Bewegung her eine natürliche Ausnutzung der Elastizitätsschwingung, weshalb sie in ihrer Grundbedeutung auf einen elastischen und anpassungsfähigen Charakter hinweist.

Wenn man gemessenen Schrittes zusammen mit seinem Gefährten diesen Gang entlang gehen könnte dann stünden am Ende noch ein

Die Girlande verläuft von links oben nach rechts oben und bildet gleichsam eine offene Schale. Darin drücken sich Aufnahmebereitschaft, Aufgeschlossenheit und Offenheit gegenüber der Umwelt aus. Die Bildhaftigkeit der Girlande kann man dabei noch wörtlicher nehmen, als es bei der Arkade der Fall ist. Die Girlande ist nämlich nicht nur nach oben geöffnet, sondern gleichzeitig vorwärtsgerichtet, was sich als wohlwollend einladende Geste deuten läßt:

Die offene Schalenform symbolisiert das Empfangende, Aufnahmebereite, Bewahrende. Sie gleicht einem Gefäß, das passiv aufnimmt, was hineingegossen wird. Daher ist der Girlandenschreiber allen auf ihn einströmenden Einflüssen wehrlos ausgesetzt. Der bogenhafte Schwung der Girlande läßt ihre subkortikale Herkunft erkennen; in dieser Bewegung kommt das Gemüthafte, Gefühlsmäßige, das Lebendige, das Nicht-Geistige zum Ausdruck. In dem gelösten Schwung zeigt sich neben Toleranz und Ausgleichsfähigkeit auch eine Neigung zur Hemmungslosigkeit. Die Girlande ist auch Sinnbild des Weichen, Nachgiebigen und Verbindlichen. Wer in Girlanden schreibt, meidet entweder aus dem Bedürfnis nach Anpassung, aus mangelndem Willen zum Widerstand oder auch einfach aus Bequemlichkeit jegliche Schärfe im Umgangston.

Vom Verbindlichen ist es nicht weit zum Verbindenden und von da nur noch ein kleiner Schritt zur Kontaktfreudigkeit. Die Girlande steht daher auch für die Gebärde des spontanen Entgegenkommens, der Hinwendung zum Mitmenschen, für Güte, Versöhnlichkeit und Bejahung. Diese Bejahung geht dann zu weit, wenn man nicht mehr »nein« sagen kann, immer den Weg des geringsten Widerstandes einschlägt und ausnutzbar und schwach gegenüber jeglichem Druck wird. Dieser Weg führt manchmal von passiver Beeinflußbarkeit über weitgehende Nachgiebigkeit, Unselbständigkeit und allgemeine Willensschwäche bis zur Selbstaufgabe.

Eine schwache und müde Girlande deutet auf einen schwachen Antrieb hin, eine dynamische zeugt von tatkräftigen und gezügelten Antrieben. Typisch »schöne« Girlanden mit Abstrichbetonung weisen am deutlichsten den Charakter einer flexiblen und natürlichen Anpassungsfähigkeit auf. Bei solchen Schreibern kommt oft noch eine gewisse *Völle* in der Mittelzone hinzu, die ihren Gefühlsreichtum unterstreicht.

Verstand und Wille dominieren mit Sicherheit bei den Girlandenschreibern nicht, dafür spielt das Herz eine um so größere Rolle. Die Girlande ist Ausdruck der Uneigennützigkeit, der praktizierten Humanität und des Strebens über die Grenzen des Ich hinaus.

Neben einigen anderen Sonderformen (siehe nachfolgende Tabelle) darf eine Form der Girlande nicht außer Betracht bleiben, nämlich die Ringel- oder Schleifengirlande:

Hier finden sich linksläufige Rundzüge in der Girlande, was auf Egozentrik hindeutet und gleichsam eine Aufhebung des Girlandencharakters bewirkt. Menschen mit dieser Eigenart im Schriftbild neigen häufig zu einer etwas übertriebenen, ja berechnenden Liebenswürdigkeit.

Verwandt mit der Schleifengirlande ist die gestützte Girlande:

Sie ist dadurch gekennzeichnet, daß Auf- und Abstrich zwischen zwei Girlanden sich weitgehend decken. Der Schriftpsychologe schließt daraus, daß wahrscheinlich die Vitalgrundlagen des Schreibers zu schwach sind und die Girlande deswegen erstarrt, um allgemeine Willensschwäche und/oder verdrängte Gefühle zu verbergen. Die gestützte Girlande kann auch ein starkes Anlehnungsbedürfnis oder die Unfähigkeit, allein zu sein, symbolisieren. Im folgenden finden Sie die einzelnen Bedeutungsebenen der *Girlande* nach den verschiedenen menschlichen Potentialen aufgeschlüsselt:

A. **allgemeines Verhalten**
1. hilfsbereit
   herzlich
   mütterlich
   ehrfurchtsfähig
2. liebenswürdig
   aufgeschlossen
   gutmütig
   offenherzig
   tolerant
   natürlich
   warmherzig
   hilfsbereit
3. immer ansprechbar
   locker
   ungezwungen
   unbefangen
   sanft
4. formlos
   salopp
   extravertiert
   verständnisvoll

melancholisch
masochistisch
5. weichlich

G. **geistige Fähigkeiten**
2. aufgeschlossen
   aufnahmebereit
   anregbar
   lernfähig, bildsam
   spontane Auffassung
   rege Phantasietätigkeit
3. mitteilungs- und ausdrucksfähig
4. spontan und offen
   Neigungen, Gefühlsurteile
   kaum kritisch oder selbstkritisch
   leicht ablenkbar

W. **Willensbereich**
2. zäh bei im Grunde weicher und
   nachgiebiger Psyche
   willig
3. duldsam

4. innerlich widerstandslos gegen
Gefühlserlebnisse
Wunsch nach Ungebundenheit
weich
widerstandsschwach
unentschieden
unfähig, »nein« zu sagen
nachgiebig und beeinflußbar
wankelmütig
ablenkbar aus Willensschwäche
schlaff
bequem
5. anpassungsunfähig aus
Mangel an eigenen Zielen
Mangel an Selbstdisziplin
Tendenz zur Selbstaufgabe

I. **Ich-Bereich**
3. Vorherrschen des Wunschlebens
Tendenz zum Subjektivismus
befangen, naiv
4. Mangel an innerer Festigkeit
unfertig
unselbständig
Tendenz zur Verdrängung
gedrückt, schwermütig
Neigung zu Depressionen
Mangel an Selbstbewahrung
Wunsch, sich zu verschenken
Gemütsegoismus (bei Einrollungen)
Tyrann aus Liebe
5. unstillbare Neugier
unaufrichtig

F. **Fühlen, Gemüt**
2. natürliche Gefühlsoffenheit
emotional
natürliche Hingabefähigkeit
liebesfähig und liebebedürftig
erlebnisfähig
mitfühlsam
3. empfänglich
weich

Fähigkeit zur Mitfreude und zum
Mitleid
Gefühlsverschwommenheit
stimmungsabhängig
kindlich, naiv
ablenkungsbedürftig
passive Anteilnahme
4. weinerlich
sentimental
leicht beeinflußbar

V. **Vitalbereich**
3. weiblicher Typus
Wunsch, verwöhnt zu werden
4. Erlebnishunger, Erlebniserwartung
5. Hemmungslosigkeit

M. **mitmenschlicher Bereich**
1. elastische Anpassung an Menschen
und Situationen
Güte und Wohlwollen als Grundhaltung
geduldig
fürsorglich
2. entgegenkommend und versöhnlich
gutmütig, gutartig
natürlich, offen, unverstellt
Einfügungs- und Anpassungsgabe
mitfühlend
kontaktfreudig
verträglich
anpassungswillig
fähig, sich mitzufreuen und mitzulei-
den
3. Wunsch nach Zuneigung
vertrauensvoll
gesellig
verbindlich
hingebungsfähig
mitteilungsbedürftig
Bedürfnis nach Beliebtheit
konziliant
jovial

4. umweltabhängig
   anfällig für Massensuggestion
   einschmeichelnd
   übertrieben liebenswürdig
   berechnend freundlich
   distanzlos
   kokett
   zudringlich
   schwatzhaft
5. wahllos
   verführbar
   Tendenz zur Selbstaufgabe

L. **Leistungsbild**
1. wendig, beweglich, gewandt
   hohes Einfühlungsvermögen
   sehr anpassungsfähig
   wahrheitsliebend
   aufrichtig
2. Anerkennungsbereitschaft
   Arbeit geht leicht von der Hand
   emotionale Biegsamkeit und
     Schmiegsamkeit
3. widerstandsscheu
   Jasager
   umständliche Betulichkeit
   unfähig, allein zu sein
   gewandt im Auftreten
4. raffinierte Anpassung
   Abwechslungsbedürfnis
   Redseligkeit
   Mangel an Ernst
   Neigung, die Dinge zu leicht zu
     nehmen
   oberflächlich
   formlos
   übertrieben tolerant und sorglos
5. beeinflußbar bis zur Hörigkeit
   klatschsüchtig
   unfähig, »nein« zu sagen
   bequem
   Tendenz, die Dinge laufen zu lassen

S. **Sonderformen**

gestützte Girlande, Deckgirlande
A.4. Schuldgefühle
I.4. Ich-Gebundenheit aus innerer
     Gehemmtheit
     neurotische Erlebnisangst
F.3. weich
     sensibel, einfühlsam, gutartig
V.3. erregbar und zäh, aber Weichheit
     und Wärme des Empfindens herr-
     schen vor
   4. befangen, gehemmt
MZ: emotionale Hemmung
UZ: mangelnde Entfaltung im sinnlichen
     Bereich
OZ: Aufnahme- und Zuwendungsproble-
     me im Geistbereich

**Schleifengirlande (Krankenschwester-
girlande – linksläufige Sonderform)**
A.4. Spontaneität mit Offenheit wird auf-
     grund komplexbedingter Ängstlich-
     keit gehemmt
G.4. oberflächliches Daherreden
I.3. Zug unbewußter Ich-Gebunden-
     heit
   4. mit der eigenen Natürlichkeit und
     Unbekümmertheit kokettierend
     egoistisch
M.2. Charmeur
M.3. liebevoll
     anlehnungsbedürftig
     unfähig, allein zu sein
     Suche nach Anerkennung
M.4. aus Berechnung übertrieben liebens-
     würdig

tief durchhängende Girlande
W.4. Widerstandsschwäche gegenüber
     Gefühlserlebnissen
F.4. schwermütig

große Hängegirlande M.4. geschwätzig	Girlande und scharfer Anstrich M.3. diskussionsfreudig
Winkelgirlande W.4. Wunsch, die Wirkung von Eindrücken abzuschwächen M.4. liebenswürdiges Gehabe bei innerer Härte	Girlande und Steillage L.4. faul redselig 5. unzuverlässig
	Girlande und Winkel (unregelmäßig) W.4. gespielte Festigkeit Tendenz, sich von Gefühlen überwäl- tigen zu lassen
Endgirlande	
n	offene o, a, d, g F.3. diffuse Gefühlsseligkeit M.4. Quasselstrippe unfähig, Gefühle zu verbergen
A.3. Erwartung M.2. entgegenkommend 3. liebenswürdig im Umgang	

Der Winkel   Als reine Bewegung ist der *Winkel* eine unvermittelte Richtungsänderung und beeinträchtigt, graphologisch gesehen, die natürlich fließende Bewegung. Der andauernde Wechsel der Schriftrichtung erfordert am Wendepunkt eine Bremsung, die auf eine ständige innere Verspannung des Schreibers schließen läßt. Diese Verkrampftheit und innere Zerrissenheit verhindern einen natürlichen Schreibfluß.

Das Bewegungsbild 87

Gerade Bewegungsabläufe wählt man, wenn man den geraden oder kürzesten Weg gehen und nicht erst nach rechts oder links schauen will und nicht abgelenkt oder aufgehalten werden möchte. Der *Winkel* ist unter diesem Gesichtspunkt die schriftpsychologisch eindeutigste Bindungsform. Dem Winkelschreiber kommt es wesentlich auf den Sachverhalt an, Klarheit und Genauigkeit stehen für ihn im Mittelpunkt, er will auf jeden Fall verstanden werden. Da diese Bewegung in ihrer Richtung fixiert ist, kennt sie auch keine weichen Übergänge, in denen sich die Neigung zu kompromißlosem Verhalten, aber auch zu Härte und Widerstand andeutet. Man wählt solche unvermittelten Übergänge auch dann, wenn man eine Anpassung an äußere Gegebenheiten vermeiden und sein Gegenüber mit plötzlichen Entscheidungen überraschen will und sich dabei vor Konflikten keineswegs scheut.

Auch wenn der Winkelschreiber demonstrativ seine Geradheit und Festigkeit herausstellt (insbesondere in Verbindung mit *Steilheit*, *Größe* und *Druck*), verrät doch die Spannung, die im Winkelduktus liegt, sein sprunghaftes Auf-der-Lauer-Liegen. In der diese Orientierung begleitenden Wachheit und Bewußtheit zeigt sich eindeutig eine Priorität des Willens; Gefühle und Gemütsbewegungen müssen als »Schwächen« zurücktreten. Ein solcher Mensch kann sich weder wirklich entspannen, noch ist er zur Anpassung bereit. Er geht *seinen* Weg, und dabei bleibt es. Aus alledem resultiert eine Tendenz zum Konservatismus und zur inneren Verhärtung, die bis zu unbeugsamer Rechthaberei und geistiger Erstarrung führen kann.

Je schärfer und spitzer der Winkel, desto mehr nähert er sich in der Form einer Waffe an und symbolisiert daher auch Aggressivität und unberechenbares Verhalten. Enge, kleine und versteifte Winkel hingegen deuten auf seelische Nüchternheit, mangelnde Anpassungsbereitschaft und psychische (neurotische) Spannungen.

Der Winkelschreiber ist niemals ein Mensch des Sowohl-als-Auch, sondern Prototyp des Entweder-Oder. Er geht nicht einfach so dahin, sondern er marschiert, er gebraucht seine Ellenbogen und reagiert auf Angriffe mit stacheligen Ausfällen. Der Wille und vor allem der Eigenwille sind seine Haupt-charakteristika. Gelegentlich ist der Winkel auch eine Kompensationsgeste. Das kann man immer dann vermuten, wenn die Grundlage labil ist und der Schreiber sich auf der Suche nach Halt und Festigkeit an die Winkelform klammert. Dabei treten die Winkel nicht nur in der Mittelzone, sondern vor allem in der Unterzone und gelegentlich auch in der Oberzone verstärkt auf. Prinzipiell aber weist der *Winkel* den Graphologen auf die Vorherrschaft des Willens und auf bewußte Steuerung hin.

A. **allgemeines Verhalten**
1. Stabilität als Ideal
   konservativ
   aufrechtes Wesen
   unbeirrbar
   ethische Überzeugungskraft
   eindeutig, klar
2. solide, korrekt
   männlich, hart, ernst
   standhaft
   gesinnungsfest
   Tendenz zur Verhärtung
   hohes Berufsethos
3. konservativ
   kämpferisch
   kompromißlos
   Michael-Kohlhaas-Natur
4. humorlos
   unnachgiebig
   fanatisch
   offensiv
   dogmatisch
5. philiströs

G. **geistige Fähigkeiten**
2. emotionslos und pragmatisch im
      Denken
   Verstandesvorherrschaft
   schlagfertig

3. wach, bewußt
   nüchtern
   konzentriert
   direkt zupackendes Denken
4. unbeugsam und stur im Denken
   Tendenz zu Vorurteilen
   Neigung zum Vereinfachen
   kritiksüchtig
   einseitig
5. spitzfindig, verbohrt
   beschränkt

W. **Willensbereich**
1. unerschütterlicher Wille
   bewußte Selbstdisziplinierung
   innere Festigkeit
   unbedingte Konsequenz
2. Durchhaltevermögen
   tatkräftig
   zäh und ausdauernd
   zielsicher
   beharrlich
   entschieden
   selbstbeherrscht
3. kein Zurückweichen vor Widerständen
   aktive (und passive) Willenskraft
   resolut
   mutig
   fleißig

Das Bewegungsbild

4. Wille zur Macht
   eigensinnig
   rechthaberisch
5. halsstarrig

I. **Ich-Bereich**
1. standesbewußt
   unbedingte innere Sicherheit
2. Selbstbehauptungswille
   hart gegen sich selbst
3. kampfbereit
   herausfordernd
   aufsässig
4. selbstgerecht
   eigenwillig
   unnachgiebig
   engherzig
   rechthaberisch
5. egoistisch
   Opposition um jeden Preis
   unnachsichtig

F. **Fühlen, Gemüt**
4. schizothyme Emotionalität
   gehemmt, verkrampft
   seelisch verspannt
   innerlich zerrissen
   spröde, starr
   lieblos, kalt
   Mangel an Einfühlung
   empfindlich, prüde
   stolz
   teilnahmslos
   schizoide Gespaltenheit
   ungeduldig
   hitzig, heftig
   reizbar, leicht erregbar
5. jähzornig
   halsstarrig
   kaltblütig
   gefühllos
   unnachgiebig
   gallig

V. **Vitalbereich**
1. kraftvoll männlich
2. tatkräftig
3. Unterdrückung der Triebe
4. unfähig zum Genuß
   Mangel an Flexibilität und Natürlichkeit
5. psychisch starr
   seelisch arm
   in sich gespalten

M. **mitmenschlicher Bereich**
3. kompromißlos
   nicht konzessionsfähig
   humorlos
4. anpassungsunfähig
   hart
   unverbindlich
   latent aggressiv
   verständnislos
   unfähig, Widerspruch zu ertragen
   Meidung enger Kontakte
   Hadern mit der eigenen
     Person und der Umwelt
   unduldsam
5. nachtragend, unversöhnlich
   aufbrausend schroff
   aggressiv, Kampfhahn
   plump
   unnachsichtig, rücksichtslos
   tyrannisch
   Querulant
   Intrigant

L. **Leistungsbild**
1. vorbildliche Arbeitshaltung
   einsatzfreudig
   prinzipientreu
2. Pflicht- und Verantwortungsgefühl
   ehrlich
   verläßlich
   sauber

genau, eindeutig
geradeheraus, unbeirrt
unermüdlich
3. redlich, gerecht
arbeitswillig
immer tätig, nie befriedigt
aktiv um jeden Preis
stur, verbissen
Arbeitsfanatiker
puritanisch
pedantisch
4. starres Festhalten am Alten
unzugänglich für Neues
undiplomatisch
Neigung zu Vereinfachung
Arbeitswut aus Rechtfertigungs-
zwang
5. dickköpfig
Neigung zur Schikane
Altersstarrsinn

S. Sonderformen

weicher Winkel
W.4. beschränkte innere Festigkeit

Winkelgirlande
W.3. Wunsch nach innerer Unabhängigkeit
M.3. äußerlich liebenswürdig, innerlich
hart

Winkel, verbunden, teigig,
weit gegliedert
A.2. dynamische Führungskraft mit
Durchsetzungsvermögen

gestützter Winkel
M.5. verschlagen
Bauernfänger
unaufrichtig

**Verschmierungen und Verdunkelung
von Winkelecken**
V.3. verdrängte Triebregungen

**Winkelformen außerhalb der
Bindung besonders an Schleifen
und Langlängen**
F.4. ungeduldig, reizbar

Winkelverschmierungen
A.5. doppelte Moral

größere Winkel
M.4. aggressiv

Winkel in starker Rechtslage
M.3. konzessionsbereit
leichter ansprechbar, als man
ursprünglich meint
L.3. Einsatzbereitschaft nur bei Einsicht in
die Notwendigkeit

Der Faden Das Gegenteil jener Klarheit, die im Winkel zum
Ausdruck kommt, stellt der ungesteuerte, wellen- oder
schlangenförmige *Faden* dar, der von der Bewegung wie
vom Prinzip her allem ausweicht. Der Faden hat in seiner graphischen Erscheinung eine Tendenz zu Formvernachlässigung, Formauflösung und Formzerfall. Diese Tendenz entspricht einer Haltung, die als labil, schlaff und haltlos gelten
muß, jedenfalls ungefestigt und nicht zielgerichtet ist.

Das Bewegungsbild

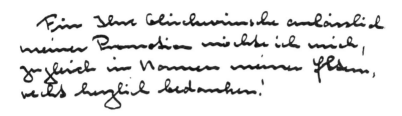

Die Fadenschrift symbolisiert die Unentschiedenheit und Ambivalenz eines Menschen, der sich nicht festlegt, sich nicht an fremde Vorstellung binden möchte, sondern den Weg des Eigennutzes und der Egozentrik geht. Undeutlichkeit, Verwaschenheit und Verschwommenheit sind typisch für einen solchen Charakter, aber auch seine Vielfältigkeit, Beweglichkeit und Gewandtheit sowie die Begabung, sich durchzulavieren und durchzuschlängeln.

Der in ständiger Bewegung begriffene Faden ist meist unruhig, was auf mangelnde innere Stabilität zurückzuführen ist, aber auch Richtungsunsicherheit erkennen läßt. Der Fadenschreiber ist bemüht, sich allen Gegebenheiten möglichst rasch, reibungslos und umfassend anzupassen. Ein stabiler Kern ist nicht vorhanden, aber der Antrieb kann trotzdem stark sein, genausogut sich aber auch in allgemeiner Beweglichkeit und Agilität erschöpfen.

Die Lesbarkeit einer Schrift wird durch den Faden meist erschwert, und darin zeigt sich, daß dem Schreiber der Empfänger der Information im Grunde genommen gleichgültig ist. Dahinter verbirgt sich nicht nur eine mangelnde Bereitschaft zu echten menschlichen Beziehungen, auch Aufrichtigkeit und Offenheit läßt der Fadenschreiber vermissen, was ihm das Odium der Unaufrichtigkeit eingebracht hat, und das sicher nicht ganz zu Unrecht, obwohl in vielen Fällen wohl eher Wurstigkeit und eine Laisser-faire-Haltung dahinterstehen.

In der Deutung unterscheiden wir zwei Spielarten des Fadens: den *schwachen* und den *gestalteten Faden*. Der gestaltete beeinträchtigt im Gegensatz zum schwachen Faden die Lesbarkeit nicht, sondern weist schon beinahe künstlerisch-geniale Züge auf, wogegen die ungestaltete Form eher einem faulen Kompromiß gleichkommt. Zwischen künstlerischer Begabung und resignierender Lustlosigkeit liegt eine schillernde Skala von Verhaltensweisen, die von echtem Können bis zur Scharlatanerie reicht.

Die nur als *End-* oder *Eilfaden* bekannte Form des Fadens hat zwar die gleiche formlose Ausprägung wie der schwache Faden, dürfte aber eher in Richtung Hast oder mangelnder Durchhaltekraft zu deuten sein.

A. allgemeines Verhalten
2. ewiges Suchen ohne klares Ziel
    geschmeidig
3. Bohème-Natur
    unbeständig
    vielfältig
4. veränderlich
    nicht festgelegt
    wankelmütig
    formlos
    maßstablos
    ruhelos
5. schillernd vieldeutig
    schwer zu durchschauen
    schwer einzuordnen
    meist unbestimmbarer
        Charakter
    gesichtslos, charakterlos
    feige
    anarchisch
    psychopathische Grundveranlagung

G. geistige Fähigkeiten
1. schöpferische Individualität
    geniales Fassungsvermögen
    intuitive Erfindungsgabe
    denkgewandt
    talentiert
2. schauspielerische Verwandlungs-
        kunst

Improvisationsgabe
leichte Auffassungsgabe
Kombinationsgabe
ausgeprägte Assoziationsfähigkeit
geistiges Assimilationsvermögen
schnelle und spontane Reaktion
Fingerspitzengefühl
diplomatisches Geschick
kriminalistische Fähigkeiten
Spürsinn
Lebensklugheit
3. allgemein begabt
    Sinn für Realität
    Einfühlungsgabe
    berechnend
    vielseitig
    instinktsicher
    politisch begabt
    vorwärtsdrängend
    dynamisch
    vorurteilslos
    mediale Kräfte, mediale Anlagen
4. visionäre Besessenheit
    berechnende Schläue
    seicht und oberflächlich
    geringe Beobachtungsgabe
5. Vernunftswidrigkeit
    Gerissenheit und List
    Rafinesse

Das Bewegungsbild

W. **Willensbereich**
2. agil
3. innerlich formbar
   manipulierbar
   Vorliebe für den Weg des geringsten
      Widerstandes
   nicht auf bestimmte Ziele
      festgelegt
4. richtungslos
   Mangel an innerer Stabilität
   labil
   schlapp, flach
5. charakterlos
   Ablehnung von Gesetz und Norm
   ohne Rückgrat
   Urfeind allen Spießertums

I. **Ich-Bereich**
3. Identifikation mit dem Gegenüber
   innerlich unerfüllt
   Ich-Flucht
   selbstironisch
   suggestibel
4. unkultiviert
   Mangel an festem Kern
   ruhelos
5. unlauter
   opportunistisch
   Mißachtung der Autorität
   innere Anarchie
   Anarchie der Werte
   chaotisch

F. **Fühlen, Gemüt**
2. sensibel
   hellhörig, feinfühlig
3. innerlich unruhig
   Flachheit des Erlebens bei gleichzeiti-
      gem Erlebnishunger
   Neid auf erfüllt lebende Menschen
   gleichgültig
   Gefühl der Sinnlosigkeit

innere Leere
Sensationslust
4. hohe Reizbarkeit und
   Empfindlichkeit
5. unstillbarer Erlebnishunger
   Tendenz zu Maßlosigkeit

V. **Vitalbereich**
2. instinktorientiert
3. Spielball unbewußter Kräfte
   empfänglich für Mythen und Magie
   reflexähnliche Reaktionen
4. allgemeine Schwäche
   Degeneriertheit
   Traditionslosigkeit
   Suchtgefahr
   triebgesteuert
   mangelndes Empfinden für die
      eigenen Grenzen
   völlig hemmungslos
5. dämonische Natur
   chaotisch
   Todestrieb
   Selbstmordgefahr

M. **mitmenschlicher Bereich**
2. wankelmütig
   unvoreingenommen
   konfliktscheu
   stimmungslabil
   unloyal
   Anpassung um jeden Preis (aber nur
      äußerlich)
4. berechnendes Eingehen auf andere
   labil
   unbestimmt, vieldeutig
   an allem Über- und
      Untermenschlichen interessiert
5. Hochstapler
   undurchdringlich
   krankhaft verlogen
   verschlagen

demagogische Suggestionskraft
krankhaft mißtrauisch
hysterisch, neurotisch
destruktiv

L. Leistungsbild
1. genial
   gutes psychologisches
      Einfühlungsvermögen
   Virtuosität im Umgang
      mit Hindernissen
2. magische Fähigkeiten
   ungeformtes Talent
   geschickt, wendig, beweglich
   sehr anpassungsfähig
   improvisationsfähig
   diplomatisch
4. bequem
   Tendenz zum Lavieren
   verantwortungsscheu
   Mangel an Gründlichkeit
   opportunistisch
   leger
   kein Sinn für Qualität
   ohne Linie
   psychisch unbeweglich
   wenig belastbar
   unergründlich
5. unzuverlässig
   lavierend
   verantwortungsscheu
   pflichtvergessen
   gewissenlos

S. Sonderformen

straffer Faden
W.2. kühn
   Erneuerungswille
   Pioniergeist

schlaffer Faden
L.4. lustlos
   leicht ermüdbar
   Mangel an persönlichem Einsatz

gestützter Faden (Sacré-coeur-Zug)
A.4. Tendenz zu uneingestandenem
      Gesinnungswechsel
   Festhalten an äußerer Form
      bei innerer Unbeständigkeit
   jesuitische Gesinnung
5. scheinheilig
   konventionelle Heuchelei
   Chamäleon

Faden mit Teigigkeit
A.3. charmant
G.2. Bauernschläue
M.4. neugierig und zugleich
   verschlossen

End- bzw. Eilfaden
M.2. psychologisches
      Einfühlungsvermögen
A.4. gesinnungslos, labil
W.4. mangelndes Durchhaltevermögen
F.4. Hast, neurasthenische Unruhe

Andere Bindungsformen Häufiger als die *reinen Bindungsformen* finden sich in der Handschrift *Mischformen* beziehungsweise *verschiedene Typen von Bindungsformen nebeneinander.* Diese Praxis ist Ausdruck der verschiedenartigen, manchmal sogar gegensätzlichen Antriebe, die in einem Menschen wirksam sind.

Solchen Menschen fehlt es zwar an einer klaren Ausrichtung, dafür verfügen sie über höchst vielfältige Möglichkeiten. Weil ihr Persönlichkeitskern ungefestigt geblieben ist, stellen sie sich auf die jeweiligen Gegebenheiten in ihrer Umwelt sofort mit einer fast instinktiven Sicherheit richtig ein. Diese Anpassung ist jedoch nur eine situationsbedingte und enthält keine wirkliche Perspektive, aber unter den gegebenen Umständen erfüllt sie ihren Zweck.

Der Wechsel der Bindungsformen deutet auf einen Charakter hin, der entweder sehr *vielseitig*, aber auch recht *vieldeutig* ist.

Je nach ihrer Formhöhe kann eine solche Schrift ebenso auf diplomatisches Geschick wie auf neurotische Fehlanpassungen, Minderwertigkeitsgefühle und Kraftlosigkeit hinweisen.

Girlande		Arkade	
Winkel		Faden	
Doppelbogen		Doppelkurve	
Geradverbindung		gestützte	
Mäanderform		Bindungsform	
Winkelgirlande		Winkelarkade	
Sacré-coeur-Duktus		Haifischzahn	
geschleifte Formen			
schulmäßige Bindungsform			

Es kommt vor, daß Menschen ihre Schrift stilisieren, um aufzufallen. Solche Aufschneider sind vornehmlich schwache Figuren, die ihre vermeintliche Besonderheit eindringlich dokumentieren wollen, selbst auf die Gefahr hin, geschmacklos zu wirken.

Eine besondere Art der Bindungsform ist der *Doppelbogen*. Diese Bindungsform ist Menschen eigen, die sich nie wirklich fassen lassen und allen nur denkbaren Konflikten ständig ausweichen. In diese Kategorie gehören Allerweltskosmopoliten ebenso wie gewisse Stammtischstrategen, die sich in ihrer Meinung nie wirklich festlegen. Da es ihnen an einem festen Kern fehlt, ist Unbestimmtheit ihr Hauptmerkmal.

Doppelbogen

f T fute Stellung — Flammenlinie

Der *Doppelbogen* ist wohl zu unterscheiden von der *Doppelkurve* (auch *Flammenlinie*) genannt, die nicht horizontal, sondern vertikal verläuft und die Schrift eines kreativen Menschen mit hoher Einfühlungsgabe und künstlerischem Gestaltungswillen auszeichnet.

Eine weitere Bindungsform ist die *Geradverbindung*. Sie ist Ausdruck von Zweckorientiertheit, die allerdings gelegentlich vor handfestem Opportunismus nicht zurückschreckt.

Die Bindung mit der weitesten Verbreitung ist die *schulmäßige Bindungsform*. Diese Schreibweise ist ein Zeichen von Gehemmtheit und von tiefgreifenden Zweifeln am Wert der eigenen Person. Im Jugendalter ist an dem Grad der Fortentwicklung von der erlernten Schulnorm der Reifungsgrad eines jungen Menschen leicht abzulesen, es kann jedoch in der Folge wiederum zu einer Regression des Schriftbildes auf eine kindliche Stufe kommen. Darin reflektiert sich die geistig-seelische Stagnation des Schreibers. Vom ehemaligen Musterschüler zum subalternen Beamten ist der Schritt ja nicht so weit. Erstarrte Konventionalität spricht ebenso aus solchen Schriftzügen wie Hilflosigkeit und Schwäche, die sich hinter einer Schablone verbergen möchten. Wer noch als Erwachsener ein solches Korsett braucht, zeigt damit, daß er durch krampfhaftes Festhalten an Sitte, Konvention, Gesetz und Ordnung ein Gegengewicht zu seiner inneren Unsicherheit und seinem Mangel an Kraft schaffen will.

Wechselnde Bindungsformen		kein Format
A.	allgemeines Verhalten	häufiger Gesinnungswechsel
3.	Flexibilität	innerlich ungefestigt
4.	richtungslos	
	schwankende Wesensart	G. geistige Fähigkeiten
	verschwommener	1. genialisch
	Charakter	2. Universalität
	Mangel an Persönlichkeit	Vielseitigkeit

Das Bewegungsbild

3. Formalismus
4. unkonzentriert
   zerstreut
   Neigung zur leeren Phrase

I. Ich-Bereich
4. dünkelhaft
   zerrissen
   standpunktlos

V. Vitalbereich
4. neurotisch
   Unechtheit
   innere Zerrissenheit

M. mitmenschlicher Bereich
3. weltbürgerlich
   anpassungsfähig
   konfliktscheu
   natürliches psychologisches Verständnis
4. unzuverlässig
   neurotisch bestimmte Scheinanpassung
   unverbindlich
   opportunistisch
5. Anpassungssucht
   zweideutiges Verhalten

L. Leistungbild
3. gewandt
4. undefinierbar
   unzuverlässig

schulmäßige Bindung
A. allgemeines Verhalten
3 normenabhängig
   konventionsgebunden
   Musterschüler
   Beamtenmentalität
   subaltern
   langweiliger Spießer
4. unpersönlich
   wenig ausgeprägte Individualität

gesichtslos
abhängig
5. ressentimentsgeladener
   Biedermann
   Wolf im Schafspelz

G. geistige Fähigkeiten
4. manipulierbar
   beschränkter Horizont
   Mangel an Urteilsfähigkeit

W. Willensbereich
2. Selbstdisziplin
3. fleißig
   korrekt
   gehorsam
   gutwillig
4. Pharisäer

I. Ich-Bereich
3. Furcht vor persönlicher
   Exponiertheit
   langweilig
4. unausgereift
5. infantil
   Neigung zur Selbstüberschätzung

V. Vitalbereich
3. Triebunterdrückung
4. uneingestandene Sinnlichkeit
   falsche Bescheidenheit
5. scheinheilig
   infantil
   Rationalisierung krimineller Neigungen

M. mitmenschlicher Bereich
3. vorbehaltlose Unterordnung
   Massenmensch
   autoritätsgläubig
   kriecherisch
   Mitläufer
4. Stammtischstratege
   Vereinsmeier

Chef der Familie
Herdentrieb
Hang zum Cliquenwesen

L. Leistungsbild
2. gewissenhaft
   zuverlässig im kleinen
   korrekt
3. kleinlich, aber pflichttreu
   korrekt und pflichtbewußt
   unselbständig
4. monoton, pedantisch
   verantwortungsscheu

**Lautzeichenmischung Deutsch
und Latein**
G.2. autodidaktische Bildung

Lautzeichenwechsel (unregelmäßig)
A.5. Labilität

Geradverbindungen
G.3. Formalismus
M.4. Opportunismus
   berechnend

Doppelkurve
A.1. musikalisch
   darstellend künstlerisch
   poetisch
   kreativ
G.1. produktiv
2. rezeptiv
F.2. ästhetisches Verständnis
   Takt und Zartgefühl
   künstlerisch ambitioniert
M.2. Einfühlungsgabe

Mischformen/Doppelbogen
A.4. unbestimmt
   vieldeutig
   schlaff
   mangelnde Kraft

primitive Schulform mit unterentwickel-
ter Lesbarkeit (dazu Anfangsbetonung
und größer werdende Wortenden)
V.4. Neigung zu Kurzschlußhandlungen
   reizbar
   parasitär, rücksichtslos
   wegen innerer Unsicherheit stark
   gefährdet

**Mäanderschriften (pubertäre Form der
Stützarkade/-girlande)**
A.4. völlig verschlossen
V.4. emotional gestört

stilisierte Bindungsformen
I.4. Streben nach Bewunderung durch
   die anderen
F.3. ästhetisch anspruchsvoll

Sacré-coeur-Zug
A.4. neurotisch
5. verschlagen

Haifischzahn
A.5. gerissen
   habgierig

bottleneck (Flaschenhals)

Sehr kleinlaut

I.3. Bemühen um Gewissenhaftigkeit (bei
   Kindern)
   zwiespältige Erlebnishaltung
   (bei Erwachsenen/pubertäre
   Retardierung)

Deckstriche im t oder d

t , d

V.4. drängt an Eindrücken ab, was er
   nicht verstehen kann

Der Verbundenheitsgrad Zur Ermittlung des *Verbunden-heitsgrades* analysieren wir jene Stellen in einem handge-schriebenen Text, an denen der Schreiber abgesetzt hat und der Schreibfluß unterbrochen ist. Ein starker Verbundenheits-grad ist relativ selten, üblich ist ein mittlerer Verbundenheits-grad, das heißt, kurze Wörter sind verbunden und bei länge-ren sind es mindestens vier Buchstaben in einer Folge. Unter-brechungen durch Oberzeichensetzung werden dabei nicht mitgezählt. Ist die Schrift jedoch trotz Oberzeichensetzung verbunden, so ist das um so positiver.

Der Verbundenheitsgrad einer Schrift symbolisiert die Bezie-hung des Schrifteigners zu seinen Mitmenschen und der »Außenwelt« überhaupt. Diese Relation ist ein permanenter Prozeß und hinterläßt ihre Spuren auch im Bewegungsablauf des Schreibers. Daher zeigt der Verbundenheitsgrad der Schrift auch den Grad der Eingebundenheit in den sozialen und allgemeinen »Außenwelt«-Kontext an. Wer *verbindet*, will jede Vereinzelung und Isolierung vermeiden. Stetigkeit und Gleichmäßigkeit des Schriftflusses deuten darauf hin, daß der Schreiber zu Ende führt, was er einmal angefangen hat, ohne sich dabei stören oder ablenken zu lassen. Ein solcher Mensch ist andererseits unfähig, Ungewöhnliches oder abseits Liegendes gedanklich einzubeziehen.

Es gibt *bindungsfreundliche* und *bindungsfeindliche* Buchstaben. Als bindungsfreundlich gelten alle nach rechts auslaufenden Buchstaben, wie *a g e c b l h m n u,* als bindungsfeindlich die nach links auslaufenden, wie *S s I T P D* auch *i j ä o ü*. Werden sie dennoch dem Schreibfluß dienstbar gemacht, so ist das um so bedeutsamer und ein Kriterium echter Integration.

Schreibgewandte Menschen neigen eher zu *Verbundenheit*, besonders zu geschickten *Knüpfungen*, die das wesentliche Kriterium der Schreibgewandtheit sind. Die gelungene organische Verbindung der Buchstaben und die Gestaltung von in sich geschlossenen Wortbildern deuten auf ein entwickeltes und praktisch ausgerichtetes Denkvermögen hin, und damit auf die Fähigkeit zu diskursivem (schlußfolgerndem) Denken, zum Kombinieren, Abstrahieren und systematischen Arbeiten.

Wer verbunden schreibt, hat die Begabung, auch an sich Unverknüpftes miteinander zu verbinden und Einzelerfahrungen in Gesamtzusammenhänge einzuordnen. Ein ausgeprägtes Kombinationsvermögen entdeckt sehr rasch nützliche Zusammenhänge und Lösungsmöglichkeiten für Probleme. Es ist ein Mittel rationaler Durchdringung und hat eine sehr starke Tendenz zur Systematisierung. Schreiber mit hohem Verbundenheitsgrad streben daher eine möglichst weitgehende Übereinstimmung zwischen Theorie und Praxis an.

Ein hoher Verbundenheitsgrad ist ebenfalls ein Zeichen von Eile und spiegelt daher auch den Grad der seelischen Dynamik wider.

Zusätzliche Kriterien dieser Dynamik sind Merkmale wie *Rechtsläufigkeit, Treffunsicherheit* und *Weite*. Auskunft über den Verbundenheitsgrad geben aber auch *Ligaturen, eingebundene Oberzeichen, Luftbrücken, imaginäre Züge* und *immaterielle Linien*, das heißt jene Verbindungen, die zwar nicht auf dem Papier stehen, jedoch ohne korrigierende Eingriffe zwischen zwei Buchstaben hergestellt werden könnten. Derartige Merkmale weisen auf eine hohe Intelligenz und ein rasches Auffassungsvermögen des Schreibers hin. Beispiel:

Nicht selten ist ein hoher Verbundenheitsgrad auch ein Zeichen von Ängstlichkeit, und zwar besonders dann, wenn die Merkmale *Langsamkeit* und *Enge* hinzukommen. Eine solche Schrift reflektiert die Scheu des Schreibers, die Sicherheit der Verbindung aufzugeben und damit einen Schritt ins Leere und Unbekannte zu machen.

Eher negativ einzuordnen ist ein hoher *Verbundenheitsgrad* bei niederer Formstufe. Diese Kombination deutet auf Tatsachenblindheit, oberflächliches Erfassen, Vernachlässigung von Details oder Gedankenlosigkeit hin. *Ungewöhnliche Verbindungen* hingegen reflektieren das seltene Vermögen, scheinbar unvereinbare oder weit auseinanderliegende Sachverhalte in eine schöpferische Beziehung zu bringen, wie das bei (Tiefen-)Psychologen, Juristen, Managern und auch Forschern häufig der Fall ist.

A.	allgemeines Verhalten		Kombinationsgabe
2.	eher konservativ		Organisationsgabe
	prinzipientreu		gutes Gedächtnis
	natürlich (extravertiert)		schlagfertig
3.	realistisch		konsequent im Denken und
	ein wenig naiv		Handeln
4.	Neigung zum Intellektualismus	3.	realistisch
	Gewohnheitsmensch		Fähigkeit zu dialektischem Denken
	herdenhaft		vorsichtig
			eingefahren
G.	geistige Fähigkeiten	4.	unselbständiges Urteil
1.	souverän im Erfassen von Zusammenhängen		unüberlegt
	Voraussicht		Mangel an Überblick
	Gründlichkeit		ungenau
	folgerichtig im Denken		kleinlich
	weiter Horizont		wenig kreativ
2.	Abstraktionsvermögen		Neigung zu Verallgemeinerungen
	hohe Assoziationsfähigkeit		oberflächlich
	Neigung zu spekulativem Denken		unachtsam
	systematisierende Intelligenz		schlechte Beobachtungsgabe
	hellsichtig		geistig unselbständig
	rasche Auffassung		gedankenlos
	rasches, methodisches Denken		mangelndes Urteilsvermögen
			unklar im Denken

102   4. Die Analyse der Einzelmerkmale

5. blind gegen Einzelheiten
    Neigung zu dialektischen
      Spiegelfechtereien
    Verdrehungskunst, Gaukelei

W. **Willensbereich**
1. unbeirrbar
2. innere Stabilität
3. unerschütterlich
    geringe Störbarkeit

I. **Ich-Bereich**
1. selbstverständliche innere
      Sicherheit
2. innere Ausgeglichenheit
    Instinktsicherheit
4. geringe Eigenständigkeit
    unselbständig
    auf der Flucht vor sich selbst

F. **Fühlen, Gemüt**
2. im Einklang mit der Umwelt
4. Neigung zum Tagträumen
    exzessiv

V. **Vitalbereich**
3. robust
4. übersteigerte Motorik
    stur
5. Hemmschwäche

M. **mitmenschlicher Bereich**
2. anpassungsfähig
    sozial eingebettet
    liebenswürdig, zuvorkommend

    konziliant
    extravertiert
3. verbindlich
    Gesellschaftsmensch
    problemlos, unkompliziert
    flexibel
4. besitzergreifend
    zudringlich
    oberflächlich
    anlehnungsbedürftig
5. scheinhilfsbereit
    glatt

L. **Leistungsbild**
1. geschmeidig
    versiert
    eingefahren
2. verläßlich
    stetig
    beweglich
    unermüdlich
3. praktische Gewandtheit
    praktischer Sinn
    anpassungsfähig
    routiniert, glatt
    betriebsam
    Arbeitstier
    Gewohnheitsmensch
4. oberflächlich
    einseitig
    starrköpfig
    träge, bequem
    langweilig
    Schwätzer

Die Unverbundenheit *Unverbunden* ist eine Schrift, wenn
die Verbindung zwischen zwei Buchstaben fehlt und der
neue Ansatz tatsächlich ein Neuansatz ist. Das Wort ist in
einem solchen Fall unterbrochen, die Gestaltung gestört, und

die Buchstaben stehen in völliger Vereinzelung oder gar auseinandergerissen da.

$$d = ol$$

Wer so schreibt, zeigt, daß er dem Detail sehr viel Aufmerksamkeit zuwendet. Ein solcher Mensch sieht in einem Gegenstand nicht primär das faktisch Gegebene, sondern er versucht, die Dinge zu verstehen und sie dann in den ihnen gemäßen Zusammenhang zu stellen. Diese Form der *Unverbundenheit* ist charakteristisch für Menschen, die sich in erster Linie auf ihre Intuition verlassen.

Ich wäre Ihnen dankbar, wenn Sie mir was ein grapholog. Gutachten bei Ihnen kostet und welche Unterlagen Sie dafür brauchen.

Es gibt jedoch auch die sogenannte *vitale Unverbundenheit*, die dadurch gekennzeichnet ist, daß gleichsam abgebrochene Einzelbuchstaben nebeneinanderstehen. Darin drückt sich das Unvermögen aus, richtig zu koordinieren. Der Unterschied zwischen den beiden genannten Spielarten der Unverbundenheit wird durch *Zonenbetonung* und *Ablaufrhythmus* begründet. Bei vitaler Unverbundenheit ist der Druck meist stärker, das Tempo langsamer, der Ablaufrhythmus eher versteift und die Zonenbetonung einseitig. Solche Schreiber sind stärker reizverhaftet als intuitiv veranlagte Menschen und ihren augenblicklichen Impulsen und Erlebnissen stärker ausgeliefert.

Schließlich kann *Unverbundenheit* wegen des Eindrucks der Zerstückelung, den sie hinterläßt, auch einen Mangel an logischem Denkvermögen anzeigen, ein Haften am Detail, welches das Erfassen eines Gesamtzusammenhangs beeinträchtigt, überhaupt eine etwas schwerfällige Art des Denkens und Fühlens. Menschen mit diesem Schriftbild sind häufig Einzelgänger, Tüftler und im Subjektivismus verhaftete Denker, die aus ihrem engen Kreis nur schwer herausfinden und infolge ihrer Anpassungsschwierigkeiten leicht in Isolation geraten können. Meist haben solche Menschen eine betont individualistische Grundhaltung. Sie sind auf Kontakte zur Umwelt nicht sonderlich angewiesen. Haben sie dennoch Kontakte zu anderen Menschen, so verbergen sie sich nicht ungern hinter einer Persönlichkeitsmaske und halten ihr Gegenüber auf Distanz. Im übrigen ziehen sie das für Introvertierte typische Alleinsein vor.

Wer unverbunden schreibt, neigt, wie gesagt, dazu, seine Aufmerksamkeit den Einzelheiten zuzuwenden. Das kann Einfallsreichtum und Gedankenfülle wie auch Sprunghaftigkeit des Denkens implizieren. Die dauernd unterbrochene Schreibbewegung deutet auf allgemeine Sprunghaftigkeit und vitale Kurzatmigkeit hin. Solchen Menschen fehlt es häufig an innerer Ausgeglichenheit, an Ausdauer und Stetigkeit. Ihr Denken, Fühlen und Handeln verläuft diskontinuierlich und sporadisch, und emotional sind sie nur selten ansprechbar. In manchen Fällen weist die Unverbundenheit der Schrift auch nur auf mangelnde Übung im Schreiben hin.

Eine Abart der *Unverbundenheit* ist die *Lötung*. Sie ist in jedem Falle ein Unsicherheitssymptom und weist darauf hin, daß der Schreiber etwas zu korrigieren, zu »löten« oder zu vertuschen hat, und zwar in der Regel Kontaktschwierigkeiten; es können aber auch andere neurotische Defekte sein. Gelingt die *Lötung* nicht, so sprechen wir von *Strichunterbrechung*. Lücken im Wort, also unverhältnismäßig weite Abstände zwischen unverbunden hingesetzten Buchstaben, deuten ebenfalls auf neurotische Störungen, wie Beziehungsunfähigkeit, Gedächtnislücken, sprunghaftes Denken oder seelische Blockierungen, hin.

Spezialfälle sind in diesem Zusammenhang die *Skriptschrift*, die *Technikerschrift* sowie die *Normschrift*, das heißt gezeichnete Buchstaben, die von manchen Menschen in leichter Abwandlung getreu in die private Handschrift übernommen werden. Auch hier stehen alle Buchstaben einzeln. Für diese Praxis gibt es zwei sehr unterschiedliche Beweggründe. Zum einen erzeugt das ästhetische Bedürfnis des Schreibers einen besonderen Deutlichkeitsdrang, zum anderen versteckt er hinter diesem stilisierten Schriftbild sein wahres Ich, dessen er sich wegen seiner Schwäche schämt. Wenngleich ein solcher Mensch noch lange nicht ein »Wolf im Schafspelz« ist, hat er Angst davor, sich »nackt« zu zeigen.

A. **allgemeines Verhalten**
2. individualistisch
   kontrolliert
3. introvertiert
4. Mangel an Anpassungs-
      bereitschaft
   einsam
   kompliziert
   problematisch
   verschlossen
5. konventionsfeindlich
   isoliert

G. **geistige Fähigkeiten**
1. kreativ, intuitiv
   phantasievoll
   Entdecker, Erfinder
   originell
   schlagfertig, witzig
2. gute Beobachtungsgabe
   denkstark
   Denktüftler
   unbestechlicher Blick
   differenzierungsfähig
   urteilsfähig
   initiativ
   rhetorisch begabt
   feingeistiger Stilist
   ästhetisches Empfinden
   medial veranlagt

3. analytisches Denkvermögen
   Tendenz zum Theoretisieren
   konzentriert
   praktische Intelligenz
   Wirklichkeitssinn
   »weibliche« Denkungsart
   Sammlernatur
4. Schwäche im logischen Denken
   sprunghaft im Denken
   Mangel an Abstraktions-
      vermögen
   eindimensional im Denken
   schwerfällig im Denken
   Konzentrationsschwäche
   enger Horizont
   Mangel an Übersicht
   unsystematisch im Denken
   geistiger Kleinkrämer
   unüberlegt
   zerstreut, fahrig
   vergeßlich
   mangelnder Realitätssinn
   umständlich im Denken
   bruchstückhaft im Denken
   Schwierigkeiten, fremde
      Argumente zu
      berücksichtigen
5. zusammenhanglos im
      Denken
   Borniertheit

4. Die Analyse der Einzelmerkmale

W. **Willensbereich**
3. vorsichtig
   abwägend
   behutsam
4. zaudernd
   unentschlossen
   Mangel an Konsequenz
5. unstet

I. **Ich-Bereich**
2. selbständig
3. verschlossen
   selbstgenügsam
4. eigensinnig
   egozentrisch
   eigenbrötlerisch
   durch eigene Reflexionen
      blockiert
5. Mangel an innerem Halt
   schizothyme Zerrissenheit
   Gefahr der Persönlichkeits-
      auflösung

F. **Fühlen, Gemüt**
3. charmant und launenhaft
   Gefühlsschwankungen
      unterworfen
   introvertiert
4. gehemmt
   ängstlich, unruhig
   reizbar, erregt
   Minderwertigkeitsgefühle

V. **Vitalbereich**
4. geringe Reserven
   vitale Unsicherheit
   Triebunsicherheit
   nervöse Störbarkeit
   gespalten

M. **mitmenschlicher Bereich**
3. umweltabhängig

wenig anpassungsfähig
kontaktschwach
Drang zur Unabhängigkeit
distanziert
4. unverbindlich
   unbeholfen
   unausgeglichen
   angespannt
   weltfremd, scheu
   kontaktarm, isoliert
   Geliebtentyp
   einzelgängerisch
   unliebenswürdig
   wankelmütig
   sprunghaft, launenhaft
   widersprüchlich
   unverständlich
   geizig
   mangelnder Familiensinn
5. Außenseiter
   asoziale Tendenzen

L. **Leistungsbild**
1. erfinderisch
   Tüftler
   gründlich
2. sorgfältig, gewissenhaft
3. systematisch arbeitend
   Sammler
   detailverhaftet
4. pedantisch
   langsam
   schwerfällig
   schwer beweglich
   ungeschickt
   Drang zur Unabhängigkeit
   anfällig für Leistungsstörungen
5. unberechenbar
   überspannt
   voreilig
   kleinkariert

S. Sonderformen

Ligaturen und immaterielle Linien
G.2. gutes Kombinationsvermögen
   3. unbestechlich im Urteil
     konzentriert
M.2. gewandt im Umgang mit
     Menschen
     verträglich
L.2. engagiert

Bindungsunvermögen
G.4. mangelnde Stringenz im Denken
     leicht irritierbar
     schwache Konzentration
     phantasielos
   5. infantil
     borniert
     Abwesenheitszustände
     abschweifend
W.4. mangelndes Durchhalte-
     vermögen
V.4. erregbar
M.4. isoliert
L.4. Neigung zu Leistungsstörungen
     geringe Ausdauer

Lötungen (Unsicherheitssymptom)
A.4. Neigung zur Verstellung
G.3. um stringentes Denken bemüht
   4. vorsichtig berechnend
V.3. kaschierte Gehemmtheit
M.3. Streben nach Überwindung
     von Kontaktschwierigkeiten
   4. geheimniskrämerisch
     uneingestandene Kontakt-
     schwierigkeiten
L.3. Tendenz zur Vertuschung
     von Fehlern
   4. feiges Verschweigen eigener
     Fehlleistungen
     selbstgerecht

Retuschen (= nachträgliche Verbesserungen, auch angeflickte Schleifen)
A.3. Angst aufzufallen
G.3. intellektuell geistiges Bemühen
I.4. nervöse Selbstkontrolle
V.4. Kompensation von Unsicherheit
     schlechtes Gewissen
     formale Gewissenhaftigkeit
     mißlungener Versuch, eine als
     unzureichend empfundene
     Leistung zu verbessern
     oft Überforderung bei Kindern

Buchstabenzerstückelung (Zerfall)
A.5. Unaufrichtigkeit
G.4. Gedächtnisstörungen
     disruptives Denken
M.4. Hemmungen
V.4. vitale Gebrochenheit

unverbunden bei Winkel
W.4. Konfliktnatur

Skriptschrift (nicht unverbunden, sondern nachgeahmte Druckschrift)
A.3. sich an etwas halten
     sich deutlich machen wollen
   4. weniger Wert auf Form als auf Inhalt
     legen
I.4. sein wahres Ich nicht zeigen
W.2. Willens- und Fleißmensch (bei imma-
     terieller Linie)

Verschreiben
V.3. Freudsche Fehlleistung
     korrigierender Eingriff des
     Unbewußten

Wechsel von Verbundenheit und Unverbundenheit
V.4. neurotische Störungen

Die Druckstärke Neben den erwähnten Aspekten des Schriftbildes ist bei dessen Analyse noch ein weiterer, oft vernachlässigter Faktor zu berücksichtigen, nämlich die *Druckstärke.* Sie gibt entscheidende Hinweise auf das dynamische Potential des Schreibers, weil sich aus ihr seine Reaktion auf Widerstände ersehen läßt. Sie ist also primär ein Indikator für den Grad der Vitalität und der allgemeinen Triebstärke.

Weil damit häufig eine unwillkürliche Willensanspannung verbunden ist, hat man den *Druck* auch mit der Willensstärke in Zusammenhang gebracht. Je stärker der Druck, um so intensiver ist die Kohäsion kleinster Schreibpartikelchen auf der Schreibunterlage, und desto eher spreizt sich die Feder. Die *Druckstärke* kann *stark, schwach, regelmäßig* oder *unregelmäßig* sein. Da die Schreibunterlage den Schreiber in seiner Zielrichtung hemmt, muß er diesen Widerstand mit Druck überwinden, oder er gleitet bei *Druckschwäche* kraftlos darüber hinweg. Setzt er aber seine Kraft ein, so zeigt sich darin seine Vitalenergie. Der kompakte Druck symbolisiert Libido, der schubartige Druck verrät eine flackernde Vitalität.

So mancher Schreiber begnügt sich damit, seine Kraft nur zu zeigen oder mit seinem Schriftbild nur den Eindruck von Kraft zu vermitteln; aus diesem Grund benutzen solche Menschen Filz- oder Faserstifte.

Herrscht in einer druckstarken Schrift *Regelmaß* vor, ist das ein Ausdruck von Willensstärke, überwiegt die *Unregelmäßigkeit,* deutet das auf Triebstärke, obwohl beide nicht scharf voneinander zu trennen sind. Der Begriff der *Druckstärke* bezeichnet zunächst nur den regelmäßigen, natürlichen oder rhythmisch auftretenden Druck im Abstrich. Dieser Druck läßt Aussagen über die Spannkraft, Aktivität, Antriebsstärke und Willenskraft zu. Geht der Druck in eine andere Richtung, etwa nach rechts oder nach unten, oder verlagert er sich in den Basisbogen, so handelt es sich auf jeden Fall um eine andere Symptomatik. Die Bezeichnung zwischen Widerstand und Kraftaufwand darf auch bei den übrigen Varianten nicht außer acht gelassen werden.

Ist die Schriftprobe nicht mit der Feder geschrieben, sondern mit Faserstift, Bleistift oder Kugelschreiber, so ist zu beachten, daß mit zunehmender Weichheit der Mine und bei Kugelschreibern mit zunehmender Flüssigkeit der Paste die Druckunterschiede relativ überdeutlich hervortreten. An druckstarken Stellen entsteht dann ein breiterer und farbstärkerer Strich als an druckschwachen. Mit bloßem Auge ist das manchmal nicht so genau zu erkennen, daher sollte man ein (acht- bis fünfzehnfach vergrößerndes) Vergrößerungsglas benutzen. Wenn man Kugelschreiberschriften in senkrecht einfallendem Licht betrachtet, zeigen sich eigenartige Glanzstellen, in denen die »Eindrücke« dann deutlich sichtbar sind.

Je nach der Stärke des *Drucks* und seiner rhythmischen Verteilung (auf die Abstriche) erhält der Schriftpsychologe Aufschluß über Tatkraft, Vitalität, Ausdauer, Kontakt- und Integrationsfähigkeit des Probanden. Nicht zuletzt geben diese Merkmale Aufschluß über seine Arbeitsmoral und sein Leistungsvermögen.

Abschließend sei darauf hingewiesen, daß Schreibungeübte und Lernanfänger beim Schreiben im allgemeinen stärker drücken als Schreibgeübte. Das hat weniger mit der Überwindung psychischer als vielmehr technischer Schwierigkeiten zu tun. Die Bedeutung der zahlreichen Sonderformen der Druckstärke können Sie der Deutungstabelle (S. 111 ff.) entnehmen.

A. allgemeines Verhalten	2. dynamisch
1. profilierte Persönlichkeit	beeindruckend
Überzeugungskraft	intensiv
Haltung	Eroberungsdrang
tatkräftig	gesundes Lebensgefühl
robust, energiegeladen	Daseinsfreude
fest, ernst	ausgeglichen
erfolgreich	

3. Gegenwartsmensch
   maßvoll
   standhaft
   intakte Persönlichkeit
   realistisch
   kühn
   gegenwartsbezogen
4. kampflustig
   Neigung zur würdevollen Pose

G. **geistige Fähigkeiten**
2. produktiv
3. augenblicksfixiert
4. ironisch
   kritisch, spöttisch
5. nicht formbar
   überkritisch

W. **Willensbereich**
1. konstruktiv
   Mut, Stoßkraft
2. aktiv
   zielgerichtet
   stabil
   durchsetzungswillig
   entschlossen, entschieden
   beharrlich
   ehrgeizig
3. engagiert
   fleißig, zäh
   energisch
4. eigenwillig
   halsstarrig
   rechthaberisch
   Tendenz zum Opponieren
   deplazierter Willenseinsatz
   kampflustig
5. fanatisch
   herrschlustig
   willkürlich

I. **Ich-Bereich**
1. Würde

2. gesundes Selbstwertgefühl
   Eigenmachtgefühl
   Selbstbehauptungsfähigkeit
3. Streben nach voller
      Selbstverwirklichung
   Unabhängigkeitsstreben
   selbstbeherrscht
   sicherheitsorientiert
   eitel
   expansiv
4. Selbstdarstellung
   Imponiergehabe
   wichtigtuerisch
   trotzig, stolz und eigensinnig
   Angst vor Unselbständigkeit
5. affektiert

F. **Fühlen, Gemüt**
2. gemütstief
   warmherzig
   erlebenstief
3. schwerblütig
   empfindsam
   erregbar
4. leidenschaftlich
   impulsiv
   befangen
   melancholisch
   schwermütig
   gedrückt, komplexbeladen

V. **Vitalbereich**
1. urwüchsig
   vollblütig
   kraftvoll
   ausdauernd
   voll Lebensfreude
2. männlich, mannhaft
   psychisch robust
   übermäßig beherrscht
3. triebstark
   sinnlich

Das Bewegungsbild

4. seelisch unflexibel
   unfähig zur Entspannung
   gereizt, geladen
   renitent
   verspannt
   Furcht vor Entgleisung
   depressiv
5. triebhaft
   verkrampft, gehemmt
   Triebverdrängung
   primitiv, grob
   Neigung zu Wutausbrüchen
   starker Destruktionstrieb

M. mitmenschlicher Bereich
1. Führungsanspruch
   kontaktfreudig
   spontan
2. einfach
   geduldig
3. Neigung zur Kompensation
   Unabhängigkeitsdrang
4. Mangel an Takt und
      Feingefühl
   ressentimentgeladen
   stur, derb, dickfellig
   dreist, plump, ungeniert
   aggressiv
   eigensinnig, unzugänglich
   schwerfällig, unbeweglich
   unsensibel, verkrampft
   unnachgiebig, unverträglich
   aufbrausend
   streitlustig
5. jähzornig, hitzig, heftig
   rücksichtslos
   brutal, roh
   gewalttätig
   unnatürlich hart
   boshaft
   unberechenbar
   Elefant im Porzellanladen

L. Leistungsbild
1. kraftvolle Flexibilität
   Schaffensfreude
   leistungsfähig
   energiegeladen
2. unermüdlich
   zäh
   zuverlässig, gründlich
   gewissenhaft
   verantwortungsbewußt
   belastbar
3. Wunsch nach Selbständigkeit
   andauernd
   ökonomischer Kräfteeinsatz
   regenerationsfähig
4. unstetig
   langsam, umständlich
   schwerfällig
   ängstlich

S. Sonderformen

kompakter Druck
V.2. Stärke und Vitalität

Druck in Kurzlänge
I.3. Betonung der persönlichen Sphäre

Druck mit Winkel
L.2. geeignet für schwierige
      Außendienstaufgaben

Druck im Basisbogen
L.2. manuell-technische Begabung
  4. Tendenz zur Kräftevergeudung

Druck in die untere Beuge verlagert
F.3. Tendenz zu übertriebener
      Sublimierung

Druckzunahme im Abstrich
V.3. standfest

4. Die Analyse der Einzelmerkmale

Druck in der Abstiegskurve
G.2. Rationalisierungstendenzen

Druck an Nebenteilen
G.4. beschränkt
I.4. eitel

plötzlicher stellenbetonter Druck
V.4. Kraftdemonstration und Affektstau

punktförmiger Druck am Anfang
V.4. besitzergreifend

punktförmiger Druck im Text
V.4. komplexbehaftet

Querdruck am Wortende
A.4. burschikos
M.4. abweisend
    eigensinnig
L.4. wagemutig, tollkühn

spitz auslaufende Druckstellen
G.3. Neigung zur Selbstkritik
  5. rücksichtslos
W.4. wenig ausdauernd
I.4. unsicher

Druck in der Unterzone
G.3. realistisch
V.3. bodenständig
  4. sexuell gestört

Druck nach oben (Kommandostrich)
M.4. Machtanspruch ohne
    echte Autorität

Druck in der Oberzone
G.3. geistig selbständig

Schwelldruck
V.4. angestaute Erregungszustände

M.4. unzuverlässig
    Flucht vor dem eigenen Selbst

wechselnder Druck
F.4. heftig, reizbar
V.5. unberechenbar
  3. impulsiv
W.4. unbeständig

streuender, schubartiger Druck
W.4. unstetig
V.4. unruhig
    sprunghaft
    unbeständig
    nicht belastbar

Federfurchen druckstark (beiderseits scharf, Zwischenraum locker)
W.4. Fassade von Stärke
    steif
    verbirgt Mangel an Festigkeit
    unsicher
    innerlich leer

einheitliche Federfurchen
W.2. klare, positive aktive
    Selbststeuerung

Federfurche ausgeprägt rechts
A.3. introvertiert

Federfurche links stärker
A.3. extravertiert

Federfurche rechts bei streuendem Druck
I.4. richtungslos
F.3. scheue Zurückhaltung
    ängstlich

Federfurche links bei streuendem Druck
F.4. fahrig, stimmungsabhängig
L.4. ineffiziente Betriebsamkeit

Das Bewegungsbild

Strichunterbrechungen
V.4. geringe Spannkraft
    wenig ausdauernd

Federfurche rechts scharf, links unscharf
A.3. zurückhaltend
    verschlossen
L.2. fleißig, gründlich

Federfurche links scharf, rechts unscharf
A.4. expansiv
L.3. leistungsorientiert

widersprüchliche Federfurchen
I.4. unsicher, gespalten
    widersprüchlich

Druck nach rechts
M.4. Mißachtung der Mitmenschen
    rechthaberisch

Druckabfall in der Unterzone
I.4. mangelnde Sicherheit
V.4. Verdrängungen

plötzlicher Druckanstieg
V.5. Neigung zu ungesteuerter
    Entladung von affektiven
    Spannungen
    unberechenbar
    meist unzuverlässig

Druckverzitterung
V.4 mangelnde Antriebssteuerung

Druck nach unten verstärkt
V.2. Tendenz zur Stabilisierung

zittrige Strichführung
(Alterstremor)
V.4. Verlust der Spannkraft
    nervöse Gestörtheit

ataktische Strichführung
(auch bei schreibungeübten Kindern)
V.4. fehlende Fähigkeit zur
    Steuerung und Kombination
    der Bewegungsimpulse

Die Druckschwäche Wenn ein Schreiber auf *Druck* verzichtet und mit dem Schreibgerät nur ganz leicht über das Papier gleitet, entsteht ein dünner, spannungsarmer Strich, den wir als *druckschwach* bezeichnen und der eigentlich nur durch die *Ausschließung von Druckstärke* zu ermitteln ist. Die dabei aufgewandte geringe Muskelanspannung ist ein Hinweis auf entsprechend schwache Antriebskräfte. Auch wo der Aufstrich fehlt, spricht man von Druckschwäche.

Menschen, die *druckschwach* schreiben, sind im allgemeinen feinsinnig, zart und oberflächlich. Druckschwäche ist allerdings auch ein Indiz für einen Mangel an Vitalität und Libido und für einen schwachen Willen. Druckschwach schreibende Menschen weichen meist vor Widerstand zurück. Bei ihnen muß alles leicht gehen; Intensität und

Beharrlichkeit sind nicht ihre Sache, daher bleibt ihr Engagement meistens oberflächlich. Was solchen Schreibern an Elementarvitalität fehlt, versuchen sie häufig durch unverbindlichen Aktivismus wettzumachen.

Wegen ihres Mangels an Antriebs- und Spannkraft, ihres geringen Durchsetzungsvermögens und ihrer ebenso geringen Belastbarkeit neigen druckschwach schreibende Menschen dazu, Ziele, die sie auf direktem Weg nicht erreichen können, mit strategischen Mitteln anzustreben. Daraus resultiert neben diplomatischem Geschick und Einfühlungsvermögen eine gewisse Wendigkeit sowie Oberflächlichkeit und Kalkül.

Im übrigen ist der druckschwache Strich ein Hinweis auf leichte Ermüdbarkeit, auf Ablenkbarkeit und Störanfälligkeit. Generell ist Druckschwäche ein Zeichen von Passivität.

Erfahrungsgemäß haben druckschwach schreibende Menschen mit der Selbstbehauptung wesentlich größere Schwierigkeiten als *druckstark* schreibende.

A.	**allgemeines Verhalten**	4.	farblos, gesichtslos
2.	beweglich, umgänglich		konturlos
	optimistisch		opportunistisch
	weich, zart, fein	5.	mangelnde Bodenständigkeit
	differenziert, verfeinert		degeneriert
	taktvoll, zärtlich		
3.	unauffällig	G.	**geistige Fähigkeiten**
	zaghaft	1.	feines Empfinden
	passiv		vergeistigt, ästhetisches Empfinden

Das Bewegungsbild

beweglich und gewandt
2. aufgeweckt
   regsam
3. aufnahmebereit, bildsam
   sensibel
   undifferenziert
4. passiv
   flach
   oberflächlich
   umständlich
   pseudo-intellektuell
   fahrig, ablenkbar
   Schwätzer
5. nachlässig, nicht gründlich
   Nörgler

W. **Willensbereich**
3. flexibel
   entschlußfähig
4. Mangel an Zähigkeit und Ausdauer
   willensschwach
   geringe Widerstandskraft
   schlapp, wankelmütig
5. kraft- und energielos
   labil, ohne Grundsätze

I. **Ich-Bereich**
3. schutzbedürftig
4. schwach
   unsicher

F. **Fühlen, Gemüt**
2. sensibel
   empfänglich, empfindlich
3. behutsam
   weich
   sorglos
   zaghaft
   unentschlossen
   begeisterungsfähig
4. schwärmerisch
   manipulierbar

verletzbar
mimosenhaft
oberflächlich
gefühlslabil
spröde
furchtsam
5. kühl, unsinnlich
   feige

V. **Vitalbereich**
2. differenziert
3. Mangel an Tiefe
   passiv
4. mangelnde Spannkraft
   kleinmütig
   dünnhäutig
   triebschwach
   unmännlich
   reizbar
   ungeduldig
   erregbar, nervös
   ruhelos
   willensschwach
   verführbar
   leicht beeinflußbar
5. labil

M. **mitmenschlicher Bereich**
1. selbstlos
   taktvoll
   mitfühlend
   hingebungsfähig
2. gütig
   mild
   kompromißbereit
   tolerant
   friedfertig
   gutmütig
3. verträglich
   umgänglich
   unbekümmert
   erziehbar
   kooperativ

4.	widerstandsscheu		betriebsam
	nachgiebig		folgsam
	beeinflußbar bis zur	4.	Mangel an Ernst und Verantwor-
	Suggestibilität		tungsbewußtsein
	weltfremd		opportunistisch
	naiv		wenig ausdauernd
			geringe psychische Belastbarkeit
L.	**Leistungsbild**		leichtsinnig, oberflächlich
2.	vielseitig, gewandt		unbeständig
	agil, beweglich		leicht erschöpfbar
	wendig, umstellungsfähig		bequem
3.	tüchtig	5.	untätig
	aktiv		schlaff
	vielgeschäftig, rührig		unverläßlich

Die Schärfe Über die Bedeutung der *Schärfe* (oder der *Teigigkeit)* einer Schrift gibt es noch keine exakten Forschungsergebnisse, wohl aber zahlreiche empirisch bestätigte Befunde, die allerdings in der Auswertung nicht wissenschaftlich gesichert sind. Man sollte dieses Merkmal zur Deutung nur heranziehen, wenn es wirklich expressiv ist.

Wir nennen eine Schrift dann *scharf,* wenn der Strich dünn und gespannt ist und die Ränder beidseitig scharf abgegrenzt sind. Die Wahl einer spitzen Feder erhöht natürlich den Grad der Schärfe. Bei Kugelschreiberschriften ist es kaum möglich, dieses Merkmal exakt auszumachen.

Der Strich ist bei scharfen Schriften dünn, spröde und oft auch unsicher. Darin drückt sich eine Vorherrschaft des noetischen (rationalen) Überbaus gegenüber dem endothymen

Grund aus, was auf eine relativ schwach entwickelte Libido schließen läßt. Erfahrungsgemäß deutet eine ausgesprochen scharfe Schrift auf Selbstdisziplin, Kontrolliertheit und bewußte Gestaltung hin. Sie weist darüber hinaus auf das Bemühen hin, Haltung zu bewahren und Präzision im Denken und Handeln zu demonstrieren. Auch die Fähigkeit zu logischem Denken und ein differenziertes Empfindungsvermögen finden darin ihren Ausdruck. In ihr wird gleichsam die Feineinstellung des Individuums sichtbar. Menschen diesen Schrifttyps verfügen nur über eine relativ geringe Triebkraft. Damit gehen die Unfähigkeit zu echtem Lebensgenuß, Prüderie, Gedankenblässe und unanschauliches Denken einher. Ein solcher Charakter wirkt insgesamt ein wenig blutleer. Scharfe Schriftzüge, die außerdem noch Spitzen und Haken ausweisen, lassen auf Neigung zu Kritik und – gelegentlich auch – zu Aggressivität schließen.

A.	allgemeines Verhalten		aufmerksam
2.	Haltung		wach, klar
	moralisch	4.	begriffliches und unanschauliches
	eindeutig		Denken
	bewußte Lebensführung		Gedankenblässe, Vorstellungsarmut
3.	asketisch, genügsam		unfruchtbarer Verstand
4.	Mangel an Natürlichkeit		
	puritanisch	W.	Willensbereich
	unsinnlich	2.	Selbstdisziplin bis zur
	instinktlos		Gezwungenheit
	blutarm		entschieden, bestimmt
G.	geistige Fähigkeiten	I.	Ich-Bereich
2.	intellektuell, spirituell	3.	kompensatorischer Ehrgeiz
	scharfsinnig		
	präzise im Denken	F.	Fühlen, Gemüt
	geistig interessiert	2.	feinfühlig
	kritisch		ätherisch, überfeinert
	geistig anspruchsvoll	3.	asketisch
	ausdrucksfähig		Neigung zum Ästhetisieren
3.	Formensinn		unsinnlich
	Unterscheidungsvermögen		trocken

4.	gefühlskalt	4.	spottlustig
	Mangel an Genußfähigkeit		kaltherzig, spröde
	Kostverächter	5.	unnachsichtig, schroff
	geringe Erlebnisfähigkeit		rücksichtslos, hartherzig
V.	**Vitalbereich**		boshaft
3.	unsinnlich		spitzfindig
	feinnervig, zart		grausam
4.	unterentwickelte Triebe		
		L.	**Leistungsbild**
M.	**mitmenschlicher Bereich**	2.	verantwortungsvoll
2.	rein, fein, zart		pflichttreu
	saubere Verhältnisse		verläßlich
	feinfühlige Zurückhaltung		methodisch
3.	Mangel an Unmittelbarkeit	3.	zäh
	verletzlich, empfindsam	4.	unselbständig
	geringes Einfühlungsvermögen		pedantisch

Die Teigigkeit *Teigigkeit* entsteht durch eine breite Feder (siehe unten) oder als Ergebnis eines flachen Federwinkels zum Papier. Das optische Wohlgefallen des Schreibers an dem satten und breiten Strich dürfte das Hauptmotiv für ein teigiges Schriftbild sein.

Der Strich einer teigigen Schrift ist dick und spannungsarm, breit, weich, fließend und gelegentlich verschmiert, die Schleifen sind oft zugelaufen. Da die Teigigkeit einen überwiegend darstellenden Charakter hat, sagt man ihren Schreibern nach, daß sie alles augenfällig Sinnliche lieben und deshalb kräftige Reize suchen. Ein solcher Mensch braucht zu seinem Wohlbefinden physischen Kontakt und starke visuelle Reize. Er überläßt sich bereitwillig seinen Impulsen und verfügt diesbezüglich nur über geringe Selbstdisziplin. Kommen zur *Teigigkeit* noch *Verschmierung* und *Verkleck-*

Das Bewegungsbild 119

sung hinzu, so müssen Gleichgültigkeit und Willenlosigkeit schon einen hohen Grad erreicht haben; eine solche Schreibweise läßt alle ästhetischen Bedenken außer acht und nimmt auf den Empfänger der Information keinerlei Rücksicht.

Merkmale der Teigigkeit dürfen auf keinen Fall mit *Merkmalen des Druckes* verwechselt werden, die Kombination *drucklos* und *teigig* ist dagegen öfter anzutreffen. Generell deutet Teigigkeit auf eine starke Erlebnisfähigkeit, auf Ursprünglichkeit und Sinnenfreude. Unbekümmertheit spricht ebenfalls aus dieser Schreibweise, des weiteren ein starker Lebensdrang, Lebensbejahung und unverhohlene Lebensfreude, sodann Sinnenhaftigkeit, aber auch ein relativ geringer seelischer Diffenrenzierungsgrad sowie Triebhaftigkeit, Genußsucht und Materialismus und schließlich ein starker Sexualdrang. Schreiber teigiger Schriften sind im übrigen naturliebend, farbenfroh, berührungsfreundlich und vollblütig.

Auf der Defizitseite läßt *Teigigkeit* auf unscharfes Denken, geringe Disziplin, Mangel an Einfühlsamkeit und meist auch auf eine relativ geringe Leistungsbereitschaft schließen. Auch Ordnung und Sauberkeit teigig schreibender Menschen lassen zu wünschen übrig, andererseits ist ihnen »nichts Menschliches« fremd.

Eine Sonderform der Teigigkeit ist der *Breitfederwechselzug*, der bei Benutzung einer Breitfeder entsteht und *ohne* besonderen Druck einen Wechsel von dünnen Haarstrichen in der Aufwärtsbewegung und satten breiten Strichen in der Abwärtsbewegung bewirkt.

Diese Schreibtechnik kann ein Hinweis auf die Umwandlung primitiver Machtimpulse in verantwortliches Handeln und auf pädagogische Neigungen und Stilbewußtsein sein. In manchen Fällen deutet der Breitfederwechselzug auf eine Tendenz zu Kraftmeierei hin.

4. Die Analyse der Einzelmerkmale

A. allgemeines Verhalten
1. Lebensdrang, Lebensdurst
   Lebensbejahung, Lebensfreude
2. Augenmensch
   Darstellungsfreude
   sinnenfroh
3. Naturliebe
   wache Sinne
   natürlich, ungezwungen
   sinnlich ansprechbar
   verträumt
   satt
4. schwerfällig
   Genußmensch
   naschhaft
   unkonturiert
5. ungeschliffen, grob
   unsauber, liederlich
   haltlos
   schlampig
   verkommen

G. geistige Fähigkeiten
2. Ursprünglichkeit der
      Wahrnehmung
   Farbensinn
   künstlerischer Sinn
   Formensinn
3. Tatsachensinn
   gesunder Menschenverstand
   anschauliches Denken
   emotional
   situationsverhaftet
4. geistig-seelisch undifferenziert
   mangelnde Kritikfähigkeit
   unscharfes, verschwommenes
      Denken
   unscharfe Begriffe
   unaufmerksam
   geistig anspruchslos
5. nicht sehr intelligent
   dumm

W. Willensbereich
3. nachgiebig
4. unentschieden
   widerstandslos
   undiszipliniert
   mangelnde Selbstbeherrschung
   undurchschaubar
5. richtungslos

I. Ich-Bereich
2. instinktsicher
3. selbstsicher
4. Tendenz zur Selbstdarstellung
   naive Egozentrik
   Angeber, drängt sich auf
   egomanisch, macht sich breit
   großtuerisch

F. Fühlen, Gemüt
1. künstlerische Sensualität
2. Gemüts- und Gefühlswärme
   Farbensinn
3. weich
4. vergnügungssüchtig
   begeisterungsfähig
   geringes Zartgefühl
   grob, ungeschliffen
   sentimental, Gefühlsschwankungen
      unterworfen
5. grob sinnlich

V. Vitalbereich
1. ursprünglich
2. sinnenhaft
   erlebnisfähig
3. endothym fundiert
   erdnah
   genußfähig
   Gourmet
   kunstverständig
   sangesfreudig
   Freude an Gestalt und Tanz
   erotisch leicht zu faszinieren

4. genußsüchtig	verführbar
antriebsschwach	undiszipliniert
psychisch leicht erschöpfbar	L. **Leistungsbild**
leicht ermüdbar	3. unbeständig
5. begehrlich	4. undiszipliniert
triebverhaftet, schwül sinnlich	bequem, lässig
grob sexuell	behäbig
gierig	unkonzentriert
faul	5. schmuddelig
gallig	schmierig
brutal	chaotisch
brünstig	
animalisch	**Breitfederwechselzug**
	A.2. Umwandlung primitiver
M. **mitmenschlicher Bereich**	Machtimpulse in
2. warmherzig	verantwortliches Handeln
gutmütig	G.2. Phantasie
gesellig	4. geistig-seelisches
aufgeschlossen	Darstellungsverlangen
ungezwungen	I.2. Tendenz zum Moralisieren
sozial (bei Girlande)	V.2. Triebziele werden ästhetischen Zielen
3. großzügig, tolerant	untergeordnet
Berührungsdrang	4. Mangel an Vitalität
4. grob, plump, unfein	Scheinmännlichkeit
gleichgültig	M.2. pädagogische Neigungen
geringes Zartgefühl	3. Tendenz zu Nachahmung
wenig taktvoll	und Identifikation
unsensibel	L.4. Bluff

Die Rechtsläufigkeit Da wir in unserem Kulturkreis *von links nach rechts* schreiben, ist die *Rechtsläufigkeit* bei uns die Norm. Diese Tendenz gibt es in verschiedenen Abstufungen. Je rechtsgeneigter das Schriftbild ist, desto länger werden die Aufstriche und desto kürzer die Abstriche. Typische Kennzeichen der Rechtsläufigkeit sind *die nach rechts ausfahrenden Verlängerungen der Endzüge* und die Ersetzung einer Schleife durch eine *rechtsläufige Knüpfung* nach oben hin offengelassene *a, o, g* und schließlich *vorgeworfene Oberzeichen.*

rechtsläufige Knüpfung

Auch eine *übermäßige Weitung der Schrift* und *Verlängerung der Anfangs- und Endbuchstaben* weisen auf Rechtsläufigkeit hin. Für den Schriftpsychologen ist Rechtsläufigkeit primär ein Zeichen von Zukunftsorientiertheit, Ausrichtung auf den Mitmenschen, Tatkraft und generell Extravertiertheit. Damit ist die allgemeine Richtung festgelegt.

Rechtsläufige Schreiber leben ihren expansiven Drang nach rechts aus, ihre Antriebe entfalten sich in der für sie natürlichen Richtung; sie erlegen sich in der spontanen Äußerung ihrer motorischen wie psychischen Impulse keinerlei Zwang auf. Solche Menschen strecken gleichsam ihrer Umwelt Fühler entgegen, um sich in ihr zu orientieren, dabei stellen sie die eigenen unmittelbaren Interessen zurück und gehen um so bereitwilliger auf die Belange anderer ein.

Vorwärtsgerichtet und damit rechtsläufig ist alles, was von innen nach außen, vom Ich zum Du strebt. Diese Bewegung nach vorn ist eine Geste des In-Angriff-Nehmens: »Packen wir's also an!«

Es gibt isolierte rechtsläufige Züge, sogenannte *Überstreichungen.* Solche Stilelemente weisen den Schreiber als einen Menschen aus, der entweder andere beherrschen möchte oder durch Druck niederhält beziehungsweise in der Pose eines Beschützers auftritt, mit einem »Protektionsbogen« gleichsam die Hand über die anderen hält.

Das Bewegungsbild

Dieses Merkmal steht nicht im Gegensatz zur allgemeinen Rechtsläufigkeit, denn beide Charakteristika zeugen von einem hohen Selbstwertgefühl. Wer so schreibt, fühlt sich stark genug, andere in Schutz zu nehmen und sie damit in gewisser Weise von sich abhängig zu machen. Das mag im einzelnen eine edelmütige Geste sein, inneres Überlegenheitsgefühl ist jedenfalls ihr Grundton.

Üblicherweise deutet man Rechtsläufigkeit als Zeichen von Extravertiertheit, Tätigkeitsdrang und Altruismus. Sie gilt auch als Geste des Schenkens, der Selbstlosigkeit und Uneigennützigkeit. Negativ gesehen drücken sich darin die Unfähigkeit zur Muße, mangelnde Selbständigkeit und leichte Beeinflußbarkeit, manchmal auch Willensschwäche aus. Der Rechtszug kann aber auch nach oben oder unten gehen, druckbetont sein, in eine Spitze oder Keule auslaufen; in dieser Hinsicht sind viele Variationen möglich. Da sie im Zusammenhang mit den anderen Merkmalen zu betrachten ist, bleiben die Grundbedeutungen der Rechtslage im allgemeinen nicht rein erhalten, sie geben sozusagen den »Vornamen« innerhalb der Gesamtbedeutung ab.

A. allgemeines Verhalten	4. gleichgültig gegen die
1. altruistisch	Vergangenheit
2. hilfsbereit	gleichgültig gegen Erwerb
offensiv	geringer Besitztrieb
neuerungsfreudig	Aktivismus
aktiv	oberflächlich
der Außenwelt zugewandt	substanzlos
zukunftsbezogen	Mangel an Stolz
hingebungsfähig	5. schamlos
3. vordergründig	
unproblematisch	**G. geistige Fähigkeiten**
umgänglich	1. gewandt
äußerst tolerant	2. Kombinationsgabe
gutmütig	wach, intelligent
offen	reaktionsschnell
redselig	vorwärtsblickend

3. einsichtig
 interessiert
 bildungsbeflissen
 ausdrucksfähig
4. phantasiearm
 beeinflußbar
 oberflächlich, gedankenlos
 vergeßlich

W. **Willensbereich**
2. unternehmungslustig
 strebsam
 Tätigkeitsdrang
3. Tendenz zum Weg des geringsten
 Widerstands
4. Mangel an Ausdauer, Zähigkeit und
 Widerstandskraft
 willensschwach
 mangelndes Durchsetzungsvermögen
 weich

V. **Vitalbereich**
4. kein inneres Zentrum
 mangelnde Reflexion
 hastig, unruhig
 nervös
 mangelndes Standvermögen
 egoistisch aus Triebabhängigkeit
 begehrlich
 verschwenderisch
5. getrieben
 haltlos
 wahllos
 kernlos
 würdelos

M. **mitmenschlicher Bereich**
1. schenk- und gebefreudig
 selbstlos
 hilfsbereit
 fürsorglich, hingebungsvoll

2. rücksichtsvoll, mitfühlend
 einfühlsam
 kontaktfreudig
 sich verströmend
 gesellig
3. anschlußfreudig
 einfühlsam
 leutselig
 verbindlich
 human
 anpassungsfähig
 arglos
 frei von Habgier
 trostbedürftig
4. unfähig, allein zu sein
 unfähig, »nein« zu sagen
 vertrauensselig
 kompromißgeneigt
 ausnutzbar
 beeinflußbar
 verführbar
5. hörig

L. **Leistungsbild**
2. einsatzfreudig
 mutig
3. anpassungswillig
4. eilfertige Betriebsamkeit
 unökonomische Energiehaushaltung
 Mangel an Geduld
 mangelnde Genauigkeit und Gründlichkeit
 unzuverlässig
 unfähig zur Entspannung
 objektverfallen
5. unselbständig
 lebensuntüchtig

S. **Sonderformen**

in der Mittelzone rechtsläufig
M.3. auf der Suche nach Anschluß und
 Verständnis

Das Bewegungsbild

blumige Ausdrucksweise
betontes Unabhängigkeitsstreben
4. Flucht in mitmenschliche
   Beziehungen
   Tendenz zu vorschnellen
   Äußerungen
   nervöse Unsachlichkeit
   gedankenlose Umweltbejahung
   ungeduldig
5. Blendernatur

in der Oberzone rechtsläufig
G.4. geistig aggressiv
   mehr Geist als Gemüt
W.2. ehrgeizig
   herrschsüchtig
   (bei Überstreichungen)
   unbekümmerter
   Durchsetzungswille
   lebhafter, aber unbeständiger Wille
   (ohne Druck)
I.3. Streben nach Überlegenheit
   Streben nach Unabhängigkeit
4. Opposition gegen Einengung in der
   Familie
   jugendlicher Protest
M.3. positive Vaterbeziehung

rechtsläufig im Druck
W.4. rechthaberische Entschiedenheit
   eigenwillig
I.3. unbekümmerte Selbstbehauptung
   Bemühen um die Kraft der Selbstbehauptung
4. egoistische Abwehrhaltung
L.2. Bemühen um Steigerung der Lebens-
   tüchtigkeit

**rechtsläufig mit Druck nach schräg
unten**
W.4. rechthaberisch, eigensinnig
M.5. Neigung zur abwehrenden Kritik

**rechtsläufig nach schräg unten ohne
Druck**
F.4. entmutigt, enttäuscht
   depressiv

**rechtsläufig nach schräg unten ohne
Druck in der Unterzone**
M.4. negative Mutterbindung

rechtsläufige Arkaden
W.2. Zielsicherheit
4. Bewußtsein der eigenen Stärke
I.3. Selbständigkeit

rechtsläufige Girlanden
M.2. Nächstenliebe
   uneigennützig
   großzügig
4. unfähig, »nein« zu sagen
   nachgiebig

rechtsläufig bei Weite
W.2. entschieden
4. rechthaberisch
5. rücksichtsloser Durchsetzungswille

rechtsläufig verlängerte Anstriche
G.3. Meidung von Umwegen
   Utilitarismus
W.3. zielgerichtet
V.3. isoliert
F.3. Sehnsucht

**rechtsläufige Abbiegung in der Unter-
zone**
L.3. Verdrängung des Sinnlichen zugunsten der Leistung

**rechtsläufiges Einrollen statt
Schleifen**
M.5. versteckt rachsüchtig
   nachtragend

rechtsläufig abgebogenes d	4. rechthaberisch
I.3. Unabhängigkeitsdrang	W.2. Tatkraft, Durchsetzungswille
G.3. kopflastig, phantasielos, zukunfts-	4. widerspenstig
orientiert	unnachgiebig
	I.2. Drang nach Selbständigkeit
verminderte Rechtsläufigkeit	V.2. entsagungsfähig
A.2. führungsfähig	M.4. anpassungswillig
G.2. präzise Wahrnehmung	erbarmungslos
sicheres Urteil	L.3. profilierungsfähig

Die Linksläufigkeit Die *Linksläufigkeit* als rückläufige Bewegung ist die Umkehrung der Rechtsläufigkeit. Sie weist zurück auf das Ich und die Vergangenheit und ist ein Zeichen für Introvertiertheit, Besinnlichkeit, aber auch Besitzverhaftetheit, kurz für alle abgrenzenden Bestrebungen des Ich.

rechtsläufig

linksläufig

Als Linksläufigkeiten gelten alle Arten von Einrollungen, nach links gerichtete Bereicherungen und Abbiegungen, auch offen bleibende, nach links verlängerte Unterschleifen, alle Durchschleifungen (bei *b, f, a, g, d, t*) sowie alle fehlenden und abgebrochenen Schlußzüge. In solchen Stilmitteln zeigt sich raumsymbolisch ein ichbezogenes Streben, etwa der

Das Bewegungsbild

Geste des An-sich-Nehmens vergleichbar. Die Tendenz geht auf jeden Fall auf das Ich zurück. Dieses Ich steht mehr oder minder im Mittelpunkt allen Interesses, daher deutet die Schriftpsychologie die genannten Erscheinungen als Ausdruck von Eigennutz, Aneignungs- und Erwerbstrieb, Egoismus und Selbstbezogenheit. Harmlose ausschmückende Formen, vor allem in der Oberzone, entspringen wohl mehr reiner Bewegungsfreude und Funktionslust und deuten entsprechend auf Phantasie oder Geschwätzigkeit hin, in Verbindung mit dem Wunsch, das Ich ins rechte Licht zu rücken.

Je kleiner solche Verschnörkelungen und Kreise werden, desto mehr ist der Schreiber an egoistische Zielvorstellungen gebunden. Einrollungen an Anfangsbuchstaben oder auch in Unterschriften zeigen seine enge Verflochtenheit mit seinem Ich und seine Selbstbezogenheit und Geltungssucht.

Am häufigsten findet sich Linksläufigkeit bei eingeschlossenen *a, d, g, (o)* in der Mittelzone. Kreisende Bewegungen, die nicht vorwärts kommen, Spiegelzüge und Durchschleifungen sowie betonte Schleifenverknotungen verdienen eine ähnliche Bewertung. Sie deuten auf eine unterbrochene Umweltbeziehung sowie auf eine egozentrische Abwehrhaltung gegenüber den Mitmenschen hin. Alle linksläufigen Züge zeigen den Wunsch nach Selbstbewahrung an.

Abgebrochene Endungen gelten ebenfalls als linksläufig. Sie deuten jedoch eher auf Gehemmtheit als auf Selbstbezogenheit hin. Gleichermaßen können sie Selbstschutztendenzen und Schwierigkeiten im zwischenmenschlichen Bereich zum Ausdruck bringen, die den Schreiber zu mißtrauischer Vorsicht, Schüchternheit oder zu schnippischer Ablehnung veranlassen.

Linksläufige Züge finden sich häufiger in Frauen- als in Männerschriften, sie entsprechen der weiblichen Psyche mehr, daher sind sie auch, wenn es sich um eine weibliche Handschrift handelt, *nachsichtiger* zu bewerten. Gerade in subkortikalen Schriften finden sich häufig weiche, sanft ausklingende Linkszüge von ausgewogener Bewegung, die aller Härte und Schärfe entbehren. Solche Stilelemente verweisen auf den gesunden Egoismus einer gereiften Persönlichkeit, die bar aller Kleinlichkeit in ihrer Gefühlswelt oder in ihren Erinnerungen lebt. Diese Persönlichkeitsstruktur ist vor allem kontemplativen Naturen eigen.

A. **allgemeines Verhalten**
2. auf Autonomie bedacht
   individualistisch
   besinnlich introspektiv
   mediativ
3. introvertiert
   in sich gekehrt, rückwärts gewandt
   konservativ
   Sinn für Ästhetik
   besitzorientiert
   hortende Tendenzen
   geschäftstüchtig
   vorsichtig
   retrospektiv
   sicherheitsorientiert
   zurückhaltend
4. Zukunftsangst
   unzugänglich
   eitel
   vieldeutig
5. hinterhältig
   gerissen
   intrigant
   geheime Laster

G. **geistige Fähigkeiten**
2. fähig, Zusammenhänge zu durchdringen
   problembewußt
   gedächtnisstark
   rechnerisch begabt
   historisches Verständnis
3. nachdenklich
   berechnend
   ausweichend
   umständlich
   phantasievoll

4. Phantastik
   phrasenhaft
   geschwätzig
   zweiflerisch
   verbohrt
   verbissen
5. Tendenz zu Zwangsvorstellungen
   verlogen

W. **Willensbereich**
2. unternehmungslustig
   schwungvoll
   entschieden
   energiegeladen
3. unnachgiebig
   bewahrend
   behütend
   festhaltend
4. rücksichtslos
   heimliches Dominanzstreben

I. **Ich-Bereich**
3. durchsetzungsfähig
   sicherheitsbedacht
   gesund egoistisch
4. narzißtisch
   Tendenz zur Introjektion
   ängstliche Selbstbeobachtung
   subjektivistisch
   ängstliche Egozentrik
   auf den eigenen Vorteil bedacht
5. selbstsüchtig
   habsüchtig
   eitel und gefallsüchtig

F. **Fühlen, Gemüt**
2. beschaulich

Das Bewegungsbild

poetisch
verträumt, weltflüchtig
introspektiv
differenziert
3. schüchtern, zurückhaltend
scheu
verschwiegen
gehemmt
4. masochistisch
ressentimentgeladen
sentimental
unfähig, zu vergessen
Neigung zu Schuldgefühlen
Neigung zu Selbstvorwürfen
grüblerisch
mimosenhaft
skrupulös

V. **Vitalbereich**
2. bewegungsfreudig
4. geizig mit der eigenen Energie
selbstquälerisch
5. durch das Verbotene verlockt

M. **mitmenschlicher Bereich**
2. Familiensinn
anhänglich
mütterlich
3. schweigsam
verschlossen, in sich zurückgezogen
4. mangelnde Beziehungsfähigkeit
menschenscheu
empfindlich, leicht kränkbar
neidisch, mißgünstig
mißtrauisch
feige
nachtragend
Tendenz, andere einwickeln
zu wollen
5. undurchschaubar
unehrlich

verlogen
heuchlerisch
boshaft
dreist
heimtückisch, hinterhältig

L. **Leistungsbild**
2. penibel, gründlich
sammelnd
3. vergangenheitsorientiert
umständlich, langsam
4. langsam
faul
parasitär
besitzgierig
Schwätzer
verantwortungsscheu
5. habgierig
betrügerisch
kleptomanisch

S. **Sonderformen**

in der Mittelzone linksläufig
A.4. schöner Schein und anmutige
Fassade
I.3. naives Bedürfnis, im Mittelpunkt
zu stehen
4. egozentrisch
selbstverhaftet
Selbstbespiegelung
M.4. anpassungsschwierig
berechnend

Linksabbiegungen in der Oberzone
M.3. vergangenheitsbezogen

desgleichen in der Mittelzone
(mit Einrollung)
I.4. verdrängter Machttrieb
A.5. undurchschaubar
unaufrichtig

linksläufige Unterzone
M.3. kindheitsfixiert
   positive Mutterbindung
   4. Bindungs- und Sexual-
      schwierigkeiten

in die Mittelzone gebogene Anstriche
M.3. betont liebenswürdig

linksläufige Hinzufügungen in der
Oberzone (auch Einrollungen und
Verdrehungen)
G.3. haarspalterisch
   Wortverdreher
   4. Neigung zu verschrobenem Denken
I.4. eitel
   übertrieben stilbewußt
   prahlerisch
   Bluffer

Linksbogen mit scharfem Rechtszug
endend

sich zurücknehmen, um besser (aus
dem Hinterhalt) einen Gegenangriff
zu führen

nach links abgebogene D-Schleife
G.3. poetisch

desgleichen mit Gegenzug
M.5. Neigung, andere zu übervorteilen
   unseriös in Gelddingen

linksläufige Anfangsbuchstaben
M.3. vergangenheitsbezogen
   kindheitsfixiert
   starke Elternbindung

linksläufige Einrollungen am Ende
M.5. Tatsachenverdreher
   unaufrichtig
   verschlagen

nach links aufgebauschte übertriebene
Unterlängen in eckiger Form
L.4. männliche Eitelkeit
V.3. jugendliches Streben nach Männlich-
   beziehungsweise Weiblichkeit

nach links unten abgebogene Endstriche
(bei unsicherer Ausführung)
W.4. feige

desgleichen bei druckstarker Ausführung
W.5. rücksichtslos

nach links abgebogene Haken als
Arkade (statt Schleifen am Ende der
Unterzone)

M.3. bindungsunfähig
   4. unverbindlich

Rechtsverbiegungen im Zug nach links
V.4. Schuldgefühle
   unter der Last der Vergangenheit leidend

nach links aufgebauschte runde Schleife
V.4. triebhaft
   habgierig
   starke Sexualwünsche

nach links verwehte Schleife
I.4. leicht zu entmutigen

M.4. leicht verführbar
    beeinflußbar

nach links geschwungene runde Schale
(statt Schleife)
V.2. enge Beziehung zum
    kollektiven Unbewußten

3. urmütterlich
    empfänglich für die Werte
    alter Kulturen

nach links gerichtete scharfe
eckige Spitze
V.4. uneingestandene Reizbarkeit

Die Eile Jeder Mensch zeigt in seinen Reaktionen und Bewegungen ein bestimmtes Tempo. Der eine ist schwerfällig und langsam, der andere rasch und beweglich. Dieses Eigentempo ist seine persönliche Geschwindigkeit, die er ein Leben lang beibehält und die sich auch in seiner Schreibweise niederschlägt. Zwar ist das Schreibtempo nicht meßbar, aber es läßt sich aus bestimmten Merkmalen erschließen. Solche Anzeichen sind: ein zügiger Strich und ein flüssiger Ablauf, voreilige, ungenaue Oberzeichen, wechselnde Rechtsneigung und Weite, seltener Richtungswechsel, scharfe Schrift und steigende Zeile, Vernachlässigung und Eilefäden, besonders am Schluß, ein hoher Verbundenheitsgrad und ein breiter werdender Linksrand.

Finden sich die erwähnten Merkmale, so wirkt die Schrift insgesamt flott, zügig, flüssig, lebhaft, expansiv, hastig und fahrig. Die Abschleifungen sind stärker, und die Tendenz zum Faden ist deutlich sichtbar. Starke Rechtsgeneigtheit ist dabei manchmal ein täuschendes Merkmal, überhaupt sollte man ein hohes Schrifttempo nur dann konstatieren, wenn es aufgrund einer Anhäufung von Symptomen signifikant ist. Ein mittleres oder gemäßigtes Tempo ist für die Deutung irrelevant, in erster Linie sagt die *Eile* etwas über den Charakter eines Menschen aus. Für solche Menschen ist ihr Ziel wichtiger als etwa entgegenstehende Hindernisse. Die Schreibbewegung strebt von etwas weg, aber auch auf etwas hin. Solche Schreiber suchen die existentielle Verwirklichung von Möglichkeiten auf dem raschesten Wege. Daher ist die eilige Schreibbewegung auch Ausdruck der Antriebe und Reaktionen. Im allgemeinen ist der diagnostische Wert der *Eile* beträchtlich geringer als der der anderen Merkmale.

132   4. Die Analyse der Einzelmerkmale

Dennoch entspricht das lebhafte motorische Geschehen beim eiligen Schreiben einer seelischen Befindlichkeit, und zwar im Sinne eines vorwärtsdrängenden Temperaments oder innerer Unruhe. Wer schnell schreibt, steht unter Zeitdruck und will schnell fertig werden, es kann ihm offenbar nie schnell genug gehen. Seine oder ihre lebhaften Antriebe führen zu einer relativ ungesteuerten und ziellosen emotionalen Entladung in Form von Spontaneität, Impulsivität und erhöhter Reizbarkeit.

Ursache der *Eile* ist entweder ein besonders rasches und flexibles Denken oder ein stark ausgeprägter Verwirklichungsdrang. Auch innere Unruhe, Betriebsamkeit, Flüchtigkeit, Hast und Aufgeregtheit können zur *Eile* führen. Ist die *Eile* durch *Druck* gebremst, schließt man daraus auf energische Initiative. Bei *Eile* und gleichzeitiger *Versteifung* – an sich gegensätzliche Merkmale – muß man Heftigkeit, Reizbarkeit oder gar Explosivität annehmen. Übermäßige, fast zur Unleserlichkeit führende *Eile* weist auf unruhige Gereiztheit oder seelische Verödung hin.

A.	allgemeines Verhalten	5.	unstet
2.	aktiv		treulos
	lebhaft		
	geschäftig	G.	**geistige Fähigkeiten**
3.	aktivistisch	1.	initiativ
	ungehemmt		rasch und flexibel
	außenorientiert		rasche und spontane
	sorglos		Auffassung
4.	leichtblütig		spontane Reaktion
	leichtfertig	2.	flexibel im Denken
	unvorsichtig		schlagfertig
	veränderlich		vorausblickend
	flatterhaft		weiter Horizont
	wankelmütig	3.	abstraktionsfähig

Das Bewegungsbild

clever (bei
   Oberzoneneinbindung)
vorschnell urteilend
4. gedankenlos
flach
unbeständig
überhastet
nicht gründlich
unüberlegt
fahrig
5. chaotisch
planlos

W. **Willensbereich**
1. aktiv
forsch
2. zielstrebig
voll Elan
unternehmungslustig
3. entschlußfreudig
eifrig, emsig
strebsam
4. verantwortungslos
unbeständig
5. labil

I. **Ich-Bereich**
2. optimistisch
3. selbstsicher
4. selbstvergessen

F. **Fühlen, Gemüt**
4. Strohfeuernatur
ungeduldig, nervös
oberflächlich
flatterhaft
launenhaft

V. **Vitalbereich**
2. lebhafte Antriebe
impulsiv
temperamentvoll

3. hoffnungsvoll
leichtblütig
4. ablenkbar, verführbar
reizbar
heftig, erregbar
hastig
übereifrig
5. gehetzt

M. **mitmenschlicher Bereich**
2. nie um eine Antwort verlegen
3. redselig
4. Neigung zum Bluffen

L. **Leistungsbild**
1. einsatzbereit
sehr schnell
2. emsig, regsam
beweglich
elastisch
routiniert
erfolgreich
ansteckend dynamisch
3. anstellig, geschickt
rührig
betriebsam
geschäftig
rastlos
unter dem Diktat der Uhr stehend
4. hastig
unfähig zur Muße
immer beschäftigt
überlastet
ungeduldig
überstürzt
nervös, gehetzt
abwechslungssüchtig
unbeständig
rekordsüchtig
5. unrealistisch
undurchschaubar
unzuverlässig

Die Langsamkeit Wer langsam schreibt, kommt auch zum Ziel. Meßbar ist die langsame Schrift ebensowenig wie die eilige, doch gibt es Merkmale, die deutlich auf ein langsames Tempo hinweisen: Tendenz zur Schulmäßigkeit, genaue Oberzeichen, genaue Formgebung, sorgfältige Ausführung von Nebenteilen, Tendenz zur Enge und Unverbundenheit, häufiger Richtungswechsel, Deckstriche, gerade Ränder, regelmäßiger Druck; auch Steilheit oder Linksgeneigtheit, geringe Längenunterschiede und vermehrte Linkszüge können ein Hinweis auf Langsamkeit sein.

Striäre Einflüsse und Schreibungewandtheit führen zu langsamem Schreiben. Die Schrift wird dann insgesamt müde, träge, schlaff, bedächtig, wenig zügig, gehemmt, unsicher und stockend.

Ein Langsamschreiber verfolgt seine Ziele bedächtig und gelassen, daher wirkt er beschaulich, kontemplativ, ruhig, gleichmütig und besonnen. Umgekehrt kann seine Bedächtigkeit zu Passivität erstarren, so daß er phlegmatisch, schwerfällig, schwerblütig und abgestumpft erscheint.

Das Bewegungsbild 135

Die Motorik des Langsamschreibers entspricht unmittelbar seiner seelischen Konstitution; häufig mangelt es ihm an Kraft oder an Lebendigkeit der Antriebe. Solche Menschen haben die Ruhe weg, nehmen sich Zeit, überstürzen nichts, zwingen sich zur Geduld und neigen wenig zu spontanem oder raschem Handeln. Was immer sie tun, sie tun es mit Bedacht, gründlich, sorgfältig und gewissenhaft. Je langsamer man agiert, desto mehr Zeit bleibt zum Überlegen. Nicht selten spielt auch der Hang zu Bequemlichkeit oder gar Faulheit eine Rolle.

Zusätzliche *Versteifung* der Schrift deutet darauf hin, daß der Schreiber gestaut, gehemmt, ängstlich und leicht verzagt ist.

A.	allgemeines Verhalten			Tatsachensinn, realistisch
2.	gleichgültig			bedächtig
	gelassen		4.	langsame Auffassung
	bedächtig			schwerfällig im Denken
	ruhig			Mangel an Spontaneität
	besonnen			begriffsstutzig
	kontrolliert			wenig schlagfertig
	beständig			Mangel an Initiative
3.	konservativ			eingleisig
	korrekt		5.	unbeweglich
	zaghaft			starr, verbohrt
4.	unflexibel			interessenlos
	phlegmatisch			
	pedantisch		W.	**Willensbereich**
	furchtsam		2.	stabil
				beharrlich
G.	geistige Fähigkeiten			stetig
2.	beobachtungsbegabt		3.	zaudernd
	umsichtig			gebremst
	sorgfältig			unschlüssig
	gesammelt		4.	willensschwach
	nicht ablenkbar		5.	starr
	vorsorgend			untätig
3.	reflektiv			
	tiefschürfend		I.	**Ich-Bereich**
	anschaulich im Denken		2.	kontolliert

136   4. Die Analyse der Einzelmerkmale

3. selbstbeherrscht
4. befangen,
   voreingenommen
   wenig selbstbewußt
   (bei Druckschwäche)
   unsicher
   furchtsam

F. **Fühlen, Gemüt**
2. behaglich
   beschaulich
3. innerlich gesammelt
   geruhsam
4. melancholisch
   pessimistisch
   gedrückt
   unfroh
5. apathisch
   lethargisch

V. **Vitalbereich**
3. schwerfällig
   schwerblütig
4. antriebsschwach
   gehemmt
   indifferent
   unlebendig
   kompliziert
   schlaff
   gequält
   passiv

5. indolent
   stumpf

M. **mitmenschlicher Bereich**
2. anhänglich, treu
3. geduldig
4. emotional träge
   interessenlos
   schwerfällig
   temperamentlos
5. berechnend
   falsch

L. **Leistungsbild**
2. langsam, aber gründlich
   verantwortungsbewußt
3. gründlich im Detail
   verläßlich
   systematisch
   unflexibel
4. umständlich
   eingefahren
   behäbig
   phlegmatisch
   antriebslos
   leicht ermüdbar
   bequem (bei Völle)
5. unbeweglich
   kraftlos
   träge
   faul

Die Lockerheit Strenggenommen ist die *Lockerheit* einer Schrift kein eigenes Merkmal, sie bildet den Gegenpol zur *Versteifung*. Man könnte auch sagen, Lockerheit ist die durch eine (zu) geringe Muskelspannung gekennzeichnete schwächere Spielart der Versteifung. Die Bewegungen sind dabei weich, vor allem in der Mittelzone, bei *m, n,* und *u*-Folgen, die Schrift wirkt fließend, glatt, geschmeidig, ungezwungen, gleichzeitig aber auch rhythmisch und gut koordiniert,

Das Bewegungsbild

allerdings nicht ausgesprochen regelmäßig. Scharfe Winkel kommen nicht vor, auch kein ausgesprochener Faden. Aber dazwischen liegen kurvige Bindungsformen, vor allem natürlich Girlanden. Man spürt eine gewisse Leichtigkeit der Bewegung, die Hin- und Herbewegungen sind fließend, der innere Zustand des Schriftbildes entspricht einer Gelöstheit, die nichts Besonderes erwartet und sich dem inneren und äußeren Geschehen einfach hingibt, ohne den Versuch zu machen, es nachhaltig zu beeinflussen. Die Motorik wird kaum kontrolliert, und die Bewegungen erfolgen unmittelbar und ohne bewußte Steuerung.

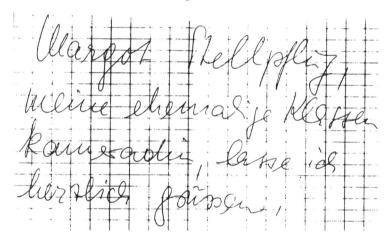

Diese im Schreibstil sichtbar werdende Haltung läßt sich generell auch auf die Persönlichkeit des Schreibers übertragen. Die *Lockerheit* deutet auf einen völlig ungehemmten Menschen hin, der ohne irgendwelche Skrupel und Bedenken seine jeweiligen Impulse auslebt.

Ist die *Lockerheit* von einem starken *Antrieb* begleitet, so sprechen wir von *Gelöstheit.* Dieser Stil ist typisch für Menschen, die sich natürlich und ungebunden, selbstverständlich und angemessen in ihrer Umwelt bewegen. Sie sind häufig flexibel und voller Elan, hingabefähig und belastbar. Fehlt es jedoch an einem kräftigen Antrieb, wird das Schriftbild unruhig und ungleichmäßig, und die *Gelöstheit* geht so weit, daß sie nur noch als Ausdruck mangelnder Selbstkontrolle und als Hinweis auf Indifferenz, Willensschwäche, Nachgiebigkeit, Kraftlosigkeit und Nachlässigkeit interpretiert werden kann. Ein solcher Mensch ist ein Spielball der diversen Reize aus der Umwelt.

Die Lockerheit entspricht negativ dem *Versteifungsgrad I* und positiv dem *Versteifungsgrad II* der Pophalschen Tabelle (siehe dazu S. 143 f.), wobei die Übergänge zwischen beiden Abstufungen fließend sind.

Sie will mir eine Bluse anziehen.

A.	allgemeines Verhalten	4.	Spannkraft und Festigkeit
2.	gelöst		wenig ausdauernd
	natürlich, zwanglos, ungebunden		Mangel an innerem Halt
	ausgeglichen		Mangel an Willenskraft
	unverwüstlich		mangelnde Disziplin und Selbstbe-
3.	unkompliziert		herrschung
	unbekümmert, sorglos		schlaff, widerstandslos
	aufgeschlossen		zucht- und disziplinlos
	nonchalant	5.	ohne Rückgrat, labil
	robust		
4.	wankelmütig	F.	Fühlen, Gemüt
	unstet	2.	gemüthaft, gefühlvoll
5.	gesinnungslos		seelisch ansprechbar und
	charakterlos		beweglich
		3.	leicht beeindruckbar
G.	geistige Fähigkeiten		leichten Stimmungsschwankungen
1.	ursprünliche, noch ungeformte Krea-		unterworfen
	tivität	4.	sentimental
4.	Konzentrationsschwäche		nachgiebig
	fahrig, flüchtig, zerfahren		beeinflußbar bis zur Verfügbarkeit
W.	Willensbereich	V.	Vitalbereich
2.	Elan, Schwung	2.	spontan

antriebslebhaft	schmiegsam
3. weich	konziliant
anpassungsfähig	anpassungsfähig
4. vital geschwächt und gestört	3. naiv, arglos
nicht besonders	lenkbar und biegsam
widerstandsfähig	4. geringes Einfühlungsvermögen
innerlich unruhig und richtungslos	veränderlich, wetterwendisch
Mangel an seelischer Differenzierung	
seelisch zurückgeblieben	L. **Leistungsbild**
5. den eigenen Impulsen ausgeliefert	2. beweglich und schnell
hemmungslos, haltlos	3. psychisch flexibel und belastbar
infantil	4. lasch
primitiv	ungenau, ungründlich
	5. plan- und ziellos
M. **mitmenschlicher Bereich**	nachlässig
2. hingebungsfähig	unzuverlässig

Die Versteifung *Versteifung* meint Erstarrung der Schrift durch übermäßige Muskelanspannung. Sie entspricht unmittelbar einer auch psychischen Spannung, die zur Anspannung der Muskulatur führt. Es gibt zwei Spielarten der *Versteifung:* die *striäre* (= unwillkürliche) und die *kortikale* (= willkürliche).

Die *striäre Versteifung* ist Folge einer unwillkürlichen Einengung des Bewegungsablaufs und daher immer unregelmäßig. Die Schrift wirkt dabei steif, holperig, sperrig, spröde, eckig, abgehackt, unsicher und manchmal sogar verzittert. Ihr Rhythmus und die Bewegungskoordination sind gestört. Winkel und Arkaden sind in der Ausführung unregelmäßig, der Verbundenheitsgrad ist gering. Versteifungen dieser Art sind konstitutionell bedingt und lassen sich daher im allgemeinen nicht korrigieren. Dieser Typus der Versteifung resultiert aus vitaler Schwäche, die Hemmungen sind so stark, daß gewisse Impulse sich erst gar nicht durchsetzen können. Innere Unsicherheit oder mangelndes Vertrauen in die eigene Antriebskraft können die Schrift spröde oder zähflüssig werden lassen. Auch mangelnde Schreibreife kann der Grund für *Versteifung* sein. In einem solchen Fall muß der Schriftpsychologe in der Deutung sehr zurückhaltend sein.

Ansonsten ist die *striäre Versteifung* ein Hinweis auf einen Mangel an Stabilität und Kraft, auf Anpassungsstörungen, Gehemmtheit, verkrampfte Haltung, mangelndes Durchsetzungsvermögen, Unsicherheit, die Unfähigkeit, sich zu entspannen, und schließlich Frustration und Resignation. Menschen dieser Art fehlt psychische Flexibilität, sie können sich nicht so mitteilen, wie sie möchten, teilen ihre Kräfte unökonomisch ein, sind spröde oder schroff und fühlen sich ewig unverstanden und benachteiligt. Ihnen ist kaum zu helfen.

Anders ist die *kortikale Versteifung* zu bewerten. Sie ist bis zu einem gewissen Grad willkürlich erzeugt und verfolgt ein Ziel. Der Schreiber möchte seine ursprünglichen Antriebe in ganz bestimmter Weise beherrschen und lenken. Die kortikale Versteifung ist die Voraussetzung für feste Formen, für Regelmaß und individuell gestaltete Buchstaben. Dabei steht die bewußte Haltung im Vordergrund, aber auch der Gedanke an die Wirkung auf den Leser. Sie ist weiterhin ein Zeichen von Förmlichkeit und Disziplin. Der Schreibende ordnet seine natürlichen Impulse einem Zwang unter, der ihm einen zusätzlichen Halt geben soll. Bei gleichzeitiger Linksläufigkeit ist ein erhöhtes Bemühen um Selbstschutz und Selbstbehauptung anzunehmen. Versteifungszüge mit reaktiven Einschlägen kennzeichnen den typischen Nein-Sager. Solche Menschen schotten sich ab, sind trotzig, verstockt und unnachgiebig und nehmen grundsätzlich eine Abwehrhaltung ein.

In der Oberzone sind die kortikalen Versteifungsmerkmale feingliedriger, reduziert und vereinfacht. Die sich darin ausdrückende Prägnanz weist auf geistige Selbständigkeit und eine hochentwickelte Rationalität hin. Kommen zur Versteifung bewußte Gestaltungstendenzen hinzu, sind sie nach dem Darstellungsprinzip zu beurteilen.

Wenn das regulierende Prinzip überhandnimmt, erstarrt es zu Selbstzweck und Formalismus. Bei Menschen dieses Typs schlägt Pflichtgefühl in bloße Akkuratesse um, Gewissenhaftigkeit in Pedanterie und Beschränkung in Beschränktheit, ihre innere Erstarrung wird zur undurchsichtigen Maske. Von da aus ist es nicht weit zu völliger Verkrampftheit und zu Formauflösung und Formzerfall einer sich desintegrierenden Psyche.

A.	allgemeines Verhalten		zielgerichtet im Denken
1.	hat Haltung	4.	ungenau
	Gleichmut		unstet im Denken
	Gemessenheit		ungewandt im Denken
	Stilbedürfnis	5.	beschränkt
2.	besonnen		
	akkurat	W.	**Willensbereich**
	korrekt	1.	innerlich stabil
	maßvoll	2.	selbstdiszipliniert
3.	um Unauffälligkeit bemüht		beständig
	förmlich		standhaft, zäh
	farblos		widerstandsfähig
4.	unnatürlich		unablenkbar
	verkrampft	3.	kontrolliert
	verknöchert		hart und streng
	innerlich zerrissen		unbeugsam
5.	cholerisch		nach Unabhängigkeit strebend
	exzentrisch	4.	ohne Ausdauer
	primitiv		eigensinnig
			zur Abwehr neigend
G.	**geistige Fähigkeiten**		trotzig
1.	kreativ		schroff
	künstlerisch interessiert		Mangel an Kraft und
	geistig selbständig und eigenwillig		Zielbestimmtheit
2.	wachsam	5.	halsstarrig
	konzentriert		unwandelbar
	sachlich		
	logisch denkend	I.	**Ich-Bereich**
3.	rational	1.	um Selbstentfaltung bemüht
	nüchtern	2.	Selbständigkeitsdrang

natürliches Selbstvertrauen
innerlich ausgeglichen
3. Selbstschutz, Selbstsicherung
4. innerlich unsicher
permanenter psychischer
Mobilmachungszustand
ichverhaftet
affektiert
innerlich haltlos
resigniert
5. exzentrisch

F. **Fühlen, Gemüt**
2. auf Ästhetik Wert legend
3. schüchtern, ängstlich
4. spröde
zwiespältig
nach eigenem Selbstverständnis
unverstanden oder benachteiligt
leicht erregbar
geladen, reizbar
nervös, explosiv
5. ständig gekränkt

V. **Vitalbereich**
1. stark
sicher
regenerationsfähig
2. vital ausgeglichen
ausdauernd
4. unfähig, sich abzureagieren
gestört
unökonomisch in der
Energiehaushaltung
gehemmt, unlebendig

innerlich lahm
5. unnachgiebig, verstockt
undurchdringlich
maßlos,
innerlich anarchistisch

M. **mitmenschlicher Bereich**
2. hingebungsfähig
3. vorsichtig
mißtrauisch
4. Mangel an Natürlichkeit und Unmittelbarkeit
unfähig, sich mitzuteilen
kontaktgestört
Anpassungsschwierigkeiten
anpassungsunwillig
kompromißabgeneigt
5. unbeugsam
unduldsam
widerspenstig
unberechenbar
falsch

L. **Leistungsbild**
1. präzise
2. pflichtbewußt
formbar
supergenau
3. psychisch belastbar
anspannbar
4. immer Schwierigkeiten
erwartend
pedantisch
unordentlich
ziellos

Versteifungsgrade In dem jeweiligen Versteifungsgrad einer Schrift offenbart sich dem Schriftpsychologen das Verhältnis von Antriebs- und Steuerungskräften des Probanden. Je nach dem Ursprungsort der entsprechenden Schreibbewegung im Gehirn spricht man von *pallidär, kortikal, subkortikal* beziehungsweise *striär bestimmten Versteifungsgraden.*

Das Bewegungsbild

143

Versteifungsgrad I
(pallidär bestimmt)
mangelnde Hemmung
graphische Merkmale:
schlaff, unelastisch, spannungslos
salopp, fahrig, lasch, schlampig
ungezügelt, hemmungslos
ausfahrend, unsicher

Formvernachlässigung, ungeformt

Deutungen:
A.5. keine Haltung, ohne Rückgrat
infantil
G.4. planlos, fahrig
W.5. willensschwach, wankelmütig
I.4. pseudoautonom
V.5. unkoordinierte Antriebe
hemmungslos
L.4. diffuser Aktivismus
schnell ermüdbar

Versteifungsgrad II
(subkortikal bestimmt)
zweckmäßige Enthemmung
graphische Merkmale:
fließend, zügig, flüssig, glatt

schlank, geschmeidig, elastisch
schwingend, vibrierend
graziös, rund, weich, biegsam
anmutig

fließende Form

Deutungen:
A.2. natürlich
heiter, gelöst
anmutig
W.3. ökonomischer Umgang mit den
eigenen Kräften
I.3. in sich ruhend, sicher
V.2. seelisch flexibel
locker, beweglich
biegsam
M.2. anpassungsfähig
einfühlsam, mitfühlend
4. beeinflußbar

Versteifungsgrad III
(kortikal bestimmt)
zweckmäßige Hemmung
graphische Merkmale:
zügig, fest, gehalten, bestimmt
straff, federnd, dynamisch
schnell

sichere Formgestaltung

Deutungen:
A.3. maßvoll, ernst
gezügelt
W.3. gesetzestreu
beständig, stabil
widerstandsfähig
bestimmt
I.2. selbstbeherrscht
V.2. gesammelt
M.3 vernünftig, anpassungsfähig

144   4. Die Analyse der Einzelmerkmale

Versteifungsgrad IV a
(kortikal bestimmt)
mangelhafte Enthemmung
graphische Merkmale:
gespannt, unelastisch
hart, eckig
starr, monoton, unlebendig
 	
Formverfestigung
	Deutungen:
	G.4. überspannt
	     beschränkt
	W.3. beharrlich
	  4. unbeweglich
	     eigensinnig
	I.3. durchsetzungsfähig
	V.3. verhalten
	  4. seelisch unflexibel
	M.4. anpassungsunwillig
	     hart
	     unduldsam
	     verspannt

Versteifungsgrad IV b
(striär bestimmt)
unzweckmäßige Hemmung
graphische Merkmale:
steif, spröde, stockend, unschlank
brüchig, lahm, gestaut
undynamisch, gefroren
unsicher, klebrig
viskös, kraftlos
tot, verglast
 	
Formerstarrung
	Deutungen:
	I.4. selbstbezogen
	V.4. empfindlich
	     gezwungen
	     unsicher
	     langsam
	     ängstlich
	     leicht kränkbar
	     innerlich lahm
	M.4. pseudoanpassungsfähig
	     verschlossen
	     spröde

Versteifungsgrad V
(pallidär bestimmt)
unzweckmäßige Enthemmung
graphische Merkmale:
 	
überstark verkrampft
zerstückt, zerhackt
zittrig, ausfahrend, torkelnd
springend, abrupt
eckig, spitzig
 	
Formzerfall
Formauflösung
	Deutungen:
	A.5. Mangel an Haltung
	     verkrampft
	     Neigung zu unschicklichem
	       Benehmen
	W.5. willensschwach
	     den Umweltreizen ausgeliefert
	  4. wenig ausdauernd
	V.3 überbesorgt
	  4. aufgeregt
	     unter innerem Druck stehend
	     reizbar, heftig
	     ablenkbar
	M.5. anpassungsunfähig

Der Ablaufrhythmus Der Begriff *Ablaufrhythmus* ist in der Schriftpsychologie nicht eindeutig definiert. Einige Autoren verstehen darunter *Ebenmaß/Unebenmaß* im Ablauf der Bewegung (H. Pfanne), andere den reinen *Bewegungsrhythmus* (W. H. Müller und A. Enskat). Daneben gibt es die Termini *Formrhythmus* und *Verteilungsrhythmus*, die sich auf das Eben- oder Unebenmaß in der *Formgebung* beziehungsweise in der *Verteilung* beziehen.

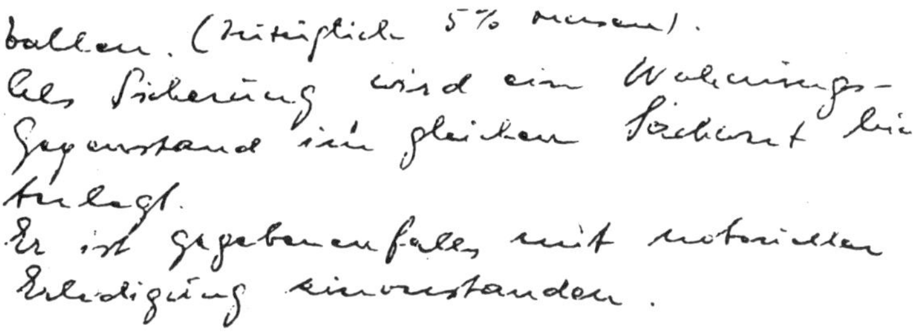

Ludwig Klages stellt den Rhythmus dem Takt gegenüber. *Rhythmus* ist für ihn Leben, Ursprünglichkeit, Reichtum, Fülle, Individualität und Eigenart, *Takt* bedeutet ihm Mechanisierung, Leere, Banalität und Monotonie. Das Charakteristische eines Schriftrhythmus' ist daher das individuell bestimmte elastische Hin und Her der Bewegung. Natürlich spielen auch Form und Raum für den Ablaufrhythmus eine Rolle, aber das entscheidende Kriterium ist die *Bewegung* selbst. Ihre Einstufung ergibt sich aus der Beurteilung der Bewegungsfolge und des gesamten Bewegungsgefüges. In diesem Zusammenhang ist auch die *Versteifung* wichtig.

Der *Ablaufrhythmus* kann ausgeprägt, schwach oder gestört sein. Für die Deutung ist er nur dann wesentlich, wenn er sich einwandfrei erkennen läßt. Bei einem ausgeprägten Bewegungsbild wirkt die Schrift fließend, glatt, schwingend, gelassen, ungehemmt und dynamisch. Das Verhältnis zwischen Antrieb und Steuerung ist annähernd ausgeglichen.

Das gleichmäßige und ungestörte motorische Geschehen zeugt von einem harmonischen Seelenleben, von äußerer wie innerer Gelassenheit und Verläßlichkeit. Ein gleichmäßiger Ablaufrhythmus entsteht aus einer optimalen psychophysischen Feinabstimmung zwischen Antrieb und Widerstand. Ist der Widerstand stark, muß der Antrieb um so stärker sein, bei geringem Widerstand ist schon ein relativ schwacher Antrieb ausreichend, um das innere Gleichgewicht herzustellen und Instinktsicherheit zu gewährleisten. Der *gestörte Ablauf* zeigt ein unausgewogenes Verhältnis von Antrieb und Widerstand. Überwiegt der Antrieb und die Zügelung ist schwach, entstehen ausfahrende, explosive Bewegungen. Ist der Widerstand hingegen stärker als der Antrieb, wird die Bewegung ungleichmäßig, gehemmt bis verkrampft (siehe Beispiel unten). Die Folge ist ein Eindruck allgemeiner Unruhe. Der ungleichmäßige Ablauf deutet darauf hin, daß der Schreiber wahllos allen möglichen Reizen und Impulsen ausgeliefert und aus dem inneren Gleichgewicht geraten ist, sein Selbstwertgefühl ist gestört, und er ist nicht Herr seiner Affekte. Einem solchen Menschen gelingt es nicht, seine elementaren inneren Strebungen miteinander in Einklang zu bringen, und wenn er nicht wenigstens mit dem Willen noch regulierend eingreifen kann, was sich in zunehmender Taktierung des Schriftbildes ausdrücken würde, so überwiegt bei ihm das permanente innere Chaos.

Zusammenfassend sei darauf hingewiesen, daß der Vorgang des Schreibens nicht allein vom vitalen Rhythmus gesteuert wird, sondern gleichermaßen Ausdruck kortikaler Lenkung ist. Demzufolge kann der *Ablaufrhythmus* einer Schrift nie ausschließlich Ausdruck von Vitalität und Lebensfülle sein. Es zeigt sich darin vielmehr das Strukturbild der Persönlichkeit, das sich aus dem Verhältnis von Vitalschicht und Geistebene,

Das Bewegungsbild 147

Tiefenschicht und personaler Schicht, Gefühl und Verstand,
Ich und Umwelt ergibt und in dem die Mannigfaltigkeit und
Differenzierung der geistig-seelischen Struktur des betreffen-
den Schreibers aufscheint.

ausgeprägte Ausgewogenheit in der Bewegung	ausgeprägter Ablaufrhythmus (ausgeprägte Bewegung)
A.2. Grundstimmung eher optimistisch	A.2. flexibel
3. unkompliziert	G.2. gelehrig
W.3. ausgeglichen	bildsam
stabil	F.3. wandelbar
F.2. gleichmütig	lenkbar
4. gleichgültig	prägbar
V.2. ausgeglichene Antriebsstruktur	M.3. anpassungsfähig
seelische Harmonie	L.3. umstellungsfähig
3. unproblematisches Zusammenwirken von unbewußten und bewußten Kräften	biegsam
4. nicht sehr differenziert nicht sehr aufgeweckt	**betonte Bewegung**
M.3. einordnungsfähig	I.3. subjektivistisch
L.3. flexibel	Vorliebe für Anschaulichkeit
	wenig Interesse an abstrakten Gegenständen

148   4. Die Analyse der Einzelmerkmale

V.3. gefühls- und trieborientiert
       sinnlich
       trotz mangelnder Gestaltungskraft
       im Wesen echt
       den eigenen Impulsen unterworfen

regelmäßig getakteter Ablauf
A.4. Mangel an Natürlichkeit
W.2. Glauben an die Allmacht des Willens
       auch im Einsatz gegen die eigene
       Person
       äußerst selbstdiszipliniert
   3. unter permanenter Willenskontrolle
I.3. fähig zur Selbstbehauptung
V.4. wegen Überbetonung des Willens-
       aspektes seelisch unflexibel

durchgeistigte Schrift
I.4. nervöse Selbstkontrolle
F.2. sensibel, feinfühlig
   3. dünnhäutig, feinnervig, empfindlich
   4. mimosenhaft
       irritierbar
   5. degenerationsbedingte Labilität

ebenmäßger, aber unruhiger Ablauf
A.4. labil
       disharmonisch
I.4. schwankendes Selbstwertgefühl
       Mangel an innerem Gleichgewicht
F.3. empfindsam
   4. sensibel, stimmungsabhängig
       innerlich unruhig
       unausgeglichen
       irritierbar, störbar, ablenkbar

nur leichte Ablaufstörungen
G.3. aufgeschlossen
       beeinflußbar
F.2. emotional
       erlebnisfähig, lebendig
   3. empfindsam, beeindruckbar

       feinfühlig, sensibel
   4. störbar, ablenkbar
M.2. einfühlsam
L.4. unflexibel

gestörter Bewegungsablauf
(unausgewogen)
A.4. eher pessimistisch
       überkompliziert und -differenziert
W.4. widersprüchliche,
       unbewußte Tendenzen
I.4. tiefgreifende Störungen des Selbst-
       wertgefühls
       unzufrieden
       latentes Gefühl des Ungenügens
V.4. aggressiv
       unausgeglichenes Temperament
       unruhig und reizbar
       nervös
   5. abnorme Erregbarkeit
       destruktiv
M.4. Mangel an Vertrauen
L.5. Leistungsverweigerer

unausgeprägte Bewegung
A.4. wenig entwicklungsfähig
G.5. unfähig, aus Erfahrungen zu lernen
W.4. kraftlos
V.4. lahm
M.4. nur begrenzt anpassungsfähig
L.4. wenig originell
       stagnierend

monotoner, unelastischer Ablauf
G.4. uninteressiert
I.4. gehemmt
F.4. Mangel an Innerlichkeit und Gemüt
       abgetötetes Innenleben
       verdrängtes Gefühlsleben
       unlebendig
   5. psychisch erstarrt und träge
M.5. teilnahmslos

Das Raumbild 149

L.4. unselbständig
    stur

lebhaft ausfahrender Ablauf
A.3. impulsiv
  4. vorwärtsstürmend
G.4. sprunghaft
F.4. emotional, affektiv
  5. explosiv, eruptiv
M.5. launisch
L.5. unberechenbar

gehetzter Ablauf
G.4. konzentrationsschwach
    flüchtig und fahrig
W.4. Mangel an unbewußt steuernder
    Kraft
  5. Mangel an innerem Halt
V.4. fehlender innerer Ruhepunkt

    getrieben
    unstetige Spannkraft
  5. zerfahren, hemmungslos
    innerlich aufgelöst
M.4. verführbar
L.4. überhetzt

verkrampfter, unelastischer Ablauf
A.4. Mangel an innerem Gleichgewicht
W.4. verkrampft, reaktiv
I.4. unsicher
    geringes Selbstwertgefühl
    unausgeglichen
F.3. empfindsam
    beeindruckbar, empfindlich
V.4. Mangel an innerer Spannkraft
    irritierbar
    verletzlich
M.4. gehemmt

Das Raumbild

Die Größe   Unter *Größe* versteht man in der Graphologie die Länge der Kurzlängengrundstriche, sobald sie beim Schreibgeübten 2,5 und beim Schreibungeübten 3 Millimeter übersteigt. Gemessen wird dabei nicht die vertikale Ausdehnung des Strichs, sondern seine wirkliche Länge. Frauen schreiben im allgemeinen etwas größer als Männer, das sollte man bei der Deutung mitbedenken. Überhaupt ist die Schriftgröße eines der variabelsten Merkmale und deshalb häufigen Änderungen unterworfen. Man sollte daher *vor* einer Deutung feststellen, ob die G*röße* auch persönlichkeitsspezifisch ist.

Die räumliche Ausdehnung einer Schrift weist – wie die übrigen Merkmale – auf die psycho-physischen Strebungen des Schreibers zurück. Für die schriftpsychologische Ausdeutung der Schriftgröße ist die mittelpunktflüchtige Bewegung der Schrift entscheidend, die sich nach außen ausdehnt. Der Schreiber braucht auf dem Papier wie im Leben Platz. Die Bewegung mit der großen Ausschlagweite weist unmittelbar auf einen kräftigen Antrieb, manchmal gar auf eine expansionistische Haltung hin. Wer große Bewegung erzeugt, will seine Kraft und Energie ausdrücken. Solche Menschen neigen zur pathetischen Geste und setzen all ihren Schwung und ihre ganze Tatkraft ein, um ihre Ziele zu erreichen. Sie fassen auch weit entfernt liegende Ziele ins Auge, was auf Begeisterungsfähigkeit, Großzügigkeit und Beschwingtheit hinweist, gelegentlich auch auf einen unterentwickelten Wirklichkeitssinn. Großschreiber sind im allgemeinen sehr selbstbewußt. Ob dieses Selbstwertgefühl immer echt ist, sei dahingestellt. Auch ihre Einsatzbereitschaft ist sehr groß, das zeigt schon die *Höhe der Mittelzone,* in der sich die persönliche Sphäre, das Gemüt, also das seelische Zentrum der Persönlichkeit widerspiegelt.

Wer groß schreibt, läßt seinen Antrieben freien Lauf, sein Tatendrang ist kaum gehemmt. Seinem außergewöhnlichen Unternehmungsgeist entspricht ein überdurchschnittlicher Leistungswille, wobei die Gründlichkeit infolge mangelnder Feinsteuerung jedoch meistens zu wünschen übrig läßt. Menschen des beschriebenen Typus können eher gestellte Aufgaben insgesamt erledigen als sich der Details annehmen.

Das gehobene Selbstwertgefühl, insbesondere das leicht überhöhte Eigenmachtgefühl des »expansiven« Menschen birgt auch Gefahren. Aus Würde wird leicht Arroganz, wenn der Geltungsdrang nicht durch Selbstkritik und Bescheidenheit gezügelt wird. Je mehr die Größe einer Schrift Produkt eines starken inneren Antriebs ist, desto echter und natürlicher ist das Selbstwertgefühl, je schwächer der Antrieb, um so wahrscheinlicher weist die Schrift die »Größe« von Prahlerei, Hochmut und Überheblichkeit auf.

Ist in einer großen Schrift der Untenzug die charakteristische *Größe*, deutet das auf eine tiefgegründete und in sich ruhende Persönlichkeit, der dominante Oberzug deutet auf einen expansiven und fordernden Charakter.

A. **allgemeines Verhalten**
1. Steigerung aller Lebensimpulse
   aus der Fülle lebend
   Sinn für das Ungewöhnliche und
      Erhabene
   würdevoll
   ritterlich
   ungebrochener Freiheitsdrang
   aristokratisches Lebensgefühl
   kunstliebend
   Begeisterung für das Heldentum
   sehr starkes Ehrgefühl
2. Identifizierung mit großen Menschen
      und Ideen
   Liebe zum Unbegrenzten
   Herrennatur
   großzügig, großmütig
   Hang zum Außergewöhnlichen
3. optimistisch
   mutig, frisch
   verantwortungsbewußt
   Lebensfreude
   heile Kindheit
   kindlicher Optimismus
   naiv
   Neigung zur Euphorie
4. Mangel an Realitätssinn
   schicksalsgläubig
   Neigung zum Starkult
   Hagestolz

   Tendenz zur Selbstdarstellung
   Neigung zur Pose
5. hochmütig
   prahlerisch
   hochstapelnd
   größenwahnsinnig
   verletzend überheblich

G. **geistige Fähigkeiten**
1. überzeugungsfähig
2. weitblickend
3. phantasievoll
   spekulativ
   Neigung zum Wunschdenken
4. unaufmerksam
   fahrig, unkonzentriert
   unüberlegt
   wirklichkeitsfern
   mangelnde geistige
      Koordinationsfähigkeit
5. unvernünftig
   pubertäre Verstiegenheit
   Phantast, überspannt
   vollkommen kritiklos

W. **Willensbereich**
1. ständig initiativ
   enormer Tatendrang
   freimütig
2. unbedingter Autoritätsanspruch
   Unternehmungsgeist

kühn, wagemutig
ehrgeizig
draufgängerisch
3. ständig aktiv
schwungvoll
4. Machtwille

I. **Ich-Bereich**
1. starkes Streben nach
Selbstverwirklichung
starkes Selbstvertrauen
Streben nach Selbstentfaltung
2. echte Selbstdarstellung
expansiv
Wunsch nach repräsentativem
Lebensstil
Wunsch nach Größe und Bedeutung
hohe Selbsteinschätzung
gehobenes Selbstwertgefühl
3. verständige Selbsteinschätzung
unkritischer Optimismus
Neigung zum Subjektivismus
starke Eigenliebe
4. Selbstbehauptung um jeden Preis
illusionäres Selbstbild
pathetischer Kult um die eigene
Person
narzißtisch
angeberisch
wichtigtuerisch
Mangel an Selbstkritik
Selbstüberschätzung
5. egomanisch
großspurig
arrogant
überheblich
anmaßend
krankhaft eitel

F. **Fühlen, Gemüt**
2. gefühlstief
3. ernst

euphorisch
4. übermütig
überschwenglich
schwärmerisch
wenig differenziert und feinfühlig
pathetisch
5. falsches Pathos
überspannt

V. **Vitalbereich**
2. vitale Sicherheit
mangelhafte Koordinierung der vitalen Energien
starker Lebensdrang
3. impulsiv
voller Wünsche
sorglos, unbekümmert
4. leichtsinnig
leidenschaftlich
Überkompensation von Minderwertigkeitsgefühlen
5. hemmungslos
maßlos
gewissenlos
hysterisch

M. **mitmenschlicher Bereich**
1. Führungsambitionen
2. ritterlich
3. Streben nach gesellschaftlicher
Geltung
4. anspruchsvoll
Bedürfnis nach Luxus
angeberisch
verschwenderisch (um Eindruck zu
machen)
versnobt
taktlos
wenig kooperativ
parteilich
5. rücksichtslos
barsch

Das Raumbild   153

ungeniert, frech
phantastischer Lügner

L. **Leistungsbild**
1. von der eigenen Berufung
   überzeugt
2. Streben nach guter Leistung
   vorbildliche Berufsauffassung
   wagemutig
3. Wunsch nach Unabhängigkeit
   Übereinstimmung der hohen
   Selbsteinschätzung mit den eigenen Fähigkeiten
4. Mangel an Pflichtgefühl
   unvorsichtig
   fordernd
   Selbstüberforderung
5. Bluffer
   exaltiert

S. **Sonderformen**

schwankende Größe
I.4. Störung des Selbstwertgefühls

verstrickte Größe
W.4. Diskrepanz von Wollen und Schaf-
     fenskraft

unregelmäßige Größe
I.4. schwankendes Selbstwertgefühl
F.3. sensibel infolge von Unsicherheit

G.2. geistig beweglich
3. lebhaft, ansprechbar

**Stellenbetonung durch herausfallende
Größe**
I.4. gestörtes Selbstwertgefühl

**rasches Absinken der Größe in einzelnen
Wörtern**
W.4. rasches Erlahmen der Kraft bei leb-
     haftem Einsatz

**durch Größe aus dem
Schriftbild herausfallende
Kurzbuchstaben a, o, e,**
I.4. Egomanie
     Wichtigtuerei
     Angeberei
     Ich-Inflation

Größe am Schluß
M.4. immer das letzte Wort haben

Größe des Obenzuges
I.3. erhöhtes Selbstwertgefühl

Größe des Untenzuges
I.2. selbstbehauptungsfähig

übertriebene Größe
I.4. Kompensation eigener Unzuläng-
     lichkeit

Die Kleinheit War die *Größe* mittelpunktflüchtig, so ist die *Kleinheit* eine mittelpunktstrebige Bewegung, die nach einwärts gerichtet ist. Sie deutet auf das Ich, die innere Mitte, das Selbstbewußtsein als Mittenerlebnis. Der Kleinschreiber setzt sich selbst seine Grenzen.

Wenn die Mittellage der Schrift kleiner als 1,7 Millimeter ausfällt und die Großbuchstaben diesem geringen Maß entsprechen, so haben wir – graphologisch gesehen – eine kleine Schrift vor uns. Eine kleine, unscheinbare Bewegung ist Ausdruck eines eher in sich gekehrten Charakters, dessen Lebensimpulse sich weniger spektakulär Bahn brechen als beim Großschreiber. Seine Antriebsintensität insgesamt ist geringer. Wer absichtlich kleine Bewegungen ausführt, will entweder Kraft sparen, seine in geringerem Maße zur Verfügung stehende Antriebsenergie ökonomisch und sinnvoll einsetzen, oder er möchte seine psychischen Äußerungen bewußt unauffällig machen und jedes Pathos vermeiden. Es gibt noch eine dritte Möglichkeit: Er will einen besseren Überblick gewinnen, denn je kleiner eine Sache ist, um so größer ist die Übersicht, die man darüber gewinnt.

Eine kleine Schrift kann auch auf Unbedeutendheit oder gar Kleinlichkeit deuten. Diese Tendenz sollte man nicht übersehen. Die wichtigsten Ideale der Kleinschreiber sind: Selbstbeschränkung, Anspruchslosigkeit und Leidenschaftslosigkeit. Oft ist ihr Selbstwertgefühl gedrückt oder gar gestört, so daß sie zu Ängstlichkeit und übergroßer Bescheidenheit neigen. Ihr Anspruch an die Umwelt ist von Unsicherheit, Kleinmut und gelegentlich sogar Duckmäuserei bestimmt. Da die *Kleinheit* eine bewußt gebremste und konzentrierte Bewegung ist, deutet sie auch auf Mäßigung und Zurücknahme, auf Wirklichkeitssinn und sachliche Unparteilichkeit hin, ist jedoch trotz allem ein Zeichen für ein unterentwickeltes Selbstbewußtsein.

Wer klein schreibt, kann sich konzentrieren, ist meist gründlich, liebt Präzision und ist persönlich bescheiden. Häufig besteht eine Neigung zu Minderwertigkeitskomplexen.

Das Raumbild **155**

Sind in einer kleinen Schrift auch die Unterlängen verhältnismäßig klein, spricht das für innere Unsicherheit. Sind besonders die Oberlängen kurz, handelt es sich bei dem Schreiber um einen skeptischen Menschen. Ansonsten ist die kleine Schrift bei im übrigen positiver *Einstufung* ein Zeichen für eine sich selbst wie der Umwelt gegenüber ausgesprochen kritische Persönlichkeit.

A. **allgemeines Verhalten**
1. Tendenz zum Unpersönlichen und
   Allgemeinen
   besonnen
2. maßvoll
   bescheiden
   Tendenz zur Selbstbeobachtung
   zurückhaltend
   vorsichtig
3. introvertiert
   gedämpfte Impulse
   anspruchslos
   unauffällig
   einfach, schlicht
   bescheiden
   ergeben, fromm, demütig
   schüchtern
   differenziert
4. Lebensangst
   kleinlich
5. feige

G. **geistige Fähigkeiten**
1. wissenschaftlicher Typ
   Verstandesvorherrschaft
   Kopfmensch
   gedankentief
   geistige Ausrichtung
   ungewöhnlich klug
2. gute Beobachtungsgabe
   konzentrationsfähig
   umsichtig, bedachtsam
   vernunftbestimmt

   kritisch
   verständig
   reflektiv
   synoptische Begabung
3. nüchtern, sachlich
   realistisch
   Neigung zum theoretisch-abstrakten
   Denken
   tatsachenverhaftet
   aufmerksam
   besonnen, bedachtsam
4. wenig begeisterungsfähig
   mißtrauisch, vorsichtig
   Mangel an Weitblick und Initiative
   Mangel an Phantasie
   illusionslos
   grüblerisch
   kurzsichtig
   unselbständig im Denken
5. dogmatisch, einseitig
   verbohrt
   nörglerisch
   Haarspalterei
   beschränkt

W. **Willensbereich**
2. selbstdiszipliniert
3. vorsichtig, behutsam
4. Mangel an Unternehmungsgeist
   schwunglos
   nachgiebig
   unentschlossen

4. Die Analyse der Einzelmerkmale

I. Ich-Bereich
2. genügsam
   wenig expansiv
   selbstkritisch
3. geringes Selbstwertgefühl
   verschlossen
   Unzulänglichkeitsgefühle
   angekränkeltes Lebensgefühl
   unsicher
4. von Selbstzweifeln heimgesucht
   Mangel an Selbstvertrauen
   lebensuntüchtig
   kleinmütig, kleingläubig
   kleinlich
5. schwerwiegende Minderwertigkeits-
      gefühle
   egozentrisch
   selbstquälerisch
   Zwangsvorstellungen
   würdelos
   geizig
   unterwürfig, kriecherisch

F. Fühlen, Gemüt
1. taktvoll, feinfühlig
   sensibel
2. Freude an den kleinen Dingen des
      Lebens
   bieder
   sanft und zart
3. schwer zu begeistern
   Duldernatur
   hinterhältig
   überempfindlich
   emotional abgestumpft
   engherzig
   ängstlich
   kein Gefühl für Form und Stil

V. Vitalbereich
3. distanziert von Dingen und
      Erlebnissen

   schwache Vitalität
   leidenschaftslos
4. lebensscheu, unlebendig
   langweilig, lahm
   unlustig
   psychisch ausgetrocknet
   antriebsschwach
   gehemmt
   depressiv
   menschenscheu

M. mitmenschlicher Bereich
2. anspruchslos
   taktvoll
   friedfertig
   bürgerlich
   familienorientiert
   häuslich
3. unauffällig
   subaltern
   zurückhaltend
   verzichtbereit
   geduldig
   kooperationsbereit
   anpassungsfähig
   fähig, allein zu sein
   mit wenig Anerkennung
      zufrieden
   demütig
   ergeben
   ehrfürchtig
   führungsschwach
   autoritätsgläubig
4. unterwürfig
   Stubenhocker
   einsilbig
   verschlossen
   engherzig
   spießig
   menschenscheu
   einsiedlerisch
   mißtrauisch

Das Raumbild

L. **Leistungsbild**
1. präzise
   intensiv
2. gründlich, sorgfältig, genau
   Freude an verzwickten Arbeiten
   engagiert
   wirkungsvoll im Kleinen
   Sinn für das Detail
   sparsam
3. haushälterisch
   pflichttreu
   hortend
   sorgfältig
   haushälterisch mit den eigenen Kräften
   Vorliebe für das Überschaubare
4. Tendenz zur Lebensangst
   kleinkrämerisch
   pedantisch
5. faul
   Drückebergerei

S. **Sonderformen**

extreme Kleinheit
I.4. Zweifel an der eigenen Fähigkeit zur Lebensbewältigung
schwerwiegende Störungen des Selbstwertgefühls

klein mit großen Anfangsbuchstaben
I.4. Neigung zur Überkompensierung von Minderwertigkeitsgefühlen

Die Weite Eine Schrift ist *weit*, wenn der Abstand zwischen den Abstrichen m, n, u größer ist als der Abstrich hoch:

Der Mittelwert des waagerechten Abstandes beträgt bei kleinen Schriften etwas 1,5 bis 2 Millimeter und bei großen circa 2,5 bis 3 Millimeter.

Die *Weite* ist ein zentrifugales Bewegungsmerkmal und damit ein Lösungs- und Entspannungsausdruck. Sie weist auf ein vorwärtsdrängendes Temperament, auf Ehrgeiz, Zukunftsorientiertheit, kurz Zielgerichtetheit hin.

Der Drang nach rechts ist Ausdruck einer dynamischen, nach außen gerichteten Persönlichkeit, deren Strebungen sich auf die Umwelt und die Mitmenschen richten. Menschen dieses Typus sind zielstrebig, eifrig, aufgeschlossen und interessiert, aber auch flüchtig und oberflächlich und schätzen es, ungebunden zu sein. Sie beanspruchen viel Raum für sich, oft mehr als ihnen eigentlich zusteht.

il aus gerechnet heute l sind, möchte il auf diese Weise , Namen der alten ᒣ noch einmal ganz

Echte *Weite* bedeutet, spontan Wünsche zu äußern und Impulsen nachzugeben, allzu häufig ganz unkontrolliert. Wegen der leichten Überdehnung der Schriftzüge deutet *Weite* auch auf übertriebene Lässigkeit und Haltlosigkeit hin. Im allgemeinen ist bei *Weite* die Bewegung locker, woraus sich auf expansives Drängen, aber auch auf Ansprüchlichkeit oder Hemmungslosigkeit und Unüberlegtheit schließen läßt.

Analysiert man die *Weite* unter dem Raumaspekt, so erweist sich ihr Zukunftsbezug. Der Schreiber denkt an sein Ziel, hat Unternehmungsgeist, seine Kräfte sind optimal koordiniert, und so ist er meist erfolgreich. Die im Rechtszug – oder in verlängerten Anstrichen – augenfällig werdende, expansive Bewegung ist ein Hinweis auf Entspanntheit, Aufgeschlossenheit und Offenheit für alles Neue, das der Schreiber recht häufig einfach übernimmt, ohne es kritisch zu prüfen.

A.	allgemeines Verhalten	2.	Lebensfreude, Lebensfrische
1.	Streben nach Weite und Entfaltung		extravertiert
	Wunsch nach selbständiger Tätigkeit		freimütig
	expansiv		offen
	aristokratisch		unverkrampft
	künstlerisch		großzügig

Das Raumbild 159

3. aufgeschlossen
weltoffen
spontan
optimistisch
4. großzügiger Lebensstil
ungeniert
hysterisch
Tendenz zur Lebensangst

G. **geistige Fähigkeiten**
1. schöpferisch
vielfältig interessiert
spontan
2. weitblickend
bildungsbeflissen
3. wissensdurstig, neugierig
aufnahmefähig
formalistisch
4. Konzentrationsschwäche
unüberlegt
flüchtig, oberflächlich
unbedacht, kritiklos
flach

W. **Willensbereich**
1. wagemutig
draufgängerisch
unternehmungsfreudig
2. zielstrebig
eifrig
strebsam
durchsetzungswillig
schwungvoll
3. gute Koordinierung der eigenen
Kräfte
aktiv
durchsetzungsfähig
4. übereifrig
dominanzstrebend
indifferent
5. widerstandsschwach
mangelnde Selbstbeherrschung

I. **Ich-Bereich**
1. expansiv
freiheitsliebend
2. selbstbewußt
sicher
3. zuversichtlich
4. eitel
prahlerisch
wichtigtuerisch
anmaßend
anspruchsvoll
unverfroren
rücksichtslos
ehrfurchtslos
betriebsam
5. auf der Flucht vor dem eigenen
Selbst

F. **Fühlen, Gemüt**
2. lebhaft
gesellig
offen
3. zwanglos, locker
unbefangen
pragmatisch
4. leichtsinnig
offenherzig

V. **Vitalbereich**
2. natürliche Gelöstheit
expansive Antriebe
3. lebensfreudig
ein wenig verschwenderisch
Neigung, in den Tag hinein
zu leben
übereilt
4. sensationsbegierig
unbedenklich
ungebunden, zuchtlos
bedenkenlos, hemmungslos
5. haltlos
unbeherrscht, weichlich

4. Die Analyse der Einzelmerkmale

M. mitmenschlicher Bereich
1. weitherzig
   freigebig, großzügig
   tolerant
2. vertrauensvoll
   fürsorglich
   gebefreudig
   mitteilsam
   zwanglos
3. umgänglich
   mitteilungsbedürftig
   leichtgläubig
4. schwatzhaft
   Mitläufer
   taktlos, distanzlos
   direkt, unverblümt
   aufdringlich
   rücksichtslos
   ungebunden
   nicht festgelegt
5. Ellbogenmensch
   dreist, frech

L. Leistungsbild
1. Streben nach weiträumigem Tätig-
   keitsfeld
   expansiv
   Bedürfnis nach Bewegungs-
   freiheit
   starkes Unabhängigkeitsbedürfnis
   großzügig
2. optimistisch
   engagiert
3. interessiert
   unvoreingenommen
   beweglich
   betriebsam
4. Tendenz zur Verschwendung

unbeirrbar
ungenau, ungründlich
ungeduldig
oberflächlich
leichtfertig
unvorsichtig
bequem
behäbig
5. faul
   gewissenlos
   willensschwach

S. Sonderformen

sekundäre Weite (gestreckte Weite
zwischen den Buchstaben)
W.3. willensorientiert
I.4. unausgeglichen
     nebulös
L.2. betont korrekt

weit mit Rundung
F.3. Gefühlsmensch

weit mit Winkel
W.2. strebsam, zielsicher

weit, druckschwach,
kurze Unterlänge
I.4. Ich-Flucht
F.4. Unzufriedenheit
V.4. verborgene Angst
L.4. Ungeduld

Störung der Spannung im
Auf und Ab der Weite
W.5. haltlos
L.4. lässig, nachlässig

Die Enge Die *Enge* einer Schrift bemißt sich ebenfalls an dem seitlichen Abstand der *m , n*-Abstriche. Ist dieser Abstand kleiner als 1,5 Millimeter, so gilt die Schrift als *eng*.

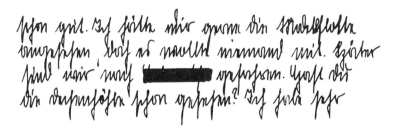

Weite ist ein *Lösungs-*, *Enge* ein *Bindungsmerkmal*. Sie deutet auf eine gewisse innere Abkapselung des Schreibers hin. Einer engen Schrift fehlt das vorwärtsdrängende Element, das heißt, sie ist Ausdruck eines mangelnden Bezugs zur Umwelt, zum Mitmenschen und zur Tat. Die *Enge* ist *nicht* identisch mit Linksläufigkeit, sie bezieht sich immer nur auf die Mittelzone, also auf die von dieser Zone symbolisierte persönliche Sphäre. Die gedrängte, nicht recht von der Stelle kommende gehemmte Bewegung entspricht einem gehemmten Seelenleben. Ein Mensch, der sich verhalten bewegt, geht mit seinen Kräften haushälterisch um, er scheut sich, rasch vorwärts zu schreiben, entweder aus Vorsicht, Mißtrauen oder Unsicherheit oder weil er sein Ziel nur in kleinen Schritten erreichen kann. Deutungsmöglichkeiten sind Zaghaftigkeit, Mangel an Spontaneität und Ängstlichkeit. *Eng* schreibt der angespannte Mensch, der verstärkt dazu neigt, sich selbst zu beobachten.

Menschen, die eng schreiben, sind im allgemeinen antriebsschwach, wodurch die Schrift unregelmäßig gehemmt erscheint. Aus dieser Schwäche resultieren Unsicherheit und Schwierigkeiten im mitmenschlichen Kontakt, weshalb es zu Spannungsstauungen kommt. Wo diese Zurückhaltung *will*kürlich ist, läßt sich die eingesparte Energie konzentriert einsetzen: Genauigkeit, Gründlichkeit und Sorgfalt sind dann die Folge. Unter solchen Umständen heißt *Enge* Selbstbeherrschtheit und Mäßigung.

162   4. Die Analyse der Einzelmerkmale

Negativ zeigt sich dieser Zug als Ängstlichkeit, Furchtsamkeit, Schüchternheit oder als Gefühl von Unfreiheit. Der geistige Horizont von Engschreibern ist im allgemeinen recht begrenzt. Nicht selten sind sie engstirnig und laufen mit Scheuklappen durch die Welt.

Der Diagnostiker muß jeweils fragen, welche lebensgeschichtlichen Einflüsse einen Menschen dazu gebracht haben mögen, eng zu schreiben. Meistens wird man dabei auf schon seit der Kindheit wirksame Unterdrückungsmechanismen stoßen, seien sie Folge einer übermäßig strengen Erziehung oder Ergebnis anderweitiger Überforderungen, auf die das betreffende Individuum mit dem Rückzug nach innen reagiert hat. Aus diesem Eingeengtsein kann sich ein Mensch im allgemeinen nur mit fachkundiger Hilfe befreien.

A. **allgemeines Verhalten**
1. ernste Lebenseinstellung
   zurückhaltend
2. konservativ
   gemessenes Auftreten
   vornehm
   bescheiden
   zurückhaltend
   genügsam
3. langsam fortschreitend
   ängstlich
   Lebensangst
   introvertiert
   innerlich verhalten
   verschämt
4. wenig expansiv
   wenig spontan
   pessimistisch
   engherzig
5. verkrampft
   sehr mißtrauisch
   verbittert

G. **geistige Fähigkeiten**
1. gespannte Aufmerksamkeit

kluge Vorsicht
Konzentrationsfähigkeit
2. besonnen
   vernünftig
3. überlegt
   skeptisch
   bedachtsam
4. Mangel an Sachlichkeit
   enger Gesichtskreis
   kleinliches Beharren
   Krittler
5. engstirnig
   dogmatisch
   borniert

W. **Willensbereich**
1. beharrlich
   diszipliniert
2. kontrolliert
   selbstdiszipliniert
   gesammelt, gezügelt
   maßvoll
   bewußt maßvoll
3. bescheiden
   fleißig

Das Raumbild

ehrgeizig
4. Unterdrückung der eigenen
   Wünsche
   zaudernd
   reserviert
   entschlußunfähig
   geringes Machstreben
   eigensinnig

I. **Ich-Bereich**
1. starkes Ehrgefühl
   Selbstachtung
2. heimlicher Ehrgeiz
   auf Absicherung bedacht
3. autoritätsgläubig
   verschlossen
   selbstverhaftet
   besitzorientiert
4. Mangel an gesundem Selbstvertrauen
   unsicher
   Minderwertigkeitsgefühle
   innerlich steif
   stagnierend
   einseitig
   auf Wirkung bedacht
   autoerotisch, narzißtisch
5. egoistisch
   hinterhältig

F. **Fühlen, Gemüt**
2. empfindsam
3. schüchtern
   ängstlich, furchtsam
   zaghaft, verlegen
   innerlich unfrei
4. empfindlich, verletzbar
   hoffnungslos
   innerlich arm und kalt

V. **Vitalbereich**
2. eingekapselt

selbstverhaftet
3. genügsam
   vorsichtig aus Vitalschwäche
4. vitale Antriebsschwäche
   gehemmt
5. unnatürlich

M. **mitmenschlicher Bereich**
1. diskret
   gute Umgangsformen
   taktvoll, fähig zur Distanz
2. zurückhaltend
   reserviert
3. streng
   steif
   verschlossen
   befangen
   humorlos
   kontaktarm
4. mit Vorurteilen belastet
   menschenscheu
   eingeengt
   verklemmt
   verstockt
5. falsch
   neidisch, mißgünstig
   unnachgiebig
   schroff
   verbohrt
   geizig
   listig, tückisch
   intrigant
   verlogen
   feige
   boshaft

L. **Leistungsbild**
1. zuverlässig
   sorgfältig
2. gründlich, gewissenhaft
   genau
   Sinn für Zahlen

improvisationsfähig
überlegt
3. sparsam
ökonomisch im Energieeinsatz
nicht sehr engagiert
4. verbissen, ehrgeizig
kleinlich
knauserig
5. fanatisch
sehr pedantisch

S. Sonderformen

sekundäre Enge (Buchstaben: eng, Verbindung: weit)
A.2. moralische Ausrichtung
G.2. Klarheits- und Ordnungsstreben
3. Gefahr formalistischen Denkens
4. Prinzipienreiter
I.4. heuchlerisch

durch Enge entstandene Deckzüge
I.4. neurotische Störung des Selbstwert-
gefühls
L.5. heimlichtuerisch

Enge gegliedert und geformt
G.2. Konzentration
V.2. Stoßkraft
3. Spannung
L.2. kluge Beschränkung

Enge leblos und leer
G.4. beschränktes Blickfeld
L.4. Neigung zu Pedanterie

Wechsel von Enge und Weite
G.2. geistig beweglich
W.4. zielunsicher
M.4. im zwischenmenschlichen Kontakt
gestört

Die Rechtslage   Allgemein zeigt die *Schriftlage* die Einstellung des Schreibers zu seiner Umwelt. Sie ist ein recht auffälliges Merkmal, doch ihre psychologische Aussagekraft ist geringer, als es ihre visuelle Auffälligkeit vermuten läßt. Sie ist von vielen Faktoren abhängig und besonders leicht willkürlich veränderbar, weshalb sie, je nach Kontext, einen mehr leitbildlichen oder darstellenden Charakter aufweist. Strenggenommen ist die Rechtslage ein sekundäres Merkmal, das die übrige Deutung ergänzen und differenzieren kann.

Speziell trifft das für die *Rechtslage* zu, die sich in einem Winkel zwischen achtzig und dreißig Grad bewegt, wobei die *natürliche Lage* zwischen achtzig und fünfzig Grad diagnostisch wenig ergiebig ist. Auffällige *Lageschwankungen* (= uneinheitliche Haltung) sind bemerkenswert, weil sie anzeigen, daß das Verhältnis des Schreibers zu seiner Umwelt schwankt.

Das Raumbild

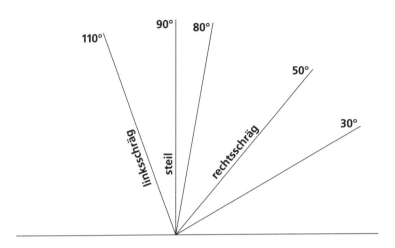

Die *Rechtsneigung* ist eine offenkundige Geste der Verbindlichkeit und des Entgegenkommens. Über den Grad der Selbständigkeit der Persönlichkeit sagt sie wenig. Bei der Rechtslage liegt das Richtungsgewicht im Aufstrich, während der Abstrich der Gegenzug ist. Darin drücken sich Weltzugewandtheit und Offenheit aus. Diese extravertierte Einstellung ist um so stärker, je mehr der Rechtszug betont und je weniger der Untenzug ausgeprägt ist.

Für die neuere Graphologie stehen bei Rechtslage die gelöste Schreibbewegung und die weite Griffelhaltung im Vordergrund. Sie schließt aus dem Vorhandensein dieser beiden Stilelemente auf Gelöstheit und Ungezwungenheit der Antriebe und Gefühle. Menschen dieses Typus sind jedoch gefährdet, sich von ihren Trieben überwältigen zu lassen. Die ältere Graphologie betonte mehr den Aspekt der zwischenmenschlichen Offenheit, den Hang zur Geselligkeit und die soziale Einstellung mit Rechtsneigung schreibender Menschen. Andere Schriftpsychologen heben besonders die Zukunftsorientierung, Einsatzbereitschaft, Hingabefähigkeit und die Bereitschaft, Verantwortung zu übernehmen, hervor. All diese Auffassungen stimmen darin überein, daß bei Rechtslage das Emotional-Gemüthafte gegenüber dem Verstand vorherrscht.

Je stärker die Rechtslage ist, besonders, wenn sie unter fünfzig Grad absinkt, desto gewichtiger werden die folgenden Deutungsmerkmale.

A.	allgemeines Verhalten	5.	kopflos
1.	weltoffen, weltzugewandt		ungelehrig
	gesellig		
2.	extravertiert	W.	**Willensbereich**
	unmittelbar	2.	impulsiv
	natürlich, ungezwungen		starker Tätigkeitsdrang
	Leben versprühend		dynamisch
3.	temperamentvoll	3.	Streben nach Bewährung
	menschenfreundlich		willig, geneigt
	instinktive Orientierung		führbar
	verbindlich	4.	blinder Wille
	positiv		nachgiebig aus Schwäche
4.	subjektive Gefühlsverhaftung		unbeherrscht, impulsiv
	willensschwach	5.	haltlos, ohne Rückgrat
5.	Mangel an Standhaftigkeit		Mangel an Standhaftigkeit
			Spielball der eigenen Impulse
G.	**geistige Fähigkeiten**		widerstandslos
3.	gelehrig		suchtgefährdet
4.	unabhängig von fremdem		
	Urteil	I.	**Ich-Bereich**
	unselbständig	3.	sehr soziabel
	Mangel an Besonnenheit	4.	unselbständig
	unvernünftig		Mangel an Selbstkontrolle
	kritiklos		Massenmensch

Das Raumbild 167

5. opportunistisch
Tendenz zur Selbstaufgabe

F. **Fühlen, Gemüt**
2. liebesfähig
gemütsorientiert
3. gefühlsbestimmt
stimmungsabhängig
4. selbstvergessen
leichtsinnig
sentimental, weinerlich
gedrückt
leicht entflammbar
5. suggestibel
jähzornig

V. **Vitalbereich**
2. ursprünglich
Vorherrschaft unbewußter
Kräfte
3. Gleichgewicht zwischen »unteren«
und »oberen« Kräften
4. unbewußte Unruhe
leicht erregbar
5. suchtgefährdet
triebbestimmt
zügellos, hemmungslos
zuchtlos, maßlos
völlig haltlos

M. **mitmenschlicher Bereich**
1. weltgewandt
2. anpassungsbereit
liebevoll
3. anlehnungsbedürftig
ansprechbar, verträglich
zugänglich, gesellig
kein Spielverderber
ungezwungen, unverstellt
höflich
4. leichtgläubig, arglos
unbefangen, naiv

gutmütig aus Schwäche
um den kleinen Finger zu wickeln
unterdrückbar
5. aufdringlich
distanzlos
hörig
würdelos kriecherisch

L. **Leistungsbild**
2. innerlich engagiert
der eigenen Lebensaufgabe
hingegeben
3. engagiert
aufopferungsfähig
einfühlsam
4. vielgeschäftig
betriebsam
Jasager
geschmeidig
parasitär
hastig, überstürzt
5. unverzeihlich leichtsinnig

S. **Sonderformen**

zunehmende Rechtslage
M.3. immer ansprechbar
4. leicht einzuwickeln
beeinflußbar

übertriebene Rechtslage
F.3. seelisch flexibel
W.4. labil
keine Standfestigkeit
5. standpunktlos

übermäßige Rechtslage
A.4. Untertanengeist
V.5. triebverfallen
dumpf gedrückt
planloser Kräfteeinsatz
maßlos

Die Steillage   Diagnostisch bedeutsamer als die natürliche *Rechtslage* ist die *Steillage* der Schrift. Raumsymbolisch liegt ihr das Leitbild der aufrechten Form zugrunde. Wer sich aufrichtet, will Überblick gewinnen, Haltung annehmen und sich zeigen. Sehen und gesehen werden ist die Devise.

Besten Dank und freundlichen Gruss

In erster Linie drückt sich in der *Steillage* das Bemühen um Form und *bewußte* Gestaltung aus, ein deutlicher Hinweis auf Selbstdisziplin. Die Buchstaben stehen, unbekümmert um ihre Nachbarn, lotrecht, eine willentliche Demonstration – Vorrang des rationalen Prinzips. Geradheit und Aufrechtheit der Schrift stehen auch symbolisch für Rückgrat, für allgemeine Festigkeit, Standhaftigkeit, mangelnde Nachgiebigkeit. Aufgrund innerer Hemmungen entfalten sich die Antriebe nur schwer, sie werden bewußt zurückgehalten, und die Persönlichkeitsentwicklung stagniert. Solche Menschen wenden sich weder direkt der Umwelt zu noch von ihr ab. Sie befürchten einen Verlust an Haltung, deshalb halten sie sich steif aufrecht und überwachen und zügeln ihre Antriebe.

Steil schreibende Menschen zeichnen sich nicht nur durch kühles Abwarten aus, sondern auch durch eine mehr oder minder bewußte Distanziertheit und Reserviertheit, die den Drang nach Selbständigkeit verdeutlichen. Viele Menschen schreiben in ihrer Hauptentwicklungsphase steil, vor allem junge Mädchen in der Pubertät. Man hat beobachtet, daß ein solches Umkippen in die Steillage als »Modeerscheinung« ganze Klassen erfaßt. Auch Examenskandidaten fallen gelegentlich in die Steillage zurück, kehren jedoch später wiederum meist automatisch in die natürliche Rechtslage zurück.

Das *Richtungsgewicht* liegt bei der *Steillage* im *Untenzug*, worin sich eine Tendenz zur Beharrung, Nachdrücklichkeit und Stabilität zeigt. Genausogut kann dieses Stilelement auf Erregbarkeit, Verspanntheit und die Neigung zu übereilten Entschlüssen hindeuten. Die Gestaltungstendenz zeigt das große Gewicht, das der Schreiber seiner individuellen Entfaltung, Eigenständigkeit und Unabhängigkeit zumißt. Der Steilschreiber sagt: »Erst einmal Halt, dann sieht man weiter!« Nicht Herz und Gemüt entscheiden, sondern der Verstand. Daher steht bei solchen Menschen das Ego stärker im Vordergrund als bei der natürlichen Rechtslage.

Im allgemeinen möchte der steil schreibende Mensch einen aufrechten Charakter zeigen, auch Treue zu sich selbst. Er ist meist eher objektiv und reserviert und läßt sich nicht gern beeinflussen. Von seinen Mitmenschen wird er manchmal als kühl empfunden.

A. **allgemeines Verhalten**
1. aufrecht
   vornehm
2. charaktervoll
   geradlinig
   sich selbst treu
   Haltung
3. unbeweglich
   sachlich
   Mangel an Natürlich-
   keit
   reserviert
   unbewegt
   introvertiert
   nach innen gekehrt
   wenig spontan
4. unsicher
   ohne inneren Rückhalt

G. **geistige Fähigkeiten**
1. kopfbestimmt
   kühler Kopf

2. Verstandesvorherrschaft
   hoher Grad an Bewußt-
   sein
   souverän
   überlegt
3. verständig
   sachlich
   vernünftig
   selbstkritisch
   gesammelt
   abwägend
4. skeptisch

W. **Willensbereich**
1. sehr selbstdiszipliniert
   aufrecht
2. standhaft
   maßvoll
3. zurückhaltend
   willensstark
4. widerstandsstark

170 | | | 4. Die Analyse der Einzelmerkmale

I. **Ich-Bereich**
1. eigenständig, selbständig
    hohes Ehrgefühl
2. durchsetzungsfähig
    repräsentationsfreudig
    distinguiert
3. selbstgenügsam
4. ichbezogen
    autistisch
    selbstsüchtig
    isoliert
    selbstgerecht
    stolz
5. blasiert
    hochmütig

F. **Fühlen, Gemüt**
2. zurückhaltend
3. kühl
    schüchtern
4. teilnahmslos
    herzlos
    gefühllos

V. **Vitalbereich**
2. Distanz zur Lebenswirklichkeit
3. verdrängte Leidenschaftlichkeit
4. gehemmt, verspannt

M. **mitmenschlicher Bereich**
3. isoliert
4. reserviert
    verschlossen
    ungesellig
    stolz
    eingebildet
    unbeugsam
5. gleichgültig
    unnahbar

L. **Leistungsbild**
1. Streben nach Vorbildlichkeit
2. verantwortungsbewußt
    pflichtbewußt
    besonnen
    ruhig
3. unbeirrbar
    unbeeinflußbar
    unabhängigkeitsbedürftig

S. **Sonderformen**

zunehmende Steillage
A.2. Stabilisierungstendenzen
M.4. nur bedingt ansprechbar

Langlängen steil,
Kurzlängen schräg
W.4. eigenwillig
I.4. neurotisch eitel
    krankhaft geltungs-
    bedürftig bei innerer
    Umweltabhängig-
    keit

steile oder linksschräge
Kurzlängen, aber schräge
Langlängen
W.4. inkonsequent
V.3. vom Verstand kontrollierte
    Erregbarkeit
    4. widerstrebende Impulse

unregelmäßige
Lageschwankungen
der Kurzlängen
W.4. unentschlossen
F.4. stimmungsabhängig
V.4. neurasthenisch

Die Linkslage Eine nicht unerhebliche Übersteigerung der *Steillage* ist die *Linkslage* der Schrift. Sie ist als Bewegung am wenigsten ausgeglichen. Schon durch ihren Anblick vermittelt sie den Eindruck des Ungewöhnlichen, der betonten Selbständigkeit, der Opposition oder Ablehnung. Die Hemmungen von linkslastig schreibenden Menschen sind so stark, daß sie nicht nur ständig der Umwelt gegenüber reserviert, sondern ausgesprochen abwehrend sind. Der nach links geneigte Obenzug bedeutet innere Anspannung, Verkrampfung und Versteifung. Die stark übersteigerte Bewußtheit wirkt gekünstelt. Das übertriebene Bedürfnis nach Selbstschutz und äußerer Haltung erscheint unangemessen oder sogar unecht.

Die Linkslage ist häufig Ausdruck eines großen Energieaufwandes. Der Schreiber muß über seinen Schatten springen. Dazu gehören Selbstüberwindung, aber auch Affektiertheit und überzogene Stilisierung. So verliert er jegliche Natürlichkeit.

Ablehnung und Abwehr gegenüber der Umwelt können aus Furcht oder Unsicherheit, aus Überheblichkeit oder Verranntheit resultieren – immer bewirken sie Distanz. Ein solcher Charakter möchte seinem Gegenüber auf keinen Fall zu nahe kommen oder ihm gar verfallen; er hält seine Mitmenschen auf Abstand, auch jede Art von Verbindlichkeit ist ihm verhaßt. Man weiß selten, woran man mit solchen Menschen ist, ihre Schutzhaltung ist so perfekt, daß man nicht sagen kann, wovor sie sich eigentlich fürchten, und deshalb wird man mit ihnen auch nie recht warm. Aus diesem Grund leiden sie oft unter erheblichen Kontaktschwierigkeiten.

A. **allgemeines Verhalten**
3. Ablehnung als Grundhaltung
   Abwehr innerer Gutmütigkeit
4. unnatürliches Auftreten
   unecht
   gezwungen
   unverbindlich
   isoliert
   triebgehemmt
   Überbetonung des Geschmacks
   Lebensangst, Lebensekel
5. falsch
   Maske, Pose
   unnahbar

G. **geistige Fähigkeiten**
1. betonte Verstandeskontrolle
2. besonnen
   objektives Denken
3. unabhängiges Urteil
   skeptische Einschätzung
   der eigenen Person
4. in Illusionen befangen
   voreingenommen
   unsachlich
   ungerecht, borniert

W. **Willensbereich**
2. unfähig, sich Schwächen
   einzugestehen
   betont forciert
   unerbittlich korrekt
3. bemüht forsch
   unerschütterlich
   Unterdrückung der eigenen
   Impulsivität
   Kampf um Selbstüberwindung
   zurückhaltend, maßvoll

I. **Ich-Bereich**
2. Schutzhaltung aus Angst vor
   Schmerz

übertriebene Selbstkontrolle
3. unzugänglich
   um Autonomie bemüht
   Streben nach Selbstbewahrung
   innerlich uneins
   nicht autonom entscheidungsfähig
   (bei Arkade)
   Angst vor Beeinflussung
4. Neigung zur Selbstbespiegelung
   Streben nach Überlegenheit
   selbstgerecht
   servil
   selbstverhaftet (bei Enge)
   Neigung zur Selbsttäuschung
5. Neigung zur Selbstvergewaltigung
   überheblich, unnahbar

V. **Vitalbereich**
3. (pubertäre) Furcht vor den
   Abgründen des Trieblebens
   Unterdrückung von
   Erregungszuständen
   verschlossen gegenüber einer als
   feindlich erlebten Umwelt
   vorgetäuschte Leidenschaftslosigkeit
4. Neigung zur Verdrängung der
   eigenen Unsicherheit
   verschämt
   versponnen
   unter dem eigenen Schicksal
   leidend
   innerlich zerrissen
   instinktlos
5. unnachgiebig aus Kälte
   affektiert
   verkrampft
   abseitig

M. **mitmenschlicher Bereich**
2. distanziert
3. zurückhaltend

4. nicht bereit, sich anzupassen abgekapselt indifferent gegenüber anderen Menschen innerlich unbeteiligt unverbindlich theatralisch Neigung zur Selbstdarstellung unnatürlich mißtrauisch hinterhältig 5. falsch überheblich unzugänglich, unnahbar unaufrichtig	5. absolut negative Grundeinstellung S. **Sonderformen** **verstärkte Linkslage** M.4. anspruchsvoll **zunehmende Linkslage** V.5. explosiv, leidenschaftlich M.4. blasiert unfähig zur Hingabe 5. bindungsunfähig abwehrend gegenüber Ansprüchen der Umwelt L.4. verantwortungsscheu
L. **Leistungsbild** 2. Wunsch nach Selbständigkeit individualistisch 3. geduldig 4. unbeteiligt indifferent falsch Ablehnung von Autorität Ablehnung von Tradition trotzig Quertreiber	**Linkslage und Druck** M.4. eifersüchtig **Linkslage und Teigigkeit** A.4. negative Grundhaltung **Linkslage plus Größe und Schnörkel** I.4. Egozentriker, der sich aus Mangel an Problemen selbst welche schafft

Große Längenunterschiede Seit 1941 die *Normalschrift* auch in Deutschland eingeführt wurde, beträgt das *Längenunterschiedsverhältnis* zwischen *Kurz-, Mittel-* und *Langlänge* 1:2:3 (3:5:7). Überhöht ein Schreiber dieses Verhältnis auf 1:4:7 oder 1:4:9, das heißt, dehnt er die Langbuchstaben unverhältnismäßig weit gegenüber der Mittellage aus, sprechen wir von einem *großen Längenunterschied*.

Große Längenunterschiede sind ein Hinweis darauf, daß der jeweilige Schreiber mit der gegebenen Situation nicht zufrieden ist und sich daher mit weit ausgreifenden Bewegungen neue Bereiche erschließen möchte. Darunter leidet das Gleichgewicht des Status quo. Zwar erweist sich in der Dynamik der Bewegung die Antriebsstärke des Schreibers, aber ebenso sein Mangel an Stabilität. Er vernachlässigt sein eigenes inneres Zentrum zugunsten abenteuerlicher Unternehmungen, die ihn letztlich überfordern.

Große Längenunterschiede weisen auch auf einen Zug ins Unpersönliche und Sachliche hin. Der Drang des Schreibers, sich zu entfalten, korrespondiert eindeutig mit dem vitalen Interesse, sein Gesichtsfeld zu erweitern. Dieser überstarke Lebensdrang führt recht häufig zu Überspanntheit und Exzentrizität. Er bekundet ein ungefestigtes Selbstwertgefühl und einen Mangel an Festigkeit.

So schwanken viele Menschen dieses Typus zwischen unbedingtem Fortschritts- und Erkenntnisdrang und quälender Unzufriedenheit.

A. **allgemeines Verhalten**
1. faustischer Drang
   eroberungs- und führungsfreudig
2. Vervollkommnungsdrang
   dynamisch
3. Wunsch nach exponierter Stellung
   offen
   ehrgeizig
4. rücksichtslos
   von der eigenen Wichtigkeit überzeugt
5. exzentrisch

G. **geistige Fähigkeiten**
2. fortschrittsfixiert
   wach
   initiativ
3. bildungs- und lernbegierig
   allseitig interessiert
   dynamisch
   auf Bestätigung angewiesen
   zwischen geistigen und materiellen
   Interessen schwankend
   an Fernweh leidend
4. von Zweifeln befallen

skeptisch
oberflächlich
5. Phantast

W. **Willensbereich**
2. starker Expansionsdrang
   voll Unternehmungsgeist
   ehrgeizig
   ausgreifend, schwungvoll
3. strebsam
   unfähig, sich mit etwas zufriedenzu-
   geben

I. **Ich-Bereich**
2. von den eigenen Plänen und Unternehmungen überzeugt
3. der eigenen Grenzen nicht gewahr
4. Neigung zur Selbstdarstellung
   innerlich unsicher
   Verdrängungskünstler

F. **Fühlen, Gemüt**
2. jugendlich ungestüm
   voll von Sehnsüchten und romanti-
   schen Träumen
3. innerlich leer
4. uneinheitlich, unausgewogen
   seelisch unergiebig
   gemütlos
5. kaltblütig

V. **Vitalbereich**
2. dynamisch
3. antriebslebhaft
   nervös
   allgemein gespannt
4. abenteuerlustig
   innerlich unruhig und unausgeglichen
   zwiespältig
   unzufrieden
   ruhelos, zerfahren

5. entwurzelt
   mit sich uneins

M. **mitmenschlicher Bereich**
2. paternalistisch
3. nach Überlegenheit strebend
   die eigene gesellschaftliche Stellung
   und Bildung überschätzend
4. unausgeglichen
5. revolutionär
   innerlich zerrissen

L. **Leistungsbild**
1. Streben nach Anerkennung
   tüchtig, ehrgeizig
2. beruflich sehr engagiert
   vielseitig, beweglich
3. aktiv belastbar
   voller Pläne
   spielerische Funktionslust
   Tendenz, sich zu übernehmen
4. Mißverhältnis zwischen Wollen und
   Können, Wunsch und Wirklichkeit
   fordernd
   Neigung zur Selbstüberschätzung
   innovationsfreudig
   Karrierist
   unstet

S. **Sonderformen**

Längenunterschiede nicht sonderlich
ausgeprägt (mittlerer Längenunterschied)
A.2. gutbürgerlich
   3. maßvoll
      selbstzufrieden
W.4. geringe Strebsamkeit
      geringes Engagement
V.3. Mangel an Energie
M.3. anspruchslos
   4. parasitär

L.4. problemscheu	wechselnde Längenunterschiede
niedrige Frustrationsschwelle	W.4. zwischen Strebsamkeit und Passivität schwankend

Geringe Längenunterschiede Wenn die *Ober-* und *Unterlängen* gegenüber der *betonten Mittelzone* zurücktreten, sprechen wir von einer *geringen Längenbetonung*. Wir haben es dann mit einer *mittelpunktstrebigen* Schrift zu tun. Die Unter- und Oberlängen entfernen sich in einem solchen Fall nicht weit vom Zentrum, das heißt, die Psyche des Schreibers ruht in sich – meistens weil die Antriebskräfte gering sind und vom Vitalbereich keine übermäßig starken Impulse ausgehen. Wer seine Bewegung absichtlich mittelpunktstrebig einsetzt, dessen Hauptziel ist es, aus der eigenen Mitte heraus zu leben. Die Motivation dafür kann positiver wie negativer Natur sein.

Manche Menschen fühlen sich in ihrer Zurückgezogenheit am sichersten, weil sie befürchten, den Anforderungen der Außenwelt nicht gewachsen zu sein. In solchen Fällen dokumentiert die Mittelpunktstrebigkeit Spannungsarmut, Mangel an Ehrgeiz, Gleichgültigkeit oder auch eine Selbstzufriedenheit, die sich bis zur Trägheit steigern kann.

Wer geringe Längenunterschiede bevorzugt, zeigt sich innerlich ausgeglichen. Er lebt in Harmonie mit seiner Umwelt, sein Selbstbewußtsein erscheint gesund und stabil. Von Tatendrang, wie er für Menschen typisch ist, die große Längenunterschiede bevorzugen, findet sich bei ihm keine Spur. Solche Menschen wollen ihre Ruhe. Sie haben keine

Das Raumbild 177

besonderen Interessen, wollen sich nicht anstrengen, sondern lieber entspannen und innerlich möglichst wenig engagieren.

Hinter dieser Fassade der Nonchalance kann sich eine gehörige Portion Egozentrik verbergen, die allerdings niemals verhaltensbestimmend wird. Im Gegenteil, diese Menschen können sich beschränken. Eine ruhige und ungestörte Gemütsverfassung ist ihnen weitaus wichtiger als persönlicher Gewinn. Daher wirken sie auf ihre Umwelt nicht selten weise und humorvoll, weil sie sich lächelnd über sich selbst, über Alltagsnot, ja sogar über das Böse erheben können.

Ansonsten zeigen *geringe Längenunterschiede* die Neigung zum Durchschnittlichen und Gewöhnlichen an, wenn man nicht bei besonders primitiven Schriften gar Beschränktheit konstatieren muß. Wer in sich ruht, wie die Schnecke in ihrem Haus, entbehrt der lebendigen Verbindung zur Welt. So verhalten sich abgeklärte oder aber arrogante Menschen, die über die persönliche Sphäre hinaus nichts mehr interessiert.

A.	allgemeines Verhalten		unsachlich
2.	Betonung des Persönlichen		desinteressiert
	Herz regiert Kopf		einfältig
	ausgewogen, ausgeglichen	5.	stur
	gleichmütig		beschränkt
3.	ruhig, entspannt		
	gelassen, abgeklärt	W.	Willensbereich
	gemäßigt	4.	mangelnder Ehrgeiz
	anspruchslos		Mangel an Schwung und
	harmlos		Beweglichkeit
	selbstgenügsam		Mangel an Initiative
4.	selbstzentriert	5.	faul
G.	geistige Fähigkeiten	I.	Ich-Bereich
2.	abgeklärtes, reifes Urteil	1.	hohes Selbstwertgefühl
3.	in sich ruhend	2.	ausgeglichen
	Gefühlsurteile überwiegen	3.	in sich geschlossen
	konservativ		selbstzufrieden
	verschlossen		sicher
4.	begrenzter Horizont	4.	selbstbewußt

abwehrend	selbstzufrieden
selbstverhaftet	selbstgerecht
geziert	genügsam
stehengeblieben, träge	nicht so leicht aus der Fassung zu
phlegmatisch	bringen

F. Fühlen, Gemüt

2. Reaktionen und Haltungen sind hauptsächlich vom Gemüt und von der Gesinnung her bestimmt
3. Gefühle werden höher eingeschätzt als Verstand und Vernunft
4. schwermütig

V. Vitalbereich

2. innerlich ausgeglichen und zufrieden
3. in der eigenen Innerlichkeit ruhend
   mit der Wirklichkeit versöhnt
   Neigung zum Subjektivismus
4. zufrieden aus Desinteresse
5. teilnahmslos
   apathisch, stumpf

M. mitmenschlicher Bereich

2. anspruchslos, bescheiden
3. bürgerlich

4. parteigebunden
   antirevolutionär, pazifistisch
   ignorant
   Meidung aller menschlichen Extremsituationen
   gleichgültig
   langweilig
   indifferent
   spießbürgerlich
5. blasiert

L. Leistungsbild

2. wenig experimentier- und risikofreudig
   nicht aus der Ruhe zu bringen
3. fleißig und zuverlässig
   sich der eigenen Grenzen bewußt
4. keine klare Trennung zwischen beruflichen und privaten Interessen
   träge, faul, bequem, schwerfällig
5. abgestumpft

Die Oberlängenbetonung Es gibt Schriften, die in der Mittel- und in der Unterzone »normal« erscheinen, während die Oberzone durch Überlängen, Aufbauschung, Bereicherung, Druck oder Schnörkel oder sonstwie auffällig verändert und vor allem vergrößert ist. Wir sprechen dann von *Oberlängenbetonung*. Raumsymbolisch betrachtet, deutet dieser Zug auf ein Streben hin über das Alltägliche und Gewöhnliche hinaus, auf eine geistige Orientierung, die jedoch nicht frei ist von spekulativen oder illusionären Elementen. Die Verlängerung der Oberlänge ist daher auch ein Ausdruck von Realitätsferne. Wer sich dieses Stilmittels

Das Raumbild 179

bedient, traut sich unter Umständen Aufgaben zu, denen er zwar geistig gewachsen ist, die jedoch seine Kräfte übersteigen.

Oberlängenbetonung ist Folge einer besonders ausführlichen Streckbewegung, die psychologisch gesehen nicht die natürliche ist. Schreiber dieser Art verlassen den soliden Boden und möchten damit ihre Beweglichkeit und Kreativität sowie ihre Unabhängigkeit von vitalen Bindungen dokumentieren. Sie können, von ihrer vitalen Basis gelöst, frei agieren und die reine Triebnatur transzendieren. Die betont in die Oberzone reichende Streckbewegung vermittelt den Eindruck höherer Geistigkeit und, andererseits, mangelnder Verwurzelung und Bodenständigkeit. Solche Menschen suchen die überpersönliche Wahrheit, können jedoch häufig nicht zwischen Traum und Wirklichkeit unterscheiden. Kommt *Völle* hinzu, ist der Schreiber ein Illusionist und Traumtänzer.

Betonte Oberlängen sind auch ein Hinweis auf Offenheit und eine Neigung zu geistigen Höhenflügen. Positiv sind sie ein Ausdruck von Idealismus, negativ von Versponnenheit und mangelnder gedanklicher Gründlichkeit. So gesehen, weist die *Oberlängenbetonung* verwandte Züge mit der *Rechtsläufigkeit* auf, die ebenfalls ein Zeichen starker Dynamik, mitmenschlicher Offenheit, Konzilianz und Konventionsgebundenheit ist.

Der Rechts-oben-Zug repräsentiert unter anderem das Vaterbild des Schreibers. Nach rechts oben weisende Spitzen, Fangschleifen und Harpunen, Deck- und Schirmformen (Arkaden), sehr hoch angesetzte *t*-Striche, stark linksläufige

Oberzeichen und nach links eingedrückte *d*-Schleifen zeigen ein gestörtes, negatives Vaterbild. Aggressivität, Furcht, Abwehr und Abkehr sind die Folge. Auch das Verhältnis des Schreibers zu Autorität, Disziplin, Gesetz und Moral wird in der Oberzone sichtbar. Mangelnde Unterordnungsbereitschaft, Schwierigkeiten im Verhältnis zu Vorgesetzten und Opposition gegen »die da oben« sind hier zu erkennen. Die vielfältigen Bedeutungen der *Oberlängenbetonung* lassen sich nur im größeren Zusammenhang bestätigen oder ausschalten. Erst eine sorgsame Beurteilung der gesamten Schrift läßt im Einzelfall konkrete Aussagen über die Persönlichkeitsstruktur eines Probanden zu. Viele der hier angegebenen Befunde sind zwar empirisch bestätigt, entbehren jedoch einer überzeugenden theoretischen Grundlage.

A. **allgemeines Verhalten**
1. idealistisch
   faustisches Streben und Suchen
2. Wunsch die Fesseln des Alltags zu
   sprengen
   gewissensorientiert
   Vervollkommnungsdrang
   Suche nach Sinn
3. subalterne Moralität
   unverbindlich, vage
   freiheitsliebend
4. schweifendes Wesen
   Bohèmenatur
   Abenteurer
   weltfremd
   Angst vor der Realität
5. aufgeblasen
   ohne Grundsätze

G. **geistige Fähigkeiten**
1. überdurchschnittlich
   Streben nach Erkenntnis
   Intuition
2. geistig dynamisch

geistig gewandt
bildungshungrig
geistig stark interessiert
intellektuell
theoretische Begabung
begeisterungsfähig
Hang zum Übersinnlichen
3. dynamisch
   wissensdurstig
   unstet im Denken
   sehr abstrakt im Denken
   traumtänzerisch
   nach Höherem strebend
   in höheren Regionen schwebend
   Mangel an Wirklichkeitssinn
   unfähig, Einbildung und Wirklichkeit
   zu trennen
   Neigung zum Schwindeln bei subjek-
   tiver Ehrlichkeit
4. Mangel an Beobachtungsgabe
   in Illusionen befangen
   vorurteilsbehaftet
   zweiflerisch
   oberflächlich, ohne Tiefgang

Das Raumbild 181

spekulativ
grüblerisch
Verwechslung von Phantasie und
  Wirklichkeit
5. versponnen
illusionistisch
utopisch
überspannt

W. **Willensbereich**
2. ins Allgemeine strebend
an den eigenen Zielen und
  Interessen wachsend
von starkem Ehrgefühl besessen
3. strebsam
ehrgeizig
4. impulsiv
voreilig
Streber
fanatisch

I. **Ich-Bereich**
2. Tendenz zu Idealisierungen
3. hohes Selbstwertgefühl
4. in Luftschlössern lebend
Geltungsdrang
eitel
überheblich
hochfahrend
illusionäres Selbstbild
selbstherrlich
5. Hochstapler

F. **Fühlen, Gemüt**
2. vergeistigt
Interesse an metaphysischen
  Fragen
fromm
3. Begeisterung als Grundstimmung
euphorisch
romantisch
unrealistische Sehnsüchte

4. Neigung zu Illusionen und Schwär-
   merei
überschwenglich enthusiastisch
verstiegen
leichtsinnig
leicht entflammbar
heftig, auffahrend

V. **Vitalbereich**
3. Sublimierung der Triebe
4. Mangel an vitalen Bindungen
relativ schwache Vitalbasis
unterentwickeltes Verhältnis zur Körperlichkeit
dünnblütig
triebunsicher
nicht bodenständig, erdfern
manisch unruhig
schweifend
hochfahrend
Spielerleidenschaft, Spielernatur
unseriös, unsolide
5. prinzipienlos

M. **mitmenschlicher Bereich**
3. anpassungsbereit
4. unabhängig von natürlichen Bindungen
kontaktlos
ungebunden
treulos
herrschsüchtig
5. unbeherrscht
umstürzlerisch

L. **Leistungsbereich**
1. Führungsambitionen
von der eigenen »Sendung« überzeugt
2. Hingabe an generelle Interessen
idealistisch
3. vielseitig begabt

risikofreudig
4. desorientiert
leichtsinnig
flüchtig
oberflächlich
Abneigung gegen körperliche Arbeit
ungründlich
unsolide
unbelehrbar
verantwortungsscheu

S. Sonderformen

übertrieben langes
Hervorschießen der
Oberlängen
W.3. Risikobereitschaft
  4. Herrschsucht aus Ehrgeiz
      unbezähmbarer Aufstiegsdrang
I.2. Führungsambitionen
F.4. Neigung zu Übertreibungen
V.4. unsolide
L.4. abenteuerlicher Unternehmungs-
     geist

einzelne, nach oben schießende
Langlängen
G.4. Spekulationslust
I.3. ehrgeizig aus Selbstdarstellungs-
     gründen
F.4. Neigung zur Übertreibung

erste Oberlänge kürzer als zweite
I.4. Minderwertigkeitsgefühle

Hervorschießen einzelner,
schmaler Oberlängen
I.2. Führungsambitionen
V.4. Spielernatur

Betonung der Oberlänge durch Völle
G.4. Neigung zu Illusionen und Utopien
     spekulativ, verträumt

Anflicken von Schleifen, die vorher zu
mager waren
I.4. idealistische Selbsttäuschung

nach rechts geknickte Oberlänge
F.4. auf ideellem Gebiet enttäuscht

nach links geknickte Oberlänge
I.3. Nebeneinander von Selbständigkeits-
     streben, Unsicherheit und Darstel-
     lungsverlangen

das gleiche in Schriften Jugendlicher
V.4. Pubertätsstörungen

Umbildung von Schleifen und Spitzen in
der Oberlänge zu Arkaden
G.2. imitatorischer Formensinn
  3. Augenmensch
  4. phrasenhaft
I.4. narzißtisch
     Neigung zur Selbstdarstellung
M.4. Neigung, sich mit fremden Federn zu
     schmücken

abgeknickte kleine d-Köpfe, die nach
unten durchgezogen sind
W.4. eigensinnig

dieselbe Bewegung am h nach links
geknickt oder rechts unten durchgezogen
I.4. rechthaberisches Sich-Sperren gegen
     bessere Einsicht
V.4. Hemmungen aus pubertärem Eigen-
     sinn oder aufgrund von Minder-
     wertigkeitsgefühlen

Das Raumbild

Schleifen statt Winkel am t
F.4. schwärmerisches Wesen
Neigung zur Übertreibung

sehr (zu) hoch angesetzter t-Strich
V.4. gestörtes, negatives Vaterbild

verkrümmte Oberlänge
G.4. geistlos
W.4. unlustig
V.4. undynamisch
F.4. gewöhnlich

Mittellage vernachlässigt
L.4. große Anstrengung bei
kleiner Leistung

Oberlänge in die Unterzone gerissen
(Kürassierstiefel)
I.4. narzißtisch
V.4. verborgene Freude am materiellen
Genuß
M.4. herablassend

in die Oberzone gerissene und über der
Zeile schwebende Kurzlänge
A.4. unfähig, sich festzulegen
V.4. leichtlebig
L.4. nicht gründlich

Ober- und Unterlängen verkürzt
I.2. Hervorhebung der eigenen Würde
und des eigenen Wertes

Die Unterlängenbetonung Auf ein ganzes Spektrum von
Bedeutungen verweist auch die *Unterlängenbetonung*. Die
Symbolik dieses Stilmittels ist sehr anschaulich. In ihr reflektiert sich Triebhaftigkeit, Sexualität, Bodenständigkeit und
seelische Tiefe des Schreibers.

Die *Unterlängenbetonung* entsteht durch eine besonders
auffällige Beugebewegung, die innere Festigkeit, Beharrlichkeit und Unbeweglichkeit ausdrückt. Wer die Unterlängen betont, ist im allgemeinen gründlich und realistisch und
hat eine Vorliebe für das Konkrete und Gewachsene. Sein
Geist schlägt gleichsam tiefe Wurzeln und beraubt die Dinge aller Illusionen. Sachlichkeit und Nüchternheit zählen.
Menschen, die so schreiben, halten sich an das Altbewähr-
te. Sie sind zufrieden mit dem, was sie in der Hand halten,
und haben stärkere materielle als geistige Interessen. In
ihrer Vorstellungswelt sind vor allem Triebbilder lebendig,
und die Verhaftung daran ist um so größer, je voller die
Unterschleifen sind. Ob der Sexualität ein Sonderstatus
zukommt, ist zweifelhaft, es sei denn, es treten spezielle
Verdickungen oder *Stauungen* im unteren Drittel der
Unterlängen auf. Nicht geschlossene Unterschleifen lassen

sich so interpretieren, daß das Triebhafte nicht ausgelebt, sondern, obwohl man sich dessen bewußt ist, eher ignoriert wird.

Es gibt verschiedene Spielarten *nicht* geschlossener Unterschleifen, sie sind daher differenziert zu betrachten, will man dem Schreiber mit der Deutung gerecht werden. Wenn Unterschleifen zu hoch geschlossen sind, ist die Abdrängung der Triebimpulse nicht wirklich gelungen, und der betreffende Proband vertraut seinen Instinkten mehr als der Vernunft. Der graphologisch relevante Zug der Unterlängenbetonung führt nach links und ist ein tiefenpsychologisch deutbarer Hinweis auf die Mutterimago. »Dort unten« stoßen wir auf unsere Lebensgrundlagen, das heißt unsere Leiblichkeit, jene Sphäre, in der die Sexualität und die unmittelbaren Lebensbedürfnisse beheimatet sind. Daher drücken sich in den Unterlängen auch die allgemeine Freude an der Körperlichkeit, der Praxisbezug und die technische Begabung des Schreibers aus.

Alles in allem gibt die Unterlängenbetonung Aufschluß über jenen Bereich, den Sigmund Freud als das *Es* bezeichnet hat. Mit diesem Begriff umreißt er alle unzensierten, »animalischen« Triebregungen. Je stärker die Unterzone ausgeprägt ist, desto mehr ist der Schreiber den sinnlichen Freuden des Lebens zugetan; zusätzlicher *Druck* ist ein Hinweis auf Lebensgier, hinzukommende *Teigigkeit* auf den Hedonisten.

Magerkeit und *Schleifenlosigkeit* in der Unterzone sind Indikatoren für Besitzstreben, Wertschätzung des Geldes und deuten auf Interesse an Grundbesitz und an technischen Dingen. Laufen solche mageren Züge nach unten spitz zu, stehen sie also auf »*Zehenspitzen*«, dann äußern sich in diesen Zügen *tiefsitzende Unsicherheit* und Labilität. Tief hinunterreichende und einigermaßen flächige Formen in der Unterzone symbolisieren beim weiblichen Geschlecht einen Hang zur Mütterlichkeit.

Ob bei der *Unterzonenbetonung* echte oder unechte Festigkeit vorliegt, erkennt man am Antrieb und an der Beschaffenheit der Mittelzone.

A.	allgemeines Verhalten	3.	lebensnahe Ziele
2.	Neigung zur Grundsätzlichkeit		Neigung zu innerer Erstarrung
	Liebe zu allem Organischen und	4.	zäh bis unbeweglich
	Naturgegebenen		Kraftmeier
	besonders tierliebend		
	tiefschürfend	I.	Ich-Bereich
3.	in sich ruhend	2.	innerlich sicher
	praktisch und pragmatisch	3.	natürliches Eigenmacht-
	Liebe zu Besitz und Eigentum		gefühl
4.	festhaltend		realistisch
	ohne Ideale	4.	selbstgerecht
	materalistische Weltanschauung		
		F.	Fühlen, Gemüt
G.	geistige Fähigkeiten	2.	warmherzig
2.	gute Beobachtungsgabe	3.	gemütvoll
	anschauliches Denken	4.	schwerblütig
	praktisch-technisch begabt		
	Wirklichkeitssinn	V.	Vitalbereich
3.	mehr dem Instinkt als dem Verstand	1.	besondere Lebensfülle
	vertrauend		triebstark und triebsicher
	zielgerichtet denkend		urwüchsig
	Abneigung gegen Spekulationen	2.	vitale Verwurzelung, Erdnähe
	dem Gegenständlichen verhaftet		körperbetont
4.	hartnäckig im Denken		instinktgeleitet
	Mangel an geistiger Aktivität		lebensvoll
	vorurteilsbeladen	3.	lebensnah
	geistig schwerfällig		dem Konkreten verhaftet
			Dominanz des Unbewußten
W.	Willensbereich		erdnah
2.	standfest		Erwerbssinn
	aktiv		sportlich

4. Unstimmigkeiten im Tiefenbereich
   der Persönlichkeit
   der Materie verhaftet
   Neigung zu sexuellem Phantasieren
   stark erotische Einbildungskraft
   voyeuristisch
   sexuelle Eitelkeit
   starke Libido
   Genießernatur
5. in pubertären Spannungen stecken-
   geblieben
   Vitalkomplex
   von den Niederungen des Lebens
   angezogen

M. mitmenschlicher Bereich
2. ausgesprochener Familiensinn
   verwurzelt in Heimat und Familie
   erdgebunden
   bodenständig, seßhaft
   mütterlich fürsorglich
3. anhänglich
   solide Bürgerlichkeit
4. kühl und hart
   gehemmt
   phlegmatisch
   sinnlich
5. von der Sexualität abhängig
   hingabefähig
   rücksichtslos egoistisch

L. Leistungsbild
2. gründlich, genau
   gewissenhaft
   zuverlässig
   sachlich
3. praktisch
   technisch-praktischer Sinn
   Verständnis für alles Stoffliche
   lebenstüchtig
4. bürokratisch
   materialistisch

besitzorientiert
auf Geld fixiert
pedantisch
undynamisch
schwerfällig
5. lustlos
   völlig unmotiviert

S. Sonderformen

dreieckige Unterschleifen
A.4. Gegensatz zwischen Sein
     und Schein
W.4. Überkompensation fehlender Kraft
     mangelnde Übereinstimmung
     zwischen Wunsch und Wirklichkeit
     herrische Überdeckung von
     Triebwünschen
     meist unechte, gelegentlich auch
     echte Forschheit
     sporadische Energieschübe
     jeglicher Verpflichtung abgeneigt
M.4. herrschsüchtig im kleinen Kreis
L.4. verantwortungsscheu

desgleichen in Frauenschriften
V.4. verdrängte weibliche Erotik
     innere Unordnung bei intakter
     Fassade
F.3. manchmal auch unterdrückte
     Zärtlichkeitswünsche

flächige Unterlängen in Frauenschriften
M.2. Mütterlichkeit

Betonung der Unterlängen
durch Schleifen
F.3. Verwöhnungswünsche
     unterdrücktes Zärtlichkeitsverlangen

Unterschleife zu weit geschlossen
W.4. kraftlos
     resigniert

Das Raumbild

tief geschlossene Unterlängen
V.3. Verzicht auf erotische Beziehungen
   4. verdrängte Gefallsucht
M.4. geringe Bindungskraft

einzelne, besonders tief hinab-
gestoßene Unterlängen
W.3. kraftlose Suche nach
      Festigkeit und Halt

spitzwinklig gerissene Unterlängen
V.5. jähzornig

nach links weggewehte Unterlängen
I.4. passiv und eigenbrötlerisch
      unter Umständen: homoerotisch
M.4. Anlehnungsbedürfnis ist größer als
      zugegeben
A.5. infantil

rechtsläufige Abbiegung
der Unterlängen
F.3. instinktives Einfühlungsvermögen
L.2. Sublimation
   3. Verdrängung der Triebimpulse
      zugunsten der Leistung

linksläufige Schale in der Unterlänge
F.2. poetisch
      mystische Neigungen
   3. Hang zum Flirten

doppelte Schnörkel an den
Unterlängen
I.4. eitel
F.3. Wunsch nach Zärtlichkeit
V.3. (bei Männern) weiblicher Einschlag

parallel laufende Unterlängen
A.4. doppelte Moral
M.4. Angst vor Bindungen
L.4. lavierend

lang oder breit ausgeführte
Unterlängen, die nach oben
nicht durchgeführt sind
V.4. Neigung zur Verdrängung

dünne, lange Unterlängen
V.4. versteckte Naschhaftigkeit und
      Genußsucht

zugespitzte, scharfe, schmale
Unterlängen
F.4. empfindlich
      prüde
V.4. reizbar

zugespitzte, nicht geschlossene
Unterlängen

I.4. eitel
      anspruchsvoll
      gekränkte Eitelkeit
      versteckte Aggression
A.4. kompensatorische
      Wichtigtuerei
G.4. starrköpfig
V.4. negative Einstellung zur eigenen Ver-
      gangenheit
W.4. nein sagen, starker Eigenwille, auch
      Eigensinn

scharf gequerte Unterlängen
W.4. herrschsüchtig aus Frustration

abgerissene Unterlängen
V.4. gehemmt
      sexuell gestört
   5. schwere Triebstörungen
      innerlich zerrissen

Unterlängen größer als Oberlängen A.3. praktisch begabt	verkümmerte Unterlängen

$$g = g_{1}, g_{1} \underline{g}.$$
$$lang\ jährige$$

magere Unterlängen (auch Deckzüge) V.4. schwache Libido starke Verdrängungsmechanismen	A.4. Grundsatzlosigkeit G.4. instinktlos mangelnder Wirklichkeitssinn
magere Unterlängen, die in Spitzen auslaufen A.4. labil	mangelnde Lebenserfahrung Stubenhocker W.4. undynamisch
Unterlänge in die gerissene Oberlänge (z.B. bei H und G) A.4. materialistische Einstellung I.4. körperliche Eitelkeit	Mangel an innerem Halt unsicher innerlich ohnmächtig V.4. unsinnlich
in die Unterlänge gerissene Kurzlänge (bei v und a) G.3. Schulmeisterei 4. besserwisserisch M.4. seelisches Dominanzstreben	vitale Schwäche geringe Reserven geringe Regenerationskraft M.4. ohne Verhältnis zur Tradition L.4. nicht gründlich Mangel an Übersicht I.4. Mangel an Selbstvertrauen (in Kinderschriften)

Der Wortabstand *Wortabstände* sind raumsparende und raumgebende Bewegungen des Innehaltens. Sie schaffen Leerstellen und gliedern den Raum; je deutlicher die Wörter voneinander abgehoben sind, um so stärker und intensiver hebt sich auf seiten des Schreibers ein Einzelgedanke vom anderen ab. Raumsymbolisch betrachtet, ist die Größe der Wortabstände ein Indikator für die Distanz zwischen dem »Schrifteigner« und seinen Mitmenschen.

Der normale Abstand zwischen Wörtern beträgt eine Buchstabenbreite, was darüber liegt, gilt als weit, was darunter liegt, als eng. Ein großer Wortabstand deutet auf Distanz und Zurückhaltung – bis hin zur Isolierung –, zeigt aber auch die Tendenz, Umschau zu halten, Übersicht zu gewinnen und achtzugeben. Man distanziert sich im allgemeinen von einem Problem, um es besser bewältigen zu können.

Kommt zum großen *Wortabstand* ein großer *Zeilenabstand* hinzu, liegt neben unwillkürlichen Kontaktstörungen eine willentliche Kontakterschwerung vor. Solche Menschen haben sich auf sich selbst zurückgezogen. *Große Wortabstände* zerreißen das Schriftbild innerlich, die darin zum Ausdruck kommende Distanz ist jedoch unwillkürlich und rührt von inneren Zwängen her. *Kleine Wortabstände* deuten auf eine unmittelbare Verbundenheit mit der Umwelt, auf menschliche Nähe, Wärme und auf eine Kontaktfreudigkeit, die bis zur Unbedenklichkeit reichen kann. Eine Fehlform sind die sogenannten *Binnenlücken* innerhalb eines Wortes. Sie sind ein Hinweis auf die Unfähigkeit, am *richtigen* Platz zu differenzieren, und Ausdruck einer gewissen Hilflosigkeit.

Wortabstand groß und überweit	5. Neigung zu folgenlosen
G.2. Einfallsreichtum	Gedankenspielereien
3. flexibel im Denken	I.4. falsche Selbsteinschätzung
musikalisch	sich selbst fremd
4. ablenkbar	expansiv
zeitweilig unproduktiv im Denken	selbstverhaftet
sprunghaft im Denken	5. blasiert

V.4. innerlich einsam
isoliert
Neigung zum Tagträumen
5. hilflos
M.4. reserviert
wenig mitteilsam
5. unfähig zur Integration

Wortabstände weit
A.2. großzügig
G.3. nachdenklich
analytisch
mehr aus dem Kopf als aus dem
Gefühl lebend
Vorliebe für Abstraktionen
Neigung zum sinnlosen Organisieren
und Disponieren
mehr theoretisch als praktisch
ausgerichtet
4. unanschaulich im Denken
langsam und schwerfällig im Denken
detailverhaftet
I.3. Neigung zur Selbstbeobachtung
4. anspruchsvoll
selbstverhaftet
innerlich einsam
eigenbrötlerisch
F.3. besinnlich
4. weltfremd, leer, isoliert
M.3. einzelgängerisch
distanziert, reserviert
4. verschlossen
kontaktarm, innerlich
distanziert
Mangel an Spontaneität
vereinsamt
5. Sonderling

Wortabstand größer als Zeilenabstand
G.4. langsam und schwerfällig im Denken
Neigung zu folgenlosen Gedanken-
spielereien

M.3. gesellschaftlich versiert,
persönlich gehemmt
Kontaktprobleme
äußerlich gesellig, innerlich isoliert
4. äußerlich intakt, innerlich gehemmt
kontaktsuchend und zugleich
kontaktunfähig
unfähig zur Integration
zudringlich

**Wortabstand weit bei engem
Zeilenabstand**
M.4. kontaktsuchend und zugleich
kontaktunfähig

**betont weite Wortabstände bei
Zeilenverhäkelung**
M.4. äußerlich leutselig
betont gesellig, innerlich isoliert

Wortabstand mäßig und klar
A.2. geordnete Lebensverhältnisse
G.2. Organisationsgabe
Ordnungssinn
klar im Denken
logisch denkend
3. verständlich argumentierend
deutlich in der Ausdrucksweise
M.2. im richtigen Maße angepaßt

**zunehmend enger werdende
Wortabstände**
A.3. sparsam
G.2. schnell im Erfassen
anschaulich im Denken
3. realistisch tolerant
4. beschränkt
nur begrenzt ausdrucksfähig
gestörtes Phantasieleben
distanzlos
Mangel an Übersicht
unüberlegt

Das Raumbild

unlogisch denkend
undeutlich in der Ausdrucksweise
unklar im Denken

Wortabstand eng
G.4. Enge des Bewußtseins
    unbelehrbar
V.3. dünnhäutig
  4. unkonzentriert
    ruhelos
M.3. zu engen Kontakten fähig
  4. neugierig
    unfähig, allein zu sein
    erlebnishungrig
    wahllos gesellig
    eingebunden in einen engen Kreis
    viele, jedoch bedeutungslose
      Kontakte pflegend
    Mangel an Gemeinschaftssinn
    beziehungsunfähig
    indiskret
    wenig anpassungsfähig
  5. zudringlich, taktlos
    klatschsüchtig
L.3. draufgängerisch
  4. total situationsverhaftet
    immer unterwegs
  5. unflexibel
    unordentlich

Wortabstand eng, Zeile weit
M.3. kontaktfähig bei gleichzeitiger Beto-
    nung der Distanz

4. Mangel an ursprünglicher
    Kontaktfähigkeit
V.4. Neigung zu neurotischen
    Angstvorstellungen
    nur äußerlich angepaßt

**enge Wortabstände bei klarer
Zeilenführung**
I.3. aus Unsicherheit zur Imitation
    neigend
  4. innerlich unselbständig bei guter
    äußerer Haltung und scheinbarer
    Überlegenheit

Wortabstand übereng
G.4. ohne Weitblick
    desorientiert
  5. verworren
V.4. ruhelos
    flach
  5. neurotisch
M.4. unfähig, allein zu sein
L.3. betriebsam

auseinandergerissene Wortbilder
G.4. unfähig, aus einer gegebenen Situa-
    tion etwas zu machen
V.4. den Lebensanforderungen
    gegenüber hilflos
    Spielball der Umstände
M.4. Mangel an sozialer Orientierung
    desintegriert, isoliert
  5. entwurzelt

Der Zeilenabstand Während der *Wortabstand* in erster Linie
Ergebnis einer unwillkürlichen Bewegung ist, läßt sich der
Zeilenabstand mit verschiedenen Hilfsmitteln wie Linienblatt
und vorgedruckter Zeile willkürlich verändern. Er ist ein
Merkmal der Schriftgliederung, und der Schreiber zeigt durch

den Zeilenabstand, wie er sich mit dem Raum, also seiner Umwelt, auseinandersetzt. Diese Umweltbeziehung ist durch Nähe oder Distanz gekennzeichnet. Menschen, die einen weiten Zeilenabstand halten, respektieren den Lebensbereich ihrer Mitmenschen und wahren den eigenen – ob aus innerer Souveränität oder aus Indifferenz.

Ein *enger Zeilenabstand* ist ein Indiz für engagiertes Handeln und für die Neigung, auch gesetzte Grenzen zu überschreiten, was besonders für die *Zeilenverhäkelung* gelten dürfte. Sie ist ein Hinweis auf einen Mangel an Distanz, auf die Übertretung von Konventionen und einen geringen Grad von Selbständigkeit. Neben seiner geistigen Unausgegorenheit dokumentiert der Schreiber damit auch seine Hilflosigkeit. Wie bei einem *großen Zeilenabstand* die Fähigkeit, zu gliedern, zu planen, zu organisieren und zu disponieren, deutlich hervortritt, so zeigt sich in einem *engen Zeilenabstand* die Abwesenheit all jener Vorzüge. Ein solcher Schreiber verstrickt sich in alle möglichen Aktivitäten und kommt aus eigener Kraft selten zurecht. Gelegentlich finden sich auch elegante Ausweichmanöver, um eine direkte Zeilenverstrickung zu vermeiden. Hier kann man auch eine unklare Gedankenführung annehmen, aber die instinktive Sicherheit ist so groß, daß es nicht zu größeren Störungen kommt.

Das Raumbild   193

großer Zeilenabstand
A.2. prinzipiell geordnetes Weltbild
G.2. klare Gedankenordnung
Verstandesvorherrschaft
fähig, zu disponieren und zu planen
Organisationstalent
umsichtig
fähig, abstrakt zu denken
Bedürfnis nach Übersicht, Ordnung
und Klarheit
fähig, einen Sachverhalt in seine
Bestandteile zu zerlegen
3. überlegt, kühl und nüchtern
systematisch
differenzierungsfähig
bewußt
4. intellektuell
formal
schematisch
Neigung, vitale Defizite
intellektuell zu kompensieren
bemüht, seelische Störungen durch
geistige Distanzierung davon in
den Griff zu bekommen
M.4. beziehungsunfähig
distanziert

zu großer Zeilenabstand
G.3. wegen voreiligen Denkens unfähig,
bestimmte Entschlüsse in die
Praxis umzusetzen
4. um gedankliche Originalität
bemüht
Mangel an Objektivität
diskontinuierlich im Denken
W.3. Neigung zur unbewußten Korrektur
von Entschlüssen

Zeilenabstand größer als
Wortabstand
G.2. fähig, zu disponieren und zu
organisieren

fähig, planvoll und folgerichtig zu
handeln
klar und anschaulich im Denken
M.3. distanziert bei voller
Kontaktfähigkeit
4. distanziert aus eigensüchtigen
Gründen
I.4. eigenbrötlerisch
anspruchsvoll
L.4. Mangel an Objektivität
Mangel an Spontaneität

mäßig weiter Zeilenabstand
G.1. geistige Reife
2. umsichtig
souverän
3. praxisbezogen im Denken
instinktive Einsicht in Zusammenhänge
realistisch
Empfinden für Ordnung
I.2. innerlich ausgeglichen

deutlicher Zeilenabstand bei
engem Wortabstand
M.3. äußerlich gesellschaftsfähig,
innerlich kontaktunfähig

enger Zeilenabstand
G.4. mangelnde Übersicht
Neigung zu Vorurteilen
I.4. rechthaberisch
subjektivistisch
M.3. extravertiert
menschlicher Nähe bedürftig
sozial
instinktive Sicherheit im
Umgang mit anderen
Menschen
voll Vertrauen

Vermeidung von Verstrickungen
A.2. instinktive Sicherheit
G.3. Dominanz der Phantasie
gegenüber dem Denken
ganzheitliche Weltsicht im
Denken und Handeln
stark an den konkreten
Gegebenheiten orientiert
4. Mangel an analytischem
Differenzierungsvermögen
unfähig, einer logisch
begründeten Argumentation
zu folgen
unordentlich in der Gedankenführung
unselbständig im Urteil
5. verworren im Denken
unbelehrbar
I.2. kontrolliert
4. konfus
V.3. Sinnenmensch
M.2. konfliktscheu
3. neugierig
4. klatschsüchtig
Neigung zur Einmischung
L.4. unfähig, eine Situation rasch
zu erfassen und sich
entsprechend anzupassen

nach unten hin kleiner
werdende Zeilenabstände
A.4. unter ständigem Zeitdruck
stehend
G.4. Mangel an Einteilungsvermögen
unfähig, ein Ende zu finden
L.4. Furcht vor neuen Situationen
Tendenz, notwendige
Maßnahmen hinauszu-
schieben
Angst vor Neuem
5. unfähig, die eingefahrenen
Gleise zu verlassen

nach unten hin größer werdende
Zeilenabstände
A.3. zuversichtlich
zunehmend mutiger
W.4. Mangel an Selbstbeherrschung
undiszipliniert

Zeilenverhäkelung
A.5. undurchschaubar
G.4. unfähig, sich klar
auszudrücken
Mangel an geistiger
Klarheit
unfähig, klare Verhältnisse
zu schaffen
unfähig, die eigenen Gedanken
zu ordnen
5. im Denken wenig
leistungsfähig
verworren im Denken
nicht darum bemüht, verstanden
zu werden
W.4. eigensinnig
V.4. Dominanz der Affekte gegenüber
der Vernunft
M.4. kann auch Geborgenheitswunsch
sein
distanzlos
Tendenz, sich in fremde Angelegen-
heiten einzumischen
wenig einfühlsam gegenüber
den Gefühlen anderer
5. zudringlich
aufdringlich
rücksichtslos
bohrend neugierig
hämische Klatschsucht
L.4. in Einzelheiten verstrickt

Das Raumbild 195

Die Zeilenführung In der Schule lernt man, horizontale und gerade Zeilen zu schreiben. Weicht ein Schreiber davon ab, fällt das auf. Diese Abweichungen können verschiedener Art sein, wobei die Zeilen entweder nach oben oder nach unten verlaufen, gewölbt oder gehöhlt, schwankend oder unregelmäßig sind, über oder unter der Zeilenlinie entlangführen.

gerade Zeilenführung

steigende Zeile

fallende Zeile

oberhalb der vor-
gedruckten Linie

an der Linie klebend

Zeile gehöhlt

Zeile gewölbt

dachziegelförmig steigend

dachziegelförmig fallend

unregelmäßig, wellenförmig

Seine Auseinandersetzung mit dem vorgegebenen Raum und der Linie zeigt, wieweit die optische und verstandesmäßige Kontrolle eines Schreibers wirkt. Man muß dabei bedenken, daß elementare Bewegungsimpulse in die Gestaltung des Raumbildes eingehen, so daß die *Zeilenführung* ein Ergebnis des Widerspruchs zwischen natürlichen und kontrollierten Bewegungen ist. Eine *gerade Zeilenführung* läßt immer darauf schließen, daß die Grobkontrolle des Schreibers, seine planmäßige Steuerung, gut funktioniert. Um diesen Eindruck aufrechtzuerhalten, wird bei unliniertem Papier oft ein Linienblatt unterlegt. Ob ein Linienblatt verwendet wurde, läßt sich nachprüfen, indem man *alle Zeilen*, insbesondere bei doppeltem Abstand der Über- und Unterschrift, mit dem Stechzirkel ausmißt.

Starke Ungleichmäßigkeiten und Unregelmäßigkeiten lassen auf mangelnde Steuerung und Zügelung der Antriebe schließen. Fällt die Zeile, so ist das Ausdruck eines depressiven Charakters, steigt sie, läßt das auf einen erheblichen Ehrgeiz schließen. Ob fallend oder steigend, wellenförmig oder gerade, immer ist die Zeilenführung ein Reflex der Lebensgrundstimmung, wogegen die Führung der Einzelzeile das momentane Stimmungsbild wiedergibt. Aber auch solche »Stimmungsbilder« erlauben im Zusammenhang mit der Gesamtdeutung tiefen Einblick in die Psyche des Schreibers, besonders, wenn sie stark ins Auge fallen. Die *verschiedenen* Formen der Zeilenführung deuten daher auf höchst unterschiedliche Charaktermerkmale hin.

gerade Zeile	**genau auf dem Zeilenvordruck**
A.3. äußerlich korrekt	**(Kleben an der Zeile)**
konventionell	W.3. diszipliniert
mit sich im reinen	I.4. unselbständig
W.2. in einem großzügigen Rahmen lei-	V.3. eingefahren
stungsfähig	4. unsicher
innerlich fest	L.3. verläßlich in kleinen Dingen
zielbezogen	
zielstrebig im großen	**Zeile nach dem Linienblatt ausgerichtet**
unablenkbar	A.3. bemüht, einen guten Eindruck zu
unbeirrbar	machen
ausdauernd	G.4. ordnungsliebend oder bemüht, Ord-
F.2. emotional stabil	nung vorzutäuschen, wobei es
4. innerlich nicht engagiert	dazu an Kraft mangelt
gemütskalt, unlebendig	W.4. um Korrektheit bemüht, wobei es
5. stumpf	dazu an Kraft fehlt
M.4. nicht sehr ansprechbar	haltsuchend
L.2. verläßlich	I.4. äußere Anerkennung
beständig	suchend
ordnungsliebend	L.4. Neigung zum Schematismus und zur
sorgfältig	leeren Form
vor monotoner Arbeit nicht zurück-	5. sich nicht zu seinen Hilfsmitteln
schreckend	bekennend

Das Raumbild

oberhalb der vorgedruckten Zeile
verlaufend
A.3. überheblich
   4. weltfremd
G.4. wirklichkeitsfremd
     desorientiert
W.2. nach Selbständigkeit
     strebend
   3. eigenwillig
I.4. Mangel an Selbstvertrauen
V.4. berührungsscheu
L.3. nach Selbständigkeit strebend
     unorthodox
     mit wenig Erfolg darum bemüht, keinem Schema zu verfallen

steigende Zeile
A.3. optimistisch
     dynamisch
W.3. eifrig
     ruhelos, aktiv
I.4. in Selbstüberschätzung lebend
V.3. innerlich heiter
     euphorisch
     seelisch
     hochgestimmt
   4. außergewöhnlich erlebnisfähig
F.4. erregt, überdreht
M.3. mitteilsam
L.2. schwungvoll
     ehrgeizig
     leistungs- und arbeitswillig
   4. leichtsinnig
   5. ohne innere Basis

fallende Zeile
A.4. pessimistisch
     melancholisch
G.4. geistlos
W.4. wenig ausdauernd
     mutlos
     wenig entschlußfreudig
I.3. abgekapselt

V.4. entmutigt
     gedrückt
     trübsinnig, niedergeschlagen
     ermüdbar
     resigniert
     depressiv
M.3. besorgt
   4. vom Leben enttäuscht
L.4. undiszipliniert
     schwächlich
     faul

Zeile gewölbt

A.2. im Grunde über mehr
     Antriebs- oder Willenskraft
     verfügen, als es zunächst den
     Anschein hat
   4. theoretischer Pessimismus bei
     praktischem Optimismus
W.2. allmählich anlaufender Eifer
F.2. allmähliche Erwärmung
I.3. spontane Unzufriedenheitsreaktionen weichen besserer Erkenntnis
M.3. sich anfreunden mit Abgelehntem

Zeile gehöhlt

W.3. vorzeitiges Erlahmen
   4. lebhafter Einsatz bei geringerer
     Durchhaltekraft
     bald wieder abflauender Eifer
F.4. nachlassende Spannung
     Strohfeuernatur
I.4. kritiklose, unkontrollierte Hingabe an
     die innere Zuständigkeit

dachziegelförmig steigende Zeile

W.3. ständig mit der eigenen Leichtfertig-
keit kämpfend
dauernd im Kampf um das psychische Gleichgewicht

I.3. sich durch Selbstkontrolle vor Über-
eifer und Mutlosigkeit schützend

L.3. um ein hohes Arbeitstempo bemüht

dachziegelförmig fallende Zeile

W.3. gegen Mißstimmung und Minderwertigkeitsgefühle kämpfend

L.3. trotz besten Willens nur beschränkt
belastbar

Zeilenende absinkend

G.4. unüberlegt
mangelnde Einteilungsfähigkeit

W.4. unter Selbstüberforderung leidend

V.4. übereifrig
Neigung, die eigene Scheu überzu-
kompensieren
aggressiv

M.4. sich von den Mitmenschen eingeengt
fühlend
drauflosredend

L.4. wenig belastbar
zur Übertreibung neigend
unfähig, ein Ende zu finden

Zeilenende ansteigend

M.4. (in Kinderschriften) mangelnde
Erfahrung mit menschlicher
Bosheit
(in Erwachsenenschriften) menschen-
verachtend

I.3. Überzeugungskraft
naiv selbstbewußt

schwankende Zeile

A.4. unstabil in der Gesinnung

G.4. mangelnder Ordnungssinn

W.4. unkonsequent
ziellos, zielunbestimmt
unentschlossen

I.4. wenig selbstbewußt
unsicher

F.3. der eigenen Tätigkeit mit Leib und
Seele verhaftet
feinfühlig
gemütvoll, sensibel

4. Stimmungsschwankungen
unterworfen
emotional labil
erregbar
innerlich, unruhig
emotional, reizbar
launenhaft

V.3. lebhaft

M.4. listig

L.4. planlos
unberechenbar
augenblicksgebunden
ohne feste Linie

wellenförmige Zeilenführung

G.3. nur dem eigenen Urteil trauend

I.4. Vorschriften und Konventionen
mißachtend
Ablehnung aller Beschränkungen
individualistisch, eigensinnig
renitent
nicht bereit, Normen
einzuhalten

M.4. schlecht angepaßt

L.4. undiszipliniert
wurstig

5. völlig indifferent

Verengung am Zeilenende

G.4. unfähig zu wirklicher Klarheit

Erweiterung gegen Zeilenende

W.4. ohne konsequente Haltung

V.4. innerlich getrieben

Ränder   Der beim Schreiben verfügbare Raum ist begrenzt. Daraus ergeben sich Probleme, Forderungen und Notwendigkeiten, die es zu meistern gilt. Um mit Sigmund Freud zu sprechen: Der Schreibende muß zwischen »Realitäts-« und »Lustprinzip« ausgleichen. Die individuelle Auseinandersetzung mit dem vorhandenen Raum gibt dem Schriftpsychologen reichlich Aufschluß darüber, wie der Schreiber veranlagt ist und nach welchen normativen Regeln, ästhetischen Grundsätzen oder ökonomischen Prinzipien er einteilt. Da das Schreiben auch ein sozialer Akt ist, sollte man nicht nur die Gestaltung der Schriftzeichen, sondern ebenso ihre Stellung im Raum betrachten. Dabei sind die *Ränder* der Rahmen, der das Bild mitgestaltet.

Der Graphologe muß zwischen *raumsparender* und *raumfüllender Gestaltung* unterscheiden. Während die raumsparende Gestaltung auf einen entwickelten Ordnungssinn, auf Gliederungsfähigkeit, Distanz und Strukturierungsgeschick hinweist, verrät die raumfüllende Anordnung innere Erfülltheit, Hingabefähigkeit und Gutwilligkeit. Der *Raumfülle* liegt Umweltbedrängnis, der *Raumweite* Umweltabhängigkeit zugrunde.

Allseits breite Ränder sind immer ästhetisch geprägt, wogegen schmale oder gar keine Ränder ein Hinweis darauf sind, daß dem Schreiber die Form gleichgültig ist, er sich zumindest den ästhetischen Formen nicht verpflichtet fühlt. Ist die Schrift dabei groß und anspruchsvoll, ist das ein Indiz für Aufdringlichkeit. Läßt der Schreiber oben viel freien Raum, entspricht das einer devoten Haltung. Ein breiter unterer Rand wäre Ausdruck der Distanz nach unten, und zwar aus Taktgefühl oder aus dem Bedürfnis, niemandem zu nahe zu treten. Ein schmaler oberer Rand verrät Mangel an Respekt nach oben, unten deutet ein schmaler Rand auf mangelnde Distanz und die Neigung, andern »auf die Pelle zu rücken«.

Alle übrigen Einzelheiten möge man der Tabelle entnehmen.

allseits genaue Ränder
L.2. ordnungsliebend
  3. genau
  4. pedantisch

allseits ungleichmäßige Ränder
G.4. unkonzentriert
     unordentlich
F.4. nonchalant
I.3. von Äußerlichkeiten
     unabhängig
M.3. unaufmerksam
     gleichgültig gegen soziale
     Beziehungen

allseits breite Ränder
A.1. gepflegter Lebensstil
     hohes Kulturniveau
  2. ästhetische Haltung
     Pflege der äußeren Form
  3. individualistisch
G.2. Formgefühl
I.3. Bedürfnis nach großzügigem Rahmen
  4. Neigung zur Angabe
     protzig
F.2. ästhetisch anspruchsvoll
M.2. umweltabhängig
     distanziert
     reserviert
     arrogant

allseits schmale Ränder
A.3. unkompliziert
     von Äußerlichkeiten unabhängig
  4. stillos, ohne Formgefühl
     kleinlich
  5. ungepflegt
G.3. Neigung zum Tagträumen
  4. geneigt, die Zeit sinnlos verstreichen
     zu lassen
     wenig einteilungsfähig
     unüberlegt

F.3. sorglos
     gedankenlos
     nonchalant
  4. geschmacklos
     knickerig
M.3. direkt
  4. plump
     unhöflich
     aufdringlich
L.2. sparsam
     sachlich
     genau
  3. kleinkrämerisch
     Bevorzugung des Inhalts gegenüber
     der Form
  4. unermüdlich
     unklar über die eigenen Forderungen
     parasitär

allseits fehlende Ränder
G.4. mangelndes Formgefühl
L.2. sparsam
  4. geizig

oben breiter Rand
M.3. Respekt vor Höhergestellten
     bescheiden
     zurückhaltend
     subaltern
  4. unterwürfig
     untertänig
     devot

Rand oben breit, unten schmal
M.4. »Radfahrernatur«, nach oben
     dienend, nach unten tretend

oben schmaler Rand
I.4. Hansdampf in allen Gassen
     aufdringlich, eitel
M.4. liebedienerisch
     nach oben respektlos

unten breiter Rand	schmaler Rand bei großer Schrift
A.3. ängstlich zurückhaltend	I.2. natürlich selbstsicher
I.4. überheblich	W.2. nicht von Zweifeln angekränkelt
hochmütig	
5. blasiert	schmaler Rand bei besonders kleiner
M.2. taktvoll	Schrift
rücksichtsvoll	A.2. bescheiden in der Lebensführung
3. distanziert gegenüber Tiefer-	L.2. sparsam
gestellten	4. geizig
unten schmaler Rand	vollgeschriebene Ränder bei kleiner
M.3. selbstvergessen	Schrift
4. nach unten hin wenig taktvoll und	L.3. alles bis zum letzten ausschöpfend
feinfühlig	4. sparsam bis geizig
stillos	pedantisch

Der Linksrand Der *Linksrand* ist der *Anfangsrand*, daher gilt ihm besondere Aufmerksamkeit. Der Schreiber achtet im allgemeinen am Anfang mehr darauf, welchen Eindruck er erweckt, als am Ende. Ein deutlicher, breiter Linksrand ist konventionell und daher diagnostisch bedeutungslos. Ist er jedoch unverhältnismäßig breit, so ist das ein Hinweis auf eine gewisse Egomanie des Schreibers. Ein sehr akkurat senkrecht angelegter Rand ist ein Indikator für Sorgfalt, Disziplin und Korrektheit; ob dabei eher moralische oder ästhetische Gesichtspunkte in den Vordergrund treten, müßte das übrige Schriftbild erweisen.

Ansonsten verrät ein breiter Linksrand Großzügigkeit, Verschwendungssucht oder Ungeduld, ein schmaler Linksrand dagegen Vorsicht oder Mißtrauen. Bei der Deutung des Anfangsrandes sollte man berücksichtigen, daß seine Gestaltung von verschiedenen äußeren Umständen beeinflußt werden kann, daher müssen andere Merkmale und Strukturelemente die Aussage über den Linksrand immer bestätigen können.

4. Die Analyse der Einzelmerkmale

Linksrand gerade und straff
A.2. konventionell
Übereinstimmung von
Pflichtgefühl und Neigung
äußerst pflichtbewußt
3. um einen guten und korrekten
Eindruck bemüht
4. nur äußerlich korrekt
ängstlich korrekt
W.2. selbstdiszipliniert
innerlich fest
V.4. innerlich verspannt und
neurotisch
M.2. treu, loyal
4. die eigene Schwäche hinter einer
Maske verbergend

breiter Linksrand
A.2. vornehm tuend
innerlich großzügig
Neigung zur Repräsentation
3. kultiviert
konventionell
freizügig
großmütig
4. zur Förmlichkeit tendierend
I.4. anspruchsvoll
großspurig
geltungssüchtig
prachtliebend
angeberisch
F.2. ästhetisch kompetent
über Schönheitssinn verfügend
M.2. großzügig
3. die Etikette respektierend
4. flüchte vor den eigenen Problemen
in Beziehungen zu anderen Menschen
innerlich distanziert
ohne tiefe Bindungen
L.4. verschwenderisch

das gleiche bei kleiner Schrift
I.4. vor den eigenen Problemen
davonlaufend
innerlich unruhig
mit sich selbst unzufrieden

Linksrand mittelbreit
A.3. gutes Auftreten
konventionell
G.2. einteilungsfähig
Formsinn
L.2. pünktlich
ordentlich

Linksrand schmal
A.3. maßvoll und bescheiden
4. ungepflegt
5. unkultiviert
G.3. vorsichtig
besonnen
4. den Inhalt höher achtend
als die Form
I.3. auf Sicherheit bedacht
4. egozentrisch
V.3. unbekümmert
kindlich
naiv
spontan
4. unreif
M.2. hingebungsfähig
taktvoll
3. anspruchslos
zurückhaltend
4. in der mitmenschlichen Sphäre
ängstlich
L.3. einsatzfreudig
sparsam
kleinlich
4. unentwickelter Formsinn
mangelndes Empfinden für
Raumeinteilung

Das Raumbild

gehöhlter Linksrand
W.4. die eigene innere Getriebenheit
kontrollierend
Spätzünder
V.3. innerlich verspannt

gewölbter Linksrand
W.4. die eigene innere Gehemmtheit
kontrollierend
Spätzünder
F.3. voll inneren Unbehagens

unregelmäßig schwankender Linksrand
A.3. unkonventionell
4. großzügig, nicht auf Genauigkeit
bedacht
W.3. sich selbst immer wieder zur Ordnung rufend
I.4. rücksichtslos gegenüber Konventionen
L.4. unfähig oder unwillig, Ordnung zu
halten
unpünktlich
wurstig, gleichgültig
Mangel an Form- und Ordnungssinn
5. schlampig

Stufenrand
A.4. von allgemeinem Unbehagen
durchdrungen
sprunghaft, unstet

I.4. von Mißtrauen gegen sich selbst
befallen

Linksrand breiter werdend
G.4. inkonsequent
W.4. unbeherrscht
zur Haltlosigkeit neigend
F.3. lebhaft
impulsiv, begeisterungsfähig
4. hastig, ungeduldig
M.4. selbstvergessen
formlos im Umgang
spontan
L.4. zur Selbstüberschätzung neigend

Linksrand schmaler werdend
G.3. besonnen
zu übertriebenen Bedenken
neigend
wachsam und vorsichtig
W.3. starke Tendenz zur Selbstbeherrschung
F.3. Tendenz zur inneren Öffnung
Neigung zu Besorgnis und Angst
V.4. innerlich unfrei
M.4. gehemmt
mißtrauisch
L.2. vorsichtig
zu Bedenken neigend
3. peinlich genau

Der Rechtsrand Am rechten Rand bricht der Bewegungsfluß des Schreibers ab. Dieser teils freiwillige, teils erzwungene Stopp findet, je nach Disposition, früher oder später statt und ist Ausdruck des Freiheits- beziehungsweise des Sicherheitsbedürfnisses des Schreibers. Ein aktiver Mensch gestaltet den *Rechtsrand* freizügig und schwankend, ein passiver peinlich genau.

204 4. Die Analyse der Einzelmerkmale

Ein »eingequetschter« Rechtsrand ist ein Indikator dafür, daß der Schreiber mit der Realität nicht umzugehen weiß. Die Merkmale des Rechtsrandes weisen in erster Linie auf das Verhältnis des Individuums zur Form und zu seinen inneren Antrieben hin, aber auch auf den Grad seiner Hinwendung an die Umwelt. Ein breiter Rechtsrand läßt auf Ängste im zwischenmenschlichen Bereich schließen und ist zugleich Ausdruck der Unfähigkeit, eine einmal begonnene Arbeit auch konsequent bis zum Ende durchzuführen.

Rechtsrand breit
A.2. eigenständig
    freiheitsliebend
G.2. Formgefühl
W.2. selbstbeherrscht
   4. entschlußschwach
    nicht durchsetzungsfähig
I.3. verschlossen
    Mangel an Selbstvertrauen
F.2. geschmackvoll
V.3. ängstlich
    von Lebensangst befallen
M.3. vorsichtig distanziert
   4. kontaktlos
    gehemmt
    im sozialen Umgang scheu
L.3. verantwortungsbewußt
    gegenüber größeren Aufgaben verzagt

Rechtsrand breit und regelmäßig
G.2. fähig, eine Situation rasch zu durchschauen
   3. Form- und Raumgefühl
W.2. Körperbeherrschung
   3. willensstark
F.2. apart
    kunstgewerblich begabt
L.2. betont individualistisch

Rechtsrand breit und rhythmisch
W.4. wenig ausdauernd
    vor der letzten Konsequenz
    zurückscheuend
F.4. ängstlich
M.3. zurückhaltend
   4. im zwischenmenschlichen
    Bereich ängstlich
L.4. ohne Ausdauer

Rechtsrand breit und unregelmäßig
G.4. unfähig, sich die Dinge richtig
    einzuteilen
V.4. unruhig
    reise- und wanderlustig

Rechtsrand breit und unrhythmisch
M.3. vorsichtig
   4. beziehungsgestört
    im zwischenmenschlichen Bereich
    ängstlich
W.4. vor der letzten Konsequenz
    zurückscheuend

Rechtsrand mittelbreit
F.3. Raumgefühl
L.3. vorsichtig

Rechtsrand schmal
G.4. unfähig, sich die Dinge richtig
    einzuteilen
    unüberlegt
W.3. mutig, draufgängerisch
I.4. Neigung zur Selbstaufgabe
V.4. unvorsichtig, übereilt
    geneigt, die eigene Angst zu
    kompensieren
    vorwärtsdrängend
M.3. sehr mitteilungsbedürftig
    soziabel
   4. umweltabhängig
    distanzlos
   5. unbeherrscht
    rücksichtslos
L.2. hingabefähig

**Rechtsrand schmal und
rhythmisch**
M.3. lebensnah, umweltverbunden
   4. mitteilsam

Rechtsrand schmal und unrhythmisch
W.4. herrschsüchtig
I.4. geizig
L.4. auf den persönlichen Vorteil bedacht

Rechtsrand bedrängt
G.4. unfähig, richtig zu disponieren
    kurzsichtig
W.4. übertrieben leistungswillig
V.4. erschöpft
    unzufrieden

M.4. mit den Lebensanforderungen kämp-
    fend
    immer knapp bei Kasse
L.4. unfähig, eine Sache abzuschließen

**unregelmäßiger, schwankender
Rechtsrand**
G.4. unfähig zur Einteilung und Planung
    Mangel an Übersicht und
    ökonomischem Sinn

Rechtsrand breiter werdend
W.4. eigenwillig
    nicht ausdauernd genug
I.4. betont distanziert
V.4. ohne Mut zum Risiko
    von bereits überwunden geglaubten
    Hemmungen überschattet
    zunehmende Ängstlichkeit
    von Lebensangst befallen
M.3. die eigene ursprüngliche Umweltzu-
    wendung bewußt korrigierend
L.4. unfähig, Vorsätze einzuhalten

Rechtsrand schmaler werdend
W.4. unfähig, eine angestrebte Form ein-
    zuhalten
F.3. nur langsam auftauend
   4. ästhetische Gesichtspunkte hintan-
    stellend
M.2. hingebungsvoll, selbstvergessen
   3. langsam in der Kontaktaufnahme
    im zwischenmenschlichen Kontakt
    am Anfang scheu

Die Gliederung *Ränder* und *Raumverteilung* erschöpfen die graphologischen Möglichkeiten und Deutungen nicht; die Gesamtheit des Textbildes muß in seiner *Gliederung* analysiert werden. Unter *Gliederung* versteht man die Unterteilung des Textganzen. Wort-, Zeilen- und Randabstände sind

strenggenommen nur Unterformen einer räumlichen Gliederung, die aus dem Bedürfnis erwächst, klare Abgrenzungen
vorzunehmen und neue Gedanken zu kennzeichnen. Die
Gliederung eines Textes hat den Zweck, inhaltliche Differen-
zierungen auch optisch sichtbar zu machen. Sie verrät entweder begriffliches Unterscheidungsvermögen, Streben nach
Klarheit und Übersicht, Organisationstalent, Distanz- und
Formgefühl oder aber Erstarrung, Bürokratismus, Formalismus und Pedanterie.

Wirkt die räumliche Strukturierung eines Textes gelungen
oder wenig gestört, dann läßt sich daraus mit großer Sicherheit auf eine ausgereifte, in sich ruhende Persönlichkeit
schließen, die gegen Störungen von außen weitgehend gefeit
ist. Ist die Gliederung kleinlich und eng, drückt sich darin
eine ängstliche Abwehrhaltung aus. Wenn wegen der
Unzulänglichkeit der Schriftprobe das Gliederungsmerkmal
nicht wirklich kenntlich ist, geht dem Schriftpsychologen
unter Umständen ein wichtiger Deutungsfaktor verloren, und
er sollte in seinem Gutachten entsprechende Einschränkun-
gen machen, zumal er dann nicht über genügend detaillierte
Informationen hinsichtlich der übrigen Raumdeutungsmerk-
male verfügt.

gute Gliederung
A.2. souverän im Auftreten
  aristokratisches Lebensgefühl
  4. individualistische Tendenzen
G.2. beruflich wie privat umsichtig
  organisiert
  systematisch und rational
  geistige Ordnungsprinzipien aner-
  kennend
  zur Lebensplanung bereit
  intellektuell und ästhetisch zur
  Ordnung neigend
  4. Tendenz zum Intellektualismus
  dogmatisch
W.3. Ordnung über Spontaneität
  stellend

  4. prinzipienabhängig
I.4. machtstrebend
  das Ich durch Distanziertheit
  schützend
  geltungssüchtig
  auf neurotische Selbstbeobachtung
  fixiert
  5. vollkommen weltfremd
V.2. gefühls- und instinktsicher
  3. wenig spontan
  unabhängig von der Umwelt und von
  Gefühlen
  4. lebensüberdrüssig
M.4. kontaktarm, scheu
  gehemmt
  kühl

innerlich einsam
infolge der eigenen Distanziertheit
    isoliert
5. ressentimentgeladen
    blasiert, unnahbar
    hilflos

Gliederung ebenmäßig
A.2. innerlich ausgeglichen
    harmonisch
    innerlich ruhig

rhythmische Gliederung
A.2. reif
G.2. mit sich im reinen
    ausdrucksfähig
V.2. innerlich ausgewogen

normale Gliederung
A.2. fähig, Erfahrungen und Gedankengut
    klar zu vermitteln
    in klaren und geordneten Verhältnis-
    sen lebend
    unkomplizierter und aufrechter
    Mensch (bei Regelmaß)
G.2. klar denkend
    ordnungsliebend
    nach Übersicht strebend
    differenzierungsfähig

betont weite Gliederung
A.2. großzügig
G.2. weitblickend
    fähig, sich die Dinge richtig
    einzuteilen
  3. offen
    übermäßig bewußt
W.2. unternehmend, initiativ
  3. Ordnung als Selbstzweck
    betrachtend
I.2. äußerst anspruchsvoll
  3. patriarchalisch

von aristokratischem Lebensgefühl
    durchdrungen
    nach Selbständigkeit strebend
  4. einen großen Lebensraum
    beanspruchend
    nach Macht strebend
    expansiv

schematische Gliederung
A.3. ordnungs- und normgebunden
G.4. ohne eigene Meinung
W.4. subaltern
    blind gehorsam
I.4. unselbständig
V.4. stur
    stumpf
M.3. konventionsgebunden
  4. Heldennatur
L.4. bürokratisch
    der äußeren Form verhaftet

Binnengliederung
A.3. Vorliebe für äußere Korrektheit
G.2. ordnender Geist
    analytischer Kopf
  3. deutlich im Ausdruck
    klar im Denken
  4. zum formalistischen Denken
    neigend
W.3. moralisch (bei schulmäßiger
    Bindung)
I.4. Großzügigkeit vortäuschend
M.3. Furcht, mißverstanden zu werden

nur gelegentlich auffallende
Binnengliederung
A.3. partielle Korrektheit
G.4. unfähig, das Wesentliche vom Unwe-
    sentlichen zu unterscheiden
    enger geistiger Horizont
L.4. pedantisch

sehr deutliche Absatzgliederung	Bedürfnis nach Übersicht, Ordnung
A.3. Wert auf äußere Form	und System
apart	4. Tendenz, Zusammengehöriges
G.2. in fest umrissenen Sinnzusammen-	aus bloßem Systematisierungs-
hängen denkend	drang auseinander-zureißen
3. feines Empfinden für Zusammen-	L.4. Neigung zu leerem
gehöriges	Schematismus

Die Ungliederung   Ungegliedert schreibt, wer sich vom geistigen Ordnungsfaktor löst. Solche Menschen neigen zum Improvisieren und zu Kontaktfreudigkeit, aber auch zu Unklarheit oder Aufdringlichkeit. Ihnen fehlt es vor allem an Weitblick; die subjektive Einstellung herrscht vor, das Gefühl spielt eine viel stärkere Rolle als der mäßigende Verstand. Folge davon können Unmittelbarkeit und Impulsivität, aber auch Taktlosigkeit sein.

Wer den Raum ungegliedert vollschreibt, legt auch im sonstigen Leben gegenüber seiner Umwelt eine (manchmal erfrischende) Gleichgültigkeit an den Tag. Ein solcher Charakter nimmt es nicht so genau, er lebt in den Tag hinein, oder er ist ein Stürmer und Dränger, das Enfant terrible oder der Chaot, der auf allen Hochzeiten gleichzeitig tanzen will. Die Lösung vom Ordnungsprinzip hat sowohl ästhetische als auch ethische, geistige und gesellschaftliche Implikationen.

ungegliedert	zu irrationalen Urteilen neigend
A.3. lebensnah	unselbständig im Urteil
G.3. Eindrucksgedächtnis	5. verwirrt, blind
Augenmensch	verrannt, von fixen Ideen besessen
situationsverhaftet im Denken	F.3. subjektives Erleben über die allge-
4. nicht zur Lebensplanung bereit	meinen Ordnungen stellend
zu Gefühlsurteilen neigend	V.3. instinktsicher
unfähig, Wesentliches von Unwe-	Augenblicksmensch
sentlichem zu unterscheiden	4. leichtes Opfer des Massenwahns
chaotisch	an unbewußte Kräfte fixiert
ohne Überblick	im Kollektiv verhaftet
einsichtslos	5. innerlich unfrei

Das Raumbild

M.3. von der Mehrheitsmeinung abhängig
  kontaktfähig wegen geringer Distanziertheit
  von starkem Gemeinschaftsgefühl durchdrungen
  solidarisch
  Familiensinn
  spontan kontaktfähig
  kumpelhaft
4. unfähig, allein zu sein
  umweltabhängig
  neugierig
5. aufdringlich
  distanzlos
  taktlos

unrhythmisch gegliedert
G.4. Neigung zum Intellektualismus

I.4. Hang zur Selbstbeobachtung
V.4. ohne innere Balance
  grüblerisch
  neurotisch
5. entwurzelt
M.4. wenig spontan
  menschenscheu

Gliederung unebenmäßig (Sandbänke)
I.4. ungefestigter Ich-Kern
  irritierbar, leicht störbar
F.4. Eindrücken wehrlos ausgeliefert

Binnenlücken (Abstand im Wort größer als zwischen den Wörtern)
A.4. Mangel an innerer Harmonie
M.4. kontaktarm
F.4. überempfindlich, sensibel

Die Raumverteilung Der *Gliederung* verwandt, aber nicht damit deckungsgleich, ist die *Raumverteilung*. Während die *Gliederung* primär Auskunft über die Verstandeskräfte des Schreibers gibt, kommen in der *Raumverteilung* seine seelische Gestimmtheit und sein Temperament zum Ausdruck. Unter diesem Gesichtspunkt betrachtet, hat sie deshalb einen eindeutig ästhetischen Akzent. Die Raumverteilung reflektiert auch den Grad der inneren Ausgeglichenheit eines Menschen. Manchen Menschen ist sie angeboren, andere streben sie unter Mühen an, wieder andere bemühen sich erst gar nicht darum, weil sie sie für unerreichbar halten. In diesem Fall herrscht Willkür vor.

Die Deutungsmöglichkeiten der Raumverteilung reichen von der Reife und Geschlossenheit der Persönlichkeit über das Bedürfnis nach Stil und Ausschmückung bis hin zur Ablehnung alles Uniformen und zum Protest gegen Konventionelles.

ausgewogene Raumverteilung
A.1. reif und in sich ruhend
     fähig, den eigenen Lebensraum
     in angemessener Weise
     auszufüllen
  2. in geordneten, stabilen Verhältnissen
     lebend
     in gewachsener Harmonie lebend
     die eigenen Erfahrungen verantwor-
     tungsbewußt verarbeitend
  3. nach außen hin ausgewogen und
     gelassen
     stilvoll
     Ästhet
G.1. kreativ
     überzeugungsfähig
  3. einsichtig
     zur intellektuellen Kompensation
     seelischer Störungen neigend
W.2. an sich selbst arbeitend
  3. durchsetzungsfähig
     kulturelle Überformung
     vitaler Unzulänglichkeiten
F.2. stilvoll
     Sinn für das Dekorative
     Geschmacks- und Schönheitssinn
     natürlicher Sinn für Harmonie
  3. zur Verdrängung störender Gefühle
     neigend
     ziellos, gleichgültig
     innerlich im Gleichgewicht

willkürliche Raumverteilung
A.3. betont salopp
     unordentlich und ohne Linie
  5. unerzogen
G.4. ohne Übersicht
  5. verwirrt
     konfus
W.4. eigenwillig
  5. mutwillig
     willkürlich

I.4. die eigene Besonderheit
     zur Schau stellend
     von dem Wunsch besessen,
     aufzufallen
     exzentrisch
F.4. Bohèmenatur
V.3. Stürmer und Dränger
  4. grob und plump
     ungeschliffen
  5. alle Fesseln sprengend
M.3. gegen die Einengung durch
     Gesellschaft, Sitte und
     Konvention protestierend
  4. launenhaft
  5. taktlos
     distanzlos
     rücksichtslos
     Elefant im Porzellanladen
     sich in der Rolle des
     Enfant terrible gefallend

räumliches Durcheinander
A.3. nonchalant
  4. unordentlich
  5. zuchtlos
     liederlich
G.4. ohne Übersicht
     verwirrt, konfus
V.5. haltlos
M.3. zwanglos
  4. gleichgültig
  5. taktlos
L.4. lässig
  5. nachlässig

Raumverteilung unausgeprägt
A.4. Fehlen einer den Lebensraum prä-
     genden Eigengesetzlichkeit
V.4. im Kollektiv verhaftet
  5. chaotisch
M.4. in Ermangelung eigener Kräfte
     sich der Mehrheit anpassend

Das Formbild   211

Anfüllen des Raumes mit Verhäkelungen	dichtes Schriftbild
A.4. gleichgültig gegenüber der äußeren Form und Erscheinung	A.3. naive oder primitive Einheitlichkeit der Person
W.3. unbeschwert	psychisch ausgeglichen
M.3. natürlich	gelassen
erfrischend gleichgültig	G.3. anschaulich im Denken
L.4. legere Arbeitsauffassung	
	Leere des Schriftbildes
Raum schlecht gefüllt	F.4. weltfremd
A.4. Mangel an innerer Geschlossenheit	V.4. von Lebensangst durchdrungen
G.4. unstet	M.4. schüchtern
L.4. Quartalsarbeiter	L.4. desorientiert

Das Formbild

Das Regelmaß Eine Handschrift ist regelmäßig, wenn sie innerhalb der einzelnen Merkmalgruppen nur geringe Schwankungen aufweist. Solche Merkmale sind: *Lage, Größe, Weite, Druck* und *Zeilenführung*, wobei für die Deutung der *Neigungswinkel der Mittel- und Langlänge* entscheidend ist. Ein in sich ausgewogenes Schriftbild bezeichnet man als *ebenmäßig*; *regelmäßig* nennt man hingegen einen motorisch-monoton getakelten Schreibablauf. Die Lebendigkeit der Bewegung tritt dabei zugunsten einer maschinengleichen, zwanghaften Bewegung zurück. Damit ist das *Regelmaß* eindeutig ein Merkmal, das dem ordnenden Willen untersteht. Was unübersichtlich ist, soll durch eine *Regel* überschaubar gemacht werden, um es in eine brauchbare Ordnung zu bringen.

Regelmaß bedeutet auch, sich bereitwillig einer Regel zu unterwerfen, die dazu dient, ein ganz bestimmtes Ziel zu erreichen. Solche Ziele können sowohl moralisch-ethischer Natur sein als auch Resultat des Wunsches nach Unauffälligkeit und Uniformität durch Anpassung.

> *Ich erhielt Ihre postwendende Antwort auf meine Schüler-Frage hin. Besten Dank! Aber eine Frage: Sie haben die Schule selbst abonniert? Das dürfte laut Verlagsliste des Grei-bezirkes aber nicht sein, da Sie ja auf der neusten Verlagsliste stehen. Oder haben Sie bei der Geschäfts-stelle Kelch, Dortmd.-Arndt-Str.19 abonniert? Dann machen Sie Ihre Bestellung bitte rückgängig; denn Sie stehen auf der Liste der DVK.-Freibesichter. Wenn Sie mir als dem Sammler noch ein-mal eine Beurteilung zukommen ließen, wäre*

Ein Schreiber kann seine Antriebskräfte bewußt zurückhalten, um an Ausdauer zu gewinnen. Je maskenhafter die *Regelmäßigkeit* wirkt, desto eher will der Schreiber sein wahres Ich dahinter verbergen. Das *Regelmaß* ist ein Schutzschild für ein namenloses Nichts ebenso wie für eine nur momentan schwache Position. In jedem Fall liegt einem solchen Schreibstil eine Willenstendenz zugrunde, die typisch für den Gesamtcharakter ist. Ob das Ordnungs- oder Willensprinzip hierbei den Vorrang hat, wird aus den begleitenden Merkmalen ersichtlich. Generell gesehen ist das *Regelmaß* ein brauchbares Stützkorsett für schwache Naturen und ein Hinweis auf einen – wenigstens passiv – starken Willen. Auch sogenannte *Skript-* und *Zuchtschriften* fallen unter die Kategorie *Regelmaß*; ausgeprägte Schönschriften (zum Beispiel die Kalligraphie früherer Schreibmeister) sind hingegen nicht deutbar.

A.	allgemeines Verhalten		moralisch
2.	bereit, sich Regeln unterzuordnen		uniform
	anpassungsbereit	4.	unergiebig
	ordnungsliebend		die eigene Unauffälligkeit
3.	Gewohnheitsmensch		berechnend einsetzend
	eingefahren		
	konventionsgebunden	G.	geistige Fähigkeiten
	geradlinig	2.	wach
	der bürgerlichen Moral verpflichtet	3.	Empfinden für Ästhetik

Das Formbild

Sinn für Schicklichkeit
folgerichtig denkend
lernwillig
nüchtern
4. einseitig
eingleisig

W. Willensbereich
1. allgemein willensstark
bereit, sich einem Ideal zu
unterstellen
2. Dominanz des Willens über das
Gemüt
dominierendes Über-Ich
selbstdiszipliniert
widerstandsfähig
3. fähig, sich zusammenzunehmen
ausdauernd
konsequent
stetig, beharrlich
beständig
gewissenhaft
verantwortungsbewußt
nervenstark
4. die eigene Willensstärke überschätzend
starr an Sitte und Gewohnheit festhaltend
stur
unnatürlich

I. Ich-Bereich
2. persönliche Erwägungen allgemeinen Normen unterordnend
3. an allgemeinen Normen Halt
suchend
4. Exponiertheit fürchtend
selbstdiszipliniert
Moralist

F. Fühlen, Gemüt
4. langweilig

unreif
unnatürlich
gefühlsarm, kalt
ängstlich, kleinlich
gehemmt, unlebendig
verknöchert

V. Vitalbereich
1. innerlich fest
unerschütterlich
durchhaltefähig
2. dem Höheren verschrieben
3. undifferenziert
antriebsschwach
unlebendig
4. innerlich verspannt
innerlich gezwungen
Massenmensch
neurotisch
zu Verdrängung und Angst neigend
5. innerlich starr
unreif, banal

M. mitmenschlicher Bereich
2. bereit, sich dem Partner
anzupassen
gehorsam
brav
rücksichtsvoll
solidarisch
3. bereit zur Unterordnung
subaltern
anpassungswillig
duckmäuserisch
konfliktscheu
uniform
4. zur Verstellung neigend
anpasserisch
spießig
gleichgültig
in seelischer Monotonie
dahinlebend

langweilig
undifferenziert
banal
5. scheinheilig
tarnende Fassade
doppelte Moral

L. **Leistungsbild**
2. verantwortungsbewußt
sauber
ordentlich
stabil
pflichtbewußt
zuverlässig
leistungsfähig
3. genau in der Befolgung von Vorschriften
verläßlich
stetig
ausdauernd
haushälterisch mit den eigenen
Kräften
4. roboterhaft
profillos
durchschnittlich
stereotyp
Gewohnheitstier
eingefahren
verantwortungsscheu
schablonenhaft
schematisch
unwillig, alte Gleise zu verlassen
Prinzipienreiter
perfektionistisch
kleinlich, pedantisch

**Störungen durch
Größenschwankungen**
I.4. gestörtes Selbstwertgefühl
V.3. impulsiv
V.4. zu kurzfristigen Gefühlsaufwallungen
neigend

M.4. im ziwschenmenschlichen Bereich
unausgeglichen
F.4. zwischen Spontaneität und
Zurückhaltung schwankend

S. **Sonderformen**

erstarrte Regelmäßigkeit
A.4. fassadenhaft
W.4. einseitig willensbetont
F.4. infolge starren Festhaltens an Sitte
und Gewohnheit für Neues
unempfänglich
V.4. verkrampft
neurotisch
gezwungen

Zuchtschriften
A.4. unfähig, sich auszudrücken
die eigene Individualität
verbergend
getarnt aggressiv
V.4. innerlich unsicher
I.4. um gute Wirkung bemüht

manierierte Schrift
W.4. streberisch
im falschen Sinne ehrgeizig
M.4. unfähig, Kritik zu ertragen

stilisierte Schrift (auch Skriptschrift)
A.3. ästhetisch orientiert
4. Format vortäuschend
die eigene Durchschnittlichkeit
leugnend
M.4. heuchlerisch

Regelmaß wechselt mit Unregelmaß
G.3. unfähig, aus Erfahrungen zu lernen
unbelehrbar
W.4. mangelnde Koordination von Wille
und Gefühl

Störungen infolge Neigungsschwankungen	Störungen infolge schwankender Zeilen
A.4. unfertig	F.4. stimmungslabil
G.4. von widersprüchlichen Interessen geprägt	W.4. in den Zielvorstellungen unsicher
M.4. schwankende Kontaktbereitschaft	

Das Unregelmaß War beim *Regelmaß* der Wille der bestimmende Faktor, so ist es beim *Unregelmaß* das Gefühl. Unregelmaß tritt auf, wenn die zügelnden psychischen Kräfte fehlen und die Antriebe sich mehr oder weniger ungehindert entfalten können. Solche Schreiber möchten ihre Impulse ungefiltert verwirklichen. Sie lehnen alles ab, was nach Gleichmacherei aussieht, und wollen ihre Neigungen und Wünsche frei ausleben, auch wenn sie dabei die Grenzen der Freiheit nach dieser oder jener Seite hin einmal überschreiten. Im allgemeinen sind sie starke Individualisten.

Unregelmaß drückt sich graphisch vor allem in *Schwankungen der Lage, Größe, Weite, des Drucks* und der *Zeilenführung* aus. Schwanken alle Schriftelemente bei deutlicher Schwächung der Steuerungstendenzen, sinkt automatisch die *Formhöhe* der betreffenden Schrift. Weniger überwucherndes Gefühl als das Fehlen des eingreifbereiten Willens kennzeichnen das Unregelmaß.

A. **allgemeines Verhalten**
1. individualistisch
    originell
    künstlerisch kreativ
2. freiheitsliebend
    frisch, lebendig
    gewollt originell
    impulsiv
3. nach eigener Form suchend
4. unharmonisch
    unausgeglichen
    unstet
    Abwechslung suchend
    labil
5. Enfant terrible

G. **geistige Fähigkeiten**
2. vielseitig und vielfältig interessiert
    spontan
4. unkonzentriert
    ablenkbar
    unkontrolliert

W. **Willensbereich**
3. unkonventionell
    durchsetzungsfähig mit Hilfe strate-
      gischer Mittel
4. inkonsequent
    wenig ausdauernd
    unbeständig
    innerlich unstabil
    mangelnde Selbstbeherrschung
    unentschieden, unentschlossen
    wankelmütig, labil
    ziellos
5. zuchtlos
    haltlos
    im Verhalten willkürlich

I. **Ich-Bereich**
2. um Selbstverwirklichung
      kämpfend

individualistisch
unbeschwert selbstbewußt
4. im Selbstwertgefühl schwankend
    innerlich haltlos
    uneingestandenen Fehlhaltungen
      verhaftet
    subjektivistisch

F. **Fühlen, Gemüt**
1. innerlich reich
2. gemütvoll
    lebhaft, aufgeschlossen
3. sensibel
    gefühlsbestimmt
    stimmungsabhängig
    leidenschaftlich
4. reizbar
    zu Gefühlsaufwallungen neigend
    ängstlich, verkrampft

V. **Vitalbereich**
1. von ursprünglicher Kraft
      urwüchsig
4. unruhig
    heftig, reizbar
    den eigenen Emotionen
      ausgeliefert
    unbezähmbar
5. maßlos, ungezügelt
    innerlich zerrissen

M. **mitmenschlicher Bereich**
2. lebensfähig
    beweglich, agil
4. emotional unstet
    anpassungsunwillig
    launisch
    sozial unzuverlässig
    verführbar
5. nicht zur Anpassung bereit
    unberechenbar
    antibürgerlich

Das Formbild

L. Leistungsbild
2. umstellungsfähig
   freiheitsliebend
   nach Unabhängigkeit strebend
   gewollt originell
   jegliche Routine ablehnend
3. nicht bereit, sich unterzuordnen
   nonchalant
4. unbekümmert, nachlässig
   leistungsschwach
   unordentlich
   Abwechslung suchend
   Mangel an Pflichtbewußtsein
   jeden Zwang ablehnend
   opponierend, widerspenstig
   wurstig, verschlampt

5. unzuverlässig
   Gesetz und Normen ablehnend
   unberechenbar
   revolutionär
   anarchistisch
   chaotisch

S. Sonderformen

starkes Unregelmaß
A.4. pubertär
W.5. zuchtlos
V.4. von widersprüchlichen Trieben
   beherrscht
   völlig ohne innere Bindungen
F.4. launenhaft

Die Bereicherung Bereichert nennt man Schriften, die über die Schulvorlage hinaus »verziert« sind. Der hierzu notwendige Bewegungsreichtum führt leicht auch zu einer *formalen Bereicherung*, meist bei den großen Anfangsbuchstaben. Die reichhaltigen, vielfältigen Bewegungen entsprechen ebenso reichhaltigen und vielfältigen psychischen Lebensäußerungen. Eine derartige Opulenz kann sehr unterschiedlich motiviert sein. Häufig ist sie ein Beleg dafür, daß der Schreiber nicht klar zwischen Wesentlichem und Unwesentlichem unterscheiden kann, weshalb oft das Unwesentliche unangemessen hervorgehoben wird. Einer solchen Ausschmückung der Nebenteile liegt häufig auch der Wunsch aufzufallen zugrunde. Dann handelt es sich um Protzsucht und Angeberei. Womöglich soll auch die anspruchsvolle Fassade die tatsächliche Leere verdecken.

Die beiden möglichen Ursachen für die *Bereicherung* führen zu verschiedenen Deutungsansätzen. Zum einen kann sie nur eitle Verschnörkelung, das heißt individuelle, gelegentlich sogar originelle Spielerei sein, oder sie ist gestaltet und dann eine formale Überhöhung des Bewegungszuges, wobei der Grad der Gestaltung den Maßstab für die Begabung anzeigt.

Die reichere Form verrät jedenfalls das größere Maß an Vorstellungsgabe und -kraft. Sie ist nicht so sehr Ausdruck eines geschliffenen analytischen Denkvermögens als gedanklicher Anschauungsfülle. Auf der Verhaltensebene deutet sie auf schillernde Vielfalt hin. Im übrigen zeigt sich in ihr die Freude an der Vielgestaltigkeit des Lebens. Menschen mit dieser schreiberischen Eigenart ziehen die Fülle des Konkreten der Armut des Abstrakten entschieden vor. Schließlich ist die *Bereicherung* häufig ein Indiz für ein sicheres Form- und Raumgefühl sowie für bildnerische und konstruktive Neigungen.

Überwiegend negativ zu bewerten ist die *ungestaltete Bereicherung*, tendenziell eine Entartung, die Gefallsucht, Eitelkeit, Effekthascherei, Weitschweifigkeit oder Unsachlichkeit verrät. Schreiber bereicherter Schriften haben meist auch eine bereicherte Sprechweise, sind phantasievoll und allem Nüchternen und Zweckmäßigen feind.

A. allgemeines Verhalten	schmuckliebend
1. Lebenskünstler	eitel
optimistisch	unrationelle Lebensform
nach Vervollkommnung strebend	5. protzend
2. ästhetisch orientiert	prunkliebend
Sinn für Repräsentation und Kultur	geschmacksverwirrt
ausdrucksfähig	geschmacklos
dem Dekorativen zugetan	
3. anregbar	**G. geistige Fähigkeiten**
lebendig, munter	1. ideenreich
innerlich vielschichtig	mit Intuition ausgestattet
ausdrucksfähig	anschaulich im Denken
4. dem Nebensächlichen	2. phantasievoll
verhaftet	kreativ
theatralisch	Fabuliergabe

Das Formbild   219

3. über Raum- und Formgefühl
    verfügend
    stilvoll
    verständnisvoll
    offen im Denken
4. unfähig, zur Sache zu kommen
    weitschweifig
    phrasenhaft
    unkonzentriert
    subjektivistisch im Urteil
    unrealistisch, versponnen
    von den eigenen Vorstellungsbildern
      geblendet
    zur Überschätzung von Nebensäch-
      lichkeiten neigend
    unfähig, den Kern der Sache zu
      erfassen
5. von fixen Ideen besessen
    unter Einbildungen leidend
    versponnen

W. **Willensbereich**
2. dynamisch
    fleißig
4. sich selbst überfordernd
    unsicher
    willensschwach
    unbeherrscht

I. **Ich-Bereich**
1. die eigene Persönlichkeitsentwick-
    lung vorantreibend
    fähig, Qualität zu erkennen
2. klug in der Lebensplanung
3. zur Überschätzung von Äußerlichkei-
    ten neigend
    bemüht, im Vordergrund zu stehen
    zur Selbstdarstellung neigend
4. eitel
    subjektivistisch
    narzißtisch
    selbstgefällig

wichtigtuerisch
großspurig, übertreibend
anspruchsvoll
unsachlich
sich selbst im Weg stehend
5. prahlerisch, renommiersüchtig
    Parvenü

F. **Fühlen, Gemüt**
2. Lebensfreude ausstrahlend
    beweglich
    für Schönheit empfänglich, kreativ
3. gefühlvoll
    lebhaft
    emotional überströmend
4. mit Gefühlen egoistisch umgehend
    Hang zum Luxus
    Liebe zum Überfluß

V. **Vitalbereich**
2. Lebensdrang
    psychisch beweglich
3. innerlich gebrochen
    unter verdrängten Triebwünschen
      leidend
    verletzbar
    zu Komplexen neigend
5. zu kriminellen Handlungen
      neigend

M. **mitmenschlicher Bereich**
2. komödiantisch
    spontan
3. konventionell
    redselig
    um Originalität bemüht
4. Hansdampf in allen Gassen
    geschwätzig
    ständig bemüht aufzufallen
    kokettierend
    gefallsüchtig
    aufdringlich

undiszipliniert
verschroben
5. verstiegen, versponnen
geheimniskrämerisch

L. **Leistungsbild**
1. organisationsfreudig
gestaltungsfreudig
2. aktiv
produktiv
beweglich
3. am Detail interessiert
souverän im Umgang mit
Menschen
4. neuerungssüchtig
psychisch unflexibel
kleinkrämerisch
konfliktscheu
unfähig, ein Ende zu finden
unrationell
umständlich
zu Übertreibungen neigend
weitschweifig

zu theatralischen »Zusammen-
brüchen« neigend
5. von Erfinderwahn besessen
betrügerisch

S. **Sonderformen**

einzelne Bereicherungen, vor allem in
der Mittelzone (Einrollungen)
G.3. verantwortungsbewußt
im Denken
4. verbohrt
W.4. subjektivistisch, rechthaberisch
eigensinnig
M.5. unaufrichtig
I.4. narzißtisch

überbetonte Formen, Krallenzüge,
Einrollungen
A.4. um Eindruck bemüht
zur Verstellung neigend
heuchlerisch, scheinheilig
M.4. unglaubwürdig
5. unzuverlässig

Vereinfachung und Vernachlässigung Wenn ein Schreiber
alle Schriftzüge auf ein Mindest-, vielleicht gerade noch les-
bares Maß reduziert, sprechen wir von *Vereinfachung*.
Geschieht das aus Nachlässigkeit und sind die Verknap-
pungszüge ungestaltet, dann handelt es sich um *Vernachlässigung*. Beide Erscheinungen haben eine gemeinsame Wur-
zel.

Wer sein Schriftbild bewußt vereinfacht, kann das aus verschiedenen Gründen tun. Einmal kann er Energie sparen und
sich nicht unnötig verausgaben wollen, er kann aber auch
den kürzesten Weg suchen und sich auf das Wesentliche
beschränken wollen. Ein solcher Mensch versucht zumeist,
sich klar und eindeutig zu äußern und verzichtet deswegen
auf Nebensächlichkeiten.

Das Formbild

Hauptkriterium der *Vereinfachung* ist das Weglassen der unwesentlichen Züge. Dieses Stilmittel verrät in erster Linie Abstraktionsfähigkeit und Prägnanz im Ausdruck. Auf der Ebene des Handelns richten sich solche Schreiber im allgemeinen ziemlich genau nach bestimmten Prinzipien. Verkürzungen lassen auch auf die Fähigkeit schließen, Sachverhalte sehr rasch in ihrem Zusammenhang zu erkennen.

Ein Übermaß an Verkürzungen und das Fortlassen wesentlicher Buchstabenteile wie bei der *Vernachlässigung* beeinträchtigen die Lesbarkeit und zeigen einen Mangel an Zielbestimmtheit sowie Unverläßlichkeit an. Auch Ungenauigkeit, Unpünktlichkeit und Vertuschungstendenzen liegen bei einem derartigen Schriftbild nahe. Wer *vernachlässigt*, ist auch im übrigen Leben flüchtig, übereilt und oberflächlich, unter Umständen kraftlos und undurchschaubar. Er nimmt wenig Rücksicht auf den jeweiligen Leser, will schnell fertig werden und kümmert sich wenig um Details oder die angemessene Form. *Vereinfachungen* hingegen offenbaren den Drang, die Vielfalt der Formen auf ihre wesentlichen Züge zu reduzieren, und weisen auf ein ausgeprägt rationales, direkt zupackendes und zweckorientiertes Denken. Auch die *typographischen* Formen gehören zur *Vereinfachung*.

4. Die Analyse der Einzelmerkmale

A. allgemeines Verhalten
1. fähig, den Kern der Sache zu sehen
   großzügig, genialisch
2. modern, sachlich
3. realistisch
   hart
   schlicht, einfach
   unproblematisch
   genügsam
   unauffällig
   anspruchslos
   zurückhaltend
   zweckorientiert
4. utilitaristisch
   weltgewandt
   gleichgültig gegenüber der äußeren
     Erscheinung
   Mangel an Formgefühl
5. vieldeutig
   gewissenlos
   rücksichtslos unbekümmert
   verschlagen

G. geistige Fähigkeiten
1. genialisch
   prägnant im Ausdruck
   geistig reaktionsschnell
2. das Wesentliche erfassend
   direkt
   rasche Auffassungsgabe
   geistig sehr gewandt
   geistig selbständig und eigenwillig
   ordentlich und klar
   deutlich
   klarblickend
   systematisch im Denken
   konstruktiv
   technisch-praktisch intelligent
3. praktisch klug
   fähig, den Kern einer Sache
     zu erfassen
   rational

bestimmt im Urteil
   funktionale Formen bevorzugend
   kreativ
   stilvoll
   um Ästhetik bemüht
   geschmackvoll
4. übertrieben rational
   phantasielos
   oberflächlich, flüchtig
   unkonzentriert
   unfähig, Qualität zu erkennen
5. zu Dämmerzuständen neigend
   völlig unbekümmert

W. Willensbereich
2. zielstrebig
3. ordentlich
   klar und eindeutig
   entschlußfähig
4. eigenwillig, eigenmächtig
   undynamisch
   wenig ausdauernd
   kraftlos
5. undiszipliniert
   willensschwach

I. Ich-Bereich
4. wenig belastbar
   subjektivistisch
5. willkürlich
   formalistisch

F. Fühlen, Gemüt
3. herb
   nüchtern
   kalt
4. Mangel an Schönheitssinn
   unsinnlich
   innerlich ausgedörrt
   ohne Erlebnistiefe

V. Vitalbereich
4. nervös

gehetzt
erregbar
hastig
undifferenziert
plump
antriebsschwach
psychisch unflexibel
apathisch
stur
gehemmt
müde
5. kernlos
verstockt

M. **mitmenschlicher Bereich**
2. klar und natürlich
fähig, die Interessen anderer zu
berücksichtigen
3. großzügig
puritanisch
unkonventionell
4. direkt und unverblümt
plump
unfähig, Gefühle auszudrücken
unfähig, sich anzupassen
unhöflich
mundfaul
unerzogen
5. rücksichtslos
vorschnell im Urteil
unwahrhaftig
undurchschaubar
verschlagen
hinterhältig

L. **Leistungsbild**
2. praktisch veranlagt
rationell
3. darum bemüht, Vorbilder zu erreichen
kunstgewerblich interessiert
4. gleichgültig
lässig

bequem
Schwierigkeiten ausweichend
nicht gründlich
Vielgeschäftigkeit vortäuschend
wenig sorgfältig
undifferenziert
an Schablonen gebunden
humorlos
ungenau, unpünktlich
pflichtvergessen
nachlässig
lustlos, müde
bequem, lässig, träge
indolent
5. schlampig, liederlich

S. **Sonderformen**

**verwaschene Buchstaben (Kammschrift:
einheitliche Form für mehrere
Buchstaben)**
L.4. unfähig, Fehler einzugestehen
jegliche Verantwortung zurückwei-
send
vgl. Lesbarkeit (S. 250 ff.)

Ligaturen
G.2. zur gedanklichen Vorwegnahme von
Ereignissen neigend
fähig, Sachfragen in ihren Zusammenhängen zu durchschauen

**Weglassen von unwesentlichen
Buchstabenteilen, in der Oberzone unge-
nau und vorauseilend**
G.4. unselbständig im Urteil
konfus
A.4. ausweichend
M.4. ohne spezifisches Interesse am Mit-
menschen
L.4. mittelmäßig
überhastet, nicht gründlich

Die Völle   Eine Schrift gilt als *voll,* wenn infolge ausladender, kreisender und bogiger Bewegung die von Buchstaben umschlossenen Flächen sehr weiträumig sind. Entscheidend ist dabei der Grad der Rundung. Für die Deutung ist in diesem Kontext die *Mittelzone* mit den Buchstaben *a, o, g, p* und *q,* aber auch *l, b, h, f* sowie *j* und *y* entscheidend. Die in der *Völle* vorherrschende Flächigkeit ist ein Ausdruck der Fülle, des Anschaulichen, Ruhenden und Passiven. Die Bewegung umkreist ein Zentrum, sie umschließt einen Inhalt. Infolge dieses Kreisens verliert sie ihre Rechtstendenz, den Drang nach vorwärts. Sie bleibt länger auf der Stelle und beschäftigt sich mehr mit dem Inhaltlichen, der Substanz.

Entsprechend der geschwollenen Bewegung, die der *Völle* zugrunde liegt, deutet sie auf einen Charakter mit barockem Gemütsleben. Die zur *Völle* führende Bewegung ist fast immer rund, weich, gleitend, und in Übereinstimmung damit entbehren die psychischen Äußerungen solcher Schreiber aller Härte; ihr Seelenleben wird in erster Linie aus dem endothymen Grund gespeist. Die Funktion solch runder, umschließender Bewegung ist es, das Inhaltliche anschaulich, leicht faßbar und konkret fühlbar zu machen; das lineare Gerüst bekommt auf diese Weise Fleisch und Blut. Die Flächigkeit der bogigen Züge bringt auch die Stärke der Phantasie und Vorstellungsgabe zum Vorschein. Auf der Defizitseite verrät die *Völle* eine gewisse Schwäche des Verstandes und eine leichte Unklarheit des Denkens, das heißt, in *vollen* Schriften kommt die Oberzone zu kurz. In der Mittelzone hingegen zeigt sich großer Gefühlsreichtum, aber auch eine Tendenz zur Selbstdarstellung, während die Unterzone auf einen starken geschlechtsspezifischen Geltungsdrang hindeutet.

Völle ist als *Fülle* immer auch sinnverwandt mit *Reichtum*, in ihr zeigt sich die Dominanz des Gemüthaften, der Thymopsyche, über den Verstand. Daher reflektieren sich in ihr Beseeltheit, Gemüthaftigkeit, eine Neigung zu Phantastereien, zum Wunschdenken, Spekulieren und zum Größenwahn.

Man sagt der *Rundung* nach, sie enthalte das Geheimnis der Liebe. Vielleicht ist damit die Symbolik ein wenig überstrapaziert, aber die für die *Völle* typische Rundung ist um vieles mehr ein Ausdruck gemüthafter Wärme als jede eckige und damit abweisende Bewegung.

A. allgemeines Verhalten
2. seelenvoll
    optimistisch, unbeschwert
    besinnlich
    innerlich heiter
3. Augenmensch
    emotional
    anschaulich im Fühlen
        und Denken
    ausdrucksfähig
4. zu Illusionen neigend
    anspruchsvoll
    aufgeblasen

G. geistige Fähigkeiten
2. visuell ausgerichtet
    phantasievoll
    anschaulich-konkret im Denken
    gestaltungsfreudig
3. die Dinge anschaulich erfassend
    an unbewußte Bilder fixiert
    situationsabhängig im Denken
    reich an unbewußten Bildern
    subjektivistisch im Denken
    unfähig zu abstrahieren
    zu Gefühlsurteilen neigend
    Wunsch und Traumvorstellungen
        gegenüber dem Verstand
        dominierend

4. eigene Erlebnisse vorschnell
        verallgemeinernd
    unrational
    unpräzise im Urteil
    unsystematisch
    unfähig zu verallgemeinern
    kritiklos, kritikunfähig
    unscharf im Denken
    versponnen
5. in Phantasien lebend
    verworren
    unverständig
    auf überhöhte Ideen fixiert

W. Willensbereich
3. von den eigenen Fähigkeiten
        überzeugt
4. zu Übertreibungen neigend
    in Wünschen lebend, die der schwache Wille nicht realisieren kann
    geistig undiszipliniert
    weich

I. Ich-Bereich
2. emotional in sich ruhend
3. zur Selbstdarstellung neigend
    von einem geschlechtsspezifischen
        Geltungsdrang besessen
4. aufgeblasen

wichtigtuerisch
selbstgefällig
aus Unerfahrenheit zu Projektionen
 neigend
narzißtisch
großspurig
5. anmaßend
blasiert
angeberisch
eitel und selbstzufrieden

F. **Fühlen, Gemüt**
2. innerlich erfüllt
zur Gefühlsseligkeit neigend
reich an Gefühl und Seele
ganzheitlich im Erleben
3. gemüthaft, warmherzig
gefühlsbetont
zu Gefühlsduselei tendierend
stark gefühlsabhängig
den eigenen Emotionen
 ausgeliefert
pathetisch

V. **Vitalbereich**
4. erotisch betontes Phantasieleben
triebbetont
zur Sexualprotzerei neigend
5. abhängig von übersteigerten
 Triebphantasien

M. **mitmenschlicher Bereich**
2. herzlich
warmherzig
mütterlich, in einer starken Mutterbindung lebend
urwüchsig
verständnisvoll
3. verwöhnungs- und schutzbedürftig
vor Strenge und Härte zurück-
 scheuend

4. sentimental
überschwenglich
5. dreist

L. **Leistungsbild**
4. subjektivistisch
unsachlich
verträumt
behäbig
5. zu Übertreibungen neigend
realitätsscheu
sich in vagen Spekulationen
 ergehend

S. **Sonderformen**

einzelne Völle im sonst magerer Schrift
V.3. Gefühlstiefe vortäuschend
 4. zwischenzeitlich innerlich uneins

Völle an Nebenteilen
M.4. kokett
Nebensächlichkeiten aufbauschend
 5. phrasenhaft, verlogen

Langlänge voller als Kurzlänge
I.4. das allgemeine über das persönliche
 Interesse stellend

Kurzlänge voller als Langlängen
I.4. das persönliche Interesse über das
 Allgemeininteresse stellend

Völle in d-Köpfen
I.4. größenwahnsinnig
unrealistische Pläne verfolgend
versponnen

**Stellenbewertung durch
einzelne Völle**
V.3. emotional übertrieben
anspruchsvoll

Das Formbild

Völle in Oberzone	aufgeblasene Völle in
G.4. traumtänzerisch	der Mittelzone
zum Spekulieren neigend	G.4. dumm

Völle in Mittelzone	Völle in der Unterzone
I.3. zur Selbstdarstellung tendierend	V.4. triebbetont
F.3. reich an Gefühl	nach Geltung strebend

Die Magerkeit Eine Schrift wirkt *mager*, wenn Schleifen und Bogen fast zu linearen Strichen schrumpfen, so als wolle der Schreiber sie tunlichst vermeiden. Linien durchschneiden den Raum. Das Lineare repräsentiert daher im Gegensatz zum Flächigen das Formale, Abstrakte, auch das Aktive. Der linearen Bewegung fehlt das Zentrum, der Gehalt, die innere Geschlossenheit; sie ist dürr, herb und blutleer und verrät damit die psychische Struktur des Schreibers. Ein solcher Mensch wünscht, sich auf das zu beschränken, was bei realistischer Betrachtung zur Erreichung seiner Ziele notwendig ist.

Magerkeit zeigt nicht nur einen Mangel an Vorstellungsvermögen und Phantasie, sondern auch geistige Klarheit und die Fähigkeit zu theoretischem Denken an. In der Oberzone symbolisiert sie Ehrgeiz und Rechthaberei, in der Mittelzone Gefühlsherbheit und Schüchternheit, in der Unterzone Triebeinengung und Unbefriedigtsein. In allen Fällen überwiegt die Vernunftsteuerung gegenüber der Gefühlssteuerung. Der Winkelduktus und der dünne Strich verraten Verstandesschärfe, Kritikfähigkeit, Abstraktionsvermögen und Genauigkeit. Die Kehrseite dieser Qualitäten zeigt sich in Kopflastigkeit, mangelndem Engagement und in Formalismus.

Wie oben angedeutet, ist *Magerkeit* der Blutleere verwandt, weshalb man annehmen kann, daß das Leben *mager* schreibender Menschen einer gewissen Fülle entbehrt.

A. **allgemeines Verhalten**
2. sachlich, kühl, nüchtern
   sittlich, religiös
3. gerade, einfach
   verhalten, vorsichtig
   durch Erfahrung desillusio-
     niert
   asketisch
4. phantasielos
   einseitig
   ohne Formgefühl
   schüchtern
   äußerlich vernachlässigt
   prüde
   pessimistisch

G. **geistige Fähigkeiten**
1. geistig klar
   intellektuell
   das Wesentliche erfassend
   scharfsinnig
2. rational
   kopflastig
   logisch streng
   Neigung zum theoretisch-abstrakten
     Denken
   bestimmt und unbestechlich
     im Urteil
3. rationalistisch
   analytisch
   formalistisch
4. phantasielos
   spitzfindig
   agnostisch
   einseitig intellektuell
   Spekulationen abgeneigt
   einfallslos

unsinnig, fade
zielgerichtet im Denken
5. uninspiriert im Denken
   steril

W. **Willensbereich**
2. zielbestimmt
   ehrgeizig
   selbstdiszipliniert
   entschieden
   streng, ernst
   die Triebe unterdrückend
3. nüchtern
   tatkräftig
5. fanatisch

I. **Ich-Bereich**
4. unsicher
   ohne inneren Ruhepunkt
   schüchtern
   im Selbstwertgefühl schwankend

F. **Fühlen, Gemüt**
2. schlicht und einfach im Gemüt
4. Mangel an Herz und Gemüt
   innerlich kühl
   gemütsarm, trocken
   durch die eigenen Gefühle
     verunsichert
   herb

V. **Vitalbereich**
4. ohne inneres Zentrum
   geringe Erlebnistiefe
   oberflächlich
   neurotisch
   altjüngferlich

ohne seelische Tiefe	L. Leistungsbild
zu Verdrängungen neigend	2. sachlich
furchtsam	anspruchslos
die eigenen Triebe unterdrückend	unbestechlich
verspannt	3. rationell arbeitend
unbefriedigt	blind agierend
5. innerlich ruhelos	4. formalistisch
	einseitig
M. mitmenschlicher Bereich	5. undurchschaubar
3. zurückhaltend	
puritanisch	S. Sonderformen
4. nur bedingt mitteilungsfähig	
humorlos	magere Schrift bei Vereinfachung
gleichgültig, desinteressiert	A.4. hart
ängstlich, empfindlich	
intolerant	sehr magere a und o in der
rechthaberisch (rechtsbewußt)	Mittelzone
5. boshaft	V.4. verdrängte Angst

Die Anfangszüge Die Erfahrung hat gezeigt, daß *Anfangsbuchstaben,* vor allem *Großbuchstaben* (Majuskeln) graphologisch besonders wichtig sind. Am Wortanfang pflegt der Schreiber sich deutlich stärker als im Inneren des Wortes zu konzentrieren und bewußter zu sein. Daher unterliegen die *Anfangszüge* einer Gesetzmäßigkeit, deren diagnostischer Stellenwert häufig unterschätzt wird. An den Majuskeln zeigen sich Erscheinungen, die man sonst nirgends in der Schrift antrifft. Weil jede schriftliche Äußerung gleichzeitig eine Äußerung des Ich an die Umwelt ist, symbolisiert gerade der Anfangsbuchstabe die Beschaffenheit des Ich-Gefühls.

Ist der Anfangsbuchstabe überhöht, so drückt sich darin offenkundig ein Überlegenheitsgefühl des Schreibers aus. Er sieht gewissermaßen von oben auf die anderen herab. Nur am Wortanfang auftretende Bereicherungen weisen auf starke Geltungswünsche hin. Durchstrichene Großbuchstaben am Anfang symbolisieren den »Strich durchs Leben«. Dabei handelt es sich um eine Art verunglückter Einrollung; ursprünglich hat der Schreiber wohl eine größere und

schwungvollere Bewegung beabsichtigt, aber die Angst vor
der eigenen Courage hat ihm einen »Strich durch die Rech-
nung« gemacht, so daß er seine Absicht symbolisch durch-
kreuzen mußte. Damit nimmt er etwas von dem zurück, was
er eigentlich sagen wollte, und bestreitet sozusagen seine
eigene Daseinsberechtigung.

Völle und *Breite* als *Anfangsbetonung* kommen häufiger vor,
sie sind ein Zeichen hoher Selbstsicherheit und der Überzeugung, jede Lage allein meistern zu können.

Isolierte Anfangsbuchstaben – die sich eigentlich gut ein-
binden ließen – zeigen individualistische Tendenzen. Solche
Schreiber neigen dazu, sich aus Überheblichkeit von ihrer
Umwelt zu distanzieren, oder sie erwägen vor jeder Handlung lange das Für und Wider. *Anfangsarkaden* und
Anfangsgirlanden bei ansonsten anderer Schreibweise müssen beachtet werden, denn damit werden nicht selten innere
Haltungsgegensätze kompensiert. Schon im Anfangszug wird
der Umwelt mitgeteilt, was der Schreiber selbst für das Wichtigste hält. Das Spektrum dieser Möglichkeiten reicht von
dem Wunsch, einen guten Eindruck zu machen, über das
Sich-ins-rechte-Licht-setzen-Wollen, das Bedürfnis nach Aner-

kennung, die Behauptung eines Führungsanspruches bis zu Aufgeblasenheit und Arroganz, Hochmut oder dummer Eitelkeit.

Die *Anfangsminderung* deutet auf das Gegenteil: den anspruchslosen, kleinmütigen, gelegentlich servilen oder unterwürfigen Menschen, der sich nicht traut und im Leben meist zu kurz gekommen ist.

Die *Anfangsbetonung* findet sich besonders häufig und auffallend in Unterschriften. Falls sich die gleiche *Betonung* in der übrigen Textschrift *nicht* findet, muß sich der Schriftpsychologe bei der Deutung entsprechend zurückhalten.

betonte Anfangszüge

A. **allgemeines Verhalten**
2. Sicherheit beim ersten Auftreten
3. bemüht, sich durch den ersten Eindruck Ansehen und Beliebtheit zu verschaffen
    engagiert
    bemüht, auf andere zu wirken
    zur Selbstdarstellung neigend
    um Selbstentfaltung bemüht
4. auf vordergründige Wirkung bedacht
    unkonventionell
    großspurig
    nur an Äußerlichkeiten orientiert
    falsch
5. hochmütig, arrogant
    anmaßend, aufgeblasen

G. **geistige Fähigkeiten**
3. von innerem Überlegenheitsgefühl durchdrungen
4. eingebildet

W. **Willensbereich**
3. anfänglich voller Schwung
    unternehmungsfreudig
    impulsiv

4. übermäßig ehrgeizig
    machtorientiert
    zur Kraftmeierei neigend
    anfänglich in einer Weise fordernd, der die nachfolgenden Leistungen nicht entsprechen

I. **Ich-Bereich**
1. der eigenen Würde sehr bewußt
2. geltungsbedürftig
    um Anerkennung bemüht
    selbstsicher
3. von sich überzeugt
    die eigene Person überhöhend
    egomanisch
    Überlegenheit anstrebend
    bemüht, selbstsicher zu erscheinen
4. narzißtisch
    angeberisch
    unverbesserlich eitel
    ruhmsüchtig
    anmaßend
    stolz
    geschmacklos
    überheblich
    dünkelhaft

5. überanspruchsvoll
   hochstaplerisch
   größenwahnsinnig

F. **Fühlen, Gemüt**
2. freimütig
3. spielerisch
4. rasch entflammbar

V. **Vitalbereich**
3. furcht- und bedenkenlos

M. **mitmenschlicher Bereich**
1. von den eigenen Führungs-
   qualitäten überzeugt
2. hierarchisch denkend
4. plump
   kokett
   gefallsüchtig
   herablassend
   anmaßend
5. dreist, frech
   unverschämt
   verlogen

L. **Leistungsbild**
2. einsatzfreudig
   von der eigenen Berufung überzeugt
3. überzeugt, jede Lage meistern zu
   können
4. in Selbstüberschätzung lebend
   prahlerisch
   unglaubwürdig
   von einem ungerechtfertigten
   Überlegenheitsgefühl
   durchdrungen
   unzuverlässig
   renommiersüchtig

Anfangszüge unterbetont
A. **allgemeines Verhalten**
2. friedfertig
   bescheiden

3. gleichgültig gegenüber der eigenen
   Wirkung
   anspruchslos
4. ungeschickt oder unsicher im
   Auftreten
   schwach und unsicher

G. **geistige Fähigkeiten**
2. auf das Wesentliche ausgerichtet
   sachlich
   reell
3. vorsichtig
4. aus der Froschperspektive
   urteilend

W. **Willensbereich**
4. schwunglos

I. **Ich-Bereich**
3. ablehnend gegenüber jeglichem
   Geltungsdrang
4. Mangel an Selbstvertrauen
   bescheiden
   undynamisch
   zur Selbstunterschätzung neigend
   überbescheiden

V. **Vitalbereich**
   von Lebensangst befallen
   schüchtern
   mit Minderwertigkeitskomplexen
   beladen
   ohne Selbstachtung
5. würdelos

M. **mitmenschlicher Bereich**
3. zur Idealisierung neigend
   rücksichtsvoll
   zurückhaltend
   autoritätsgläubig
   ohne Ehrgeiz
4. von Autoritäten abhängig

unauffällig
ausnutzbar
duckmäuserisch
servil
ressentimentgeladen
unterwürfig
5. kriecherisch

L. **Leistungsbild**
3. dem Neuen gegenüber mißtrauisch
zurückhaltend
ohne Engagement
wenig einsatzfreudig
4. unfähig, aus sich herauszugehen
verantwortungsscheu

Großbuchstaben am Anfang von den jeweils folgenden Kleinbuchstaben getrennt
G.2. bedächtig und nachdenklich
I.4. individualistisch
auf die eigene Person fixiert
isoliert
M.4. elitär
einzelgängerisch
überheblich
unsozial

Anfangszüge einer Initiale verlängert
W.2. ehrgeizig, fleißig

Anfangsbetonung der Mittellage
I.4. unsicher

das gleiche bei hochgezogener Mittelschleife
I.5. hochmütig, dünkelhaft

durchstrichene Großbuchstaben
A.5. undurchschaubar
W.5. die eigenen Fähigkeiten
überschätzend

undynamisch
I.3. von Schuldgefühlen durch-
drungen
zur Selbstverleugnung neigend
V.4. antriebsschwach
L.4. verantwortungsscheu

Druck am Anfangsbuchstaben
G.4. berechnend
W.4. wenig durchhaltefähig
I.3. egozentrisch

Anfangszüge besonders schmal
I.2. labile Selbstachtung
3. empfindlich

Anfangsarkade
A.2. um repräsentative Erscheinung
bemüht
3. Sinn für effektvolles Auftreten
auf Wirkung bedacht
4. förmliches Auftreten
verschlossen

Anfangswinkel
W.3. unnachgiebig, rechthaberisch

Arkade statt Girlande am Anfang
A.3. darstellungsfreudig
I.4. aufgeblasen
G.3. gestaltungsfreudig
L.4. ohne Basis

girlandig gebogene Anstriche
M.3. liebenswürdig und verbindlich
4. aus Berechnung liebenswürdig
übertrieben liebenswürdig
nur scheinbar entgegenkommend

langer Anstrich in der Mittelzone
W.3. eifernd egozentrisch

langsam ausgeführte Anstriche
G.4. unsachlich

Anstriche mit Häkchen
A.4. aggressiv

lang heraufgezogene Anstriche
V.3. impulsiv
  4. angriffslustig

verlängerte Anstriche auch
im Wortinneren

W.3. geschäftig

L.4. vom eigenen Wert überzeugt
    umständlich
    pedantisch strebsam und geschäftig

geringe Anfangsverzierung
M.3. berechnend liebenswürdig

zugerollte Anfangs- und Endzüge
A.4. unaufrichtig
    verlogen
    zu Ausflüchten neigend

Anfangsbetonung ohne
entsprechende Endbewegung
W.4. anfänglich dynamisch, dann rasch
    erlahmend
M.4. großsprecherisch

Korrektheitsstriche
(isolierter Anstrich bei a, d, g)
A.3. korrekt
  4. um den Eindruck von Gründlichkeit
    bemüht
L.3. gewissenhaft im Kleinen
  4. unfähig, sich vom Gewohnten und
    allgemein Üblichen zu trennen
    pedantisch

fehlende Anstriche bei
Kleinbuchstaben
L.2. direkt
    kurz und knapp
  3. plump

Die Endzüge *Endzüge* symbolisieren jene Grenze, an der das Individuum in seinen Lebensäußerungen mit der Umwelt in Kontakt gerät. Daher zeigt sich in den *Endzügen* das Verhältnis des Schreibers zu seinen Mitmenschen besonders auffällig. Dabei steht jedes Wort für eine Teilhandlung, und das Wortende zeigt somit an, wie diese Teilhandlung abgeschlossen worden ist.

Das Formbild

Ich bitte meine Tochter Susanne vom Schulunterricht am 18.3.1964 zu entschuldigen. Die Erkältung war so stark geworden, daß sie unbedingt das Bett hüten mußte.

Die *Endzüge* können betont sein durch *Druck, Weite, Größe, Verlängerung* und *waagerechte Striche*. Sie geben Aufschluß über den Durchsetzungswillen, eine mögliche Neigung zu Rechthaberei oder Rücksichtslosigkeit, über Geltungsbedürfnisse beziehungsweise vorhandene Tendenzen zum Bluff. Auch Ehrgeiz und Mißtrauen werden in den *Endzügen* erkennbar.

Ebenso häufig wie die Endbetonung findet sich die *Endunterbetonung* respektive *Endminderung,* die bis zu *abgebrochenen Endzügen* reichen kann. Die *Endminderung* zeigt, daß der Schreiber es am Schluß einer von ihm zu erfüllenden Aufgabe nicht mehr so genau nimmt oder daß ihm die Kraft zur Vollendung fehlt. In *gestalteten Schriften* ist sie auch häufig ein Zeichen diplomatischen Geschicks oder psychologischen Einfühlungsvermögens. Sie kann auf die Gefahr plötzlicher Resignation hinweisen, da die *Endzüge* den Aufwand der Kraft dartun, der entweder sinnvoll eingesetzt wird oder wirkungslos verpufft. *Abgebrochene Endzüge* verraten ein gebrochenes Verhältnis zur Umwelt. Solche Schreiber wollen im allgemeinen keinen Kontakt, sind schnippisch oder gar unhöflich, zumindest innerlich abweisend.

Endzüge betont

A.2. gesinnungsfest
3. gerade, unverfälscht
   gerecht
G.4. begrenzt
   unfähig, aus Erfahrungen zu lernen
   ohne Überblick
   unverständig
5. uneinsichtig
   unbelehrbar
W.2. zu affektiver Willenssteigerung
   fähig
   durchsetzungsfähig
   ehrgeizig
3. forsch
   zäh
   widerstandsfähig
   angriffslustig, kämpferisch
4. auftrumpfend
   rechthaberisch
5. hartnäckig und aggressiv
I.2. zur Selbstbehauptung fähig
3. egozentrisch
4. selbstgefällig
   voreingenommen
   sich selbst im Wege stehend
   geneigt, sich zu verrennen
   resigniert
V.4. derb
5. verkrampft
   infantil
M.3. gesellig
   unfähig, allein zu sein
   gebefreudig
   hilfsbereit
   kontaktfreudig
   unbeeinflußbar
   direkt
4. kontaktgehemmt
   wenig einfühlsam, taktlos
   neugierig
   taktlos freimütig

5. Schuld auf andere
   abwälzend
   permanent aneckend
   rücksichtslos
L.3. in der Leistungsfähigkeit
   zunehmend
4. Neigung zum Bluff

Endverminderung

A.4. unfähig, sich zu exponieren
   leisetreterisch
G.1. weltmännisch klug
   geschliffen in den Umgangsformen
2. psychologisch verständig
   erfahren
   auf das Wesentliche konzentriert
3. schlau
   vorurteilslos
4. (übertrieben) vorsichtig
   listig
5. gerissen
I.4. wenig selbstbehauptungswillig
   zu Minderwertigkeitsgefühlen
   neigend
F.2. feinfühlig
M.2. persönliche Interessen
   hintanstellend
4. zur Mißachtung zwischenmenschlicher Beziehungen neigend
V.3. leicht entspannungsfähig
4. wenig konstant im Kräftehaushalt
   unsicher
   unflexibel
   undynamisch
   depressiv
5. leicht erschöpfbar

kleiner werdende Wortenden

M.2. diplomatisch und anpassungsfähig
L.2. einfühlsam, gewandt

Das Formbild

Endbetonung durch Größe
A.2. gesinnungsfest
  3. kindlich
    um Anerkennung bemüht
W.4. hartnäckig
    rechthaberisch
V.4. derb
M.3. in kindlicher Weise
    autoritätsgläubig
  4. undiplomatisch
    zur Teamarbeit ungeeignet
  5. respektlos
    taktlos freimütig
    halbstark
L.4. zum Bluff neigend

weiter werdende Wortenden
W.4. unfähig zur Selbstbeherrschung
    wenig ausdauernd
    inkonsequent
M.3. nur langsam Vertrauen fassend
L.4. unfähig, eine Verrichtung
    gründlich zu Ende zu führen
    nicht sehr ausdauernd
    unfähig zur Menschenführung

enger werdende Wortenden
G.3. im letzten Augenblick vor
    Entscheidungen
    zurückschreckend
W.3. die eigenen Spontaneität zügelnd
M.3. aufgrund von Erfahrungen zurück-
    haltend
    verschlossen
  4. langweilig
    verschlossen
L.4. gleichgültig (wenn Endstrich
    wegfällt)

nach rechts kippende Wortenden
A.4. nachlässig in formalen Dingen
G.4. unvorsichtig

W.4. unfähig, Vorsätze
    durchzuhalten
    wenig durchsetzungsfähig
V.4. triebabhängig
    geneigt, sich gehen zu lassen
M.4. gutgläubig
    vertrauensselig
L.4. unfähig, eine Sache ordentlich zu
    Ende zu bringen
    ungeduldig und nachlässig

abgebrochene Endzüge
M.4. unhöflich
    schnippisch
    innerlich abweisend
W.3. die eigenen Impulse
    unterdrückend

steiler oder links schräger werdende Wortenden
G.3. skeptisch
W.3. Versuchungen erst im letzten
    Moment widerstehend
V.3. Neigung zur Triebunterdrückung
M.3. vorsichtig und mißtrauisch im
    mitmenschlichen Umgang
    zugeknöpft
    zurückhaltend bis ablehnend
    hinsichtlich Sympathie und
    Antipathie starken Schwankungen
    unterworfen

verlängerte rechtsläufige Wortenden (auch verlängerte u-Bogen)
W.2. übermäßig ehrgeizig
    der eigenen Ziele sicher und
    unbeirrbar in ihrer Verfol-
    gung
M.4. mißtrauisch
    distanziert
    nicht wirklich kontaktfähig
L.3. ambitiös

mit waagerechten Strichen verlängerte
Wortenden
I.3. sicherheitsbedürftig
vorsorgend
M.4. fremde Einflüsse und Einmischung
von außen fürchtend
mißtrauisch

aufsteigende, sanft ausklingende
Bogen
G.3. dem magischen Denken verhaftet
I.4. mangelndes Selbstvertrauen
F.3. fähig, zu akzeptieren
V.3. schicksalsergeben
sich höheren Mächten ausgeliefert
fühlend
zu höheren Mächten aufblickend
vom Glauben an eine höhere Bestimmung durchdrungen
fromm
frömmelnd
innerlich unfrei
vital unsicher
5. scheinheilig

Höherstellung von Endbuchstaben
G.3. weltfremd
4. unrealistisch
F.4. ohne Bezug zum Tatsächlichen

Wortende als End- oder Eilefaden
G.2. von intensivem Spürsinn
F.2. psychologisch einfühlsam
M.2. diplomatisch
L.4. gleichgültig gegenüber
Nebensächlichkeiten

unter die Zeilenbasis herabsinkende
Endbuchstaben
W.4. wenig ausdauernd
kurz vor dem Ziel ermattend
V.4. nüchtern

L.3. zu früh vom Erfolg der eigenen
Bemühungen überzeugt

$$h = \mathcal{L} \quad \textit{ich}$$

H = Versöhnungswünsche,
Mutterbindung (ungesichert)
#
Schlußarkade bei im übrigen anderer
Bindung
G.3. zur Verdrängung neigend
W.4. berechnend
V.4. scheu
ängstlich
M.4. gehemmt
verschlossen
kontaktfeindlich

Endarkade
A.4. vom Widerspruch zwischen Sein und
Schein beherrscht
M.4. zurückhaltend aus Vorsicht
oder Berechnung, Angst oder
Eigensinn, manchmal auch
aus Verlegenheit

Endarkade zum Oval eingekrümmt

$$no, \; m$$

$$\textit{Mädchen}$$

M.5. unaufrichtig
verlogen

Endarkade im Wortinneren
M.2. gutmütig

Endgirlande
M.2. liebenswürdig und verbindlich
gesellschaftlich versiert

3. um Kontakte bemüht	4. sich in den Vordergrund drängend
4. nur äußerlich freundlich	rechthaberisch
	M.5. rücksichtslos
Wortende durch Druck betont	
W.2. durchsetzungswillig	**Ende mal größer, mal kleiner**
3. entschieden	A.3. verbindlich, draufgängerisch
4. eigenwillig, widerspenstig	L.2. sehr diplomatisch
I.2. zur Selbstbehauptung fähig	

Die Oberzeichen Die *Oberzeichen* gehören im allgemeinen zu den Schriftzeichen, die am unwillkürlichsten gesetzt werden, und daher kommt ihnen in ihrer Vielgestaltigkeit besondere Bedeutung zu. Eigentlich gehören sie zum Merkmal *Verbundenheitsgrad,* aber da sie in der oberen Zone stehen und gelegentlich auch als Unterscheidungsmerkmal zwischen zwei Buchstaben gebraucht werden (beispielsweise von *i* und *c*), haben sie eine Sonderfunktion und lassen sich, besonders wenn sie eine auffallende Tendenz aufweisen und aus dem Schriftbild herausfallen, nur individuell deuten. Im weitesten Sinne des Wortes kann man auch die Kopffähnchen an Großbuchstaben und *t*-Durchstreichungen zu dieser Kategorie zählen, doch gelten sie für die Deutung als weniger ergiebig.

Oberzeichen genau	
tief	
hoch	
voreilend	
zurückhängend	
doppelt gesetzt	
vorverbunden	
nachverbunden	
gemalt	

Genau gesetzte, isolierte *Oberzeichen* tragen noch etwas von einer schulmäßigen Genauigkeit in sich, sie repräsentieren Gewissenhaftigkeit, aber auch die Tendenz zu subalternem

Verhalten. Ungenaue Oberzeichen sind in den meisten Fällen ein Zeichen von Eile, oft aber auch von Flüchtigkeit, Ungenauigkeit, Unbekümmertheit oder mangelndem Interesse. Ein tief gesetztes Oberzeichen bezeichnet einen starken Realitätssinn, aber auch das Bedürfnis, sich auf etwas zu stützen, wogegen hoch gesetzte Zeichen auf einen Mangel an Wirklichkeitssinn, eine Tendenz zu hochfliegenden Plänen, auf Idealismus oder einfach Flüchtigkeit hinweisen, das heißt, in den nächsten Buchstaben miteingebundene Oberzeichen verraten geistige Gewandtheit und eine besonders gute Kombinationsgabe. Sie verlieren allerdings den Charakter eines Unterscheidungsmerkmals; der Schreiber glaubt, er könne Kleinigkeiten großzügig übergehen. Wer seine Akzente falsch setzt, zum Beispiel bei Überbetonung von Oberzeichen, Kommata, Ausrufezeichen, der kämpft auf Nebenkriegsschauplätzen.

Oberzeichen genau gesetzt
A.2. gewissenhaft
G.3. konzentriert
L.2. gründlich, genau
    pünktlich, sorgfältig
  4. pedantisch

sofort gesetzte, isolierte Oberzeichen
A.3. korrekt
G.3. unfähig, vom eigenen Standpunkt zu
    abstrahieren
    aufgeschlossen für neue Gedanken
    aus Angst vor Vergeßlichkeit übergenau
F.3. äußerst reizempfänglich
  4. von der Angst besessen, etwas zu
    versäumen
L.2. gewissenhaft
    genau
  4. pedantisch

genaue Oberzeichen, trotz Eile
G.2. beweglich und schnell

L.2. sauber und zuverlässig arbeitend
    ordnungs- und präzisionsliebend

gemalte Oberzeichen
F.2. Sinn für Ästhetik

genaue Oberzeichen
A.4. langsam
    bedachtsam

später gesetzte, isolierte Oberzeichen
G.3. auf das Wesentliche konzentriert
    durch Nebensächlichkeiten nicht von
    der Hauptsache abzubringen
L.3. auf die Einhaltung der Prioritäten
    fixiert
  4. der Hauptsache derart verschrieben,
    daß alles übrige nur stört

hoch gesetzte, isolierte Oberzeichen
G.2. voll hochfliegender Pläne
  4. realitätsfern
I.3. Selbstüberschätzung

Das Formbild

F.2. begeisterungsfähig
4. flatterhaft
L.4. oberflächlich
   leichtsinnig in Kleinigkeiten

kreisrunde oder herzförmige i-Punkte

I.4. eitle Selbstbespiegelung
   möchte gern etwas Besonderes sein
   will sich von der Allgemeinheit abheben
   auch Ausdruck stärkerer Verliebtheit

tief gesetzte, isolierte Oberzeichen
G.2. gute Beobachtungsgabe
   3. realistisch
      nüchtern
      genau
I.3. stützbedürftig
   immer nach Rückendeckung Ausschau haltend
   4. wenig risikofreudig

ungenaue, isolierte Oberzeichen
A.3. unbekümmert
   4. großzügig
G.4. unkonzentriert
V.4. ungründlich
   eilig, flüchtig
M.4. gleichgültig, wurstig
L.4. ungenau

voreilende Oberzeichen
V.4. überhastet, flüchtig, ungeduldig
   auf die Zukunft hin orientiert

zurückhängende Oberzeichen
A.4. undynamisch
   lebensuntüchtig, regressiv

doppelt gesetzte Oberzeichen
(insbesondere solche, die nachträglich zur Verdeutlichung eingebundener Oberzeichen hinzugefügt werden)
I.4. mangelndes Vertrauen in die eigene Leistung
   zu Unrecht von der Furcht besessen, ständig etwas zu vergessen
V.3. ohne Vertrauen in die eigene Zuverlässigkeit
L.3. an der Qualität der eigenen Leistung zweifelnd

doppelt eingebundene Oberzeichen
G.3. alles in ein System einbeziehend
   4. unfähig, die Eigenständigkeit von etwas Fremdem anzuerkennen
   zur Konstruktion von unangemessenen Zusammenhängen tendierend
I.4. zu eigenwilligen, inhaltlich ungerechtfertigten Gestaltungsmitteln greifend
L.4. bequem

nachverbundene Oberzeichen
A.4. kleine Unterschiede ignorierend
G.2. am inneren Zusammenhang orientiert

vorverbundene Oberzeichen
G.1. scharfsinnig
   2. geistig gewandt und geschmeidig
      kombinationsfähig
   3. fähig, entfernt liegende Dinge miteinander zu verknüpfen
   4. sophistisch

später nachverbundene Oberzeichen

sicher nachverbindender Ot
G.2. geneigt, bestimmte Aufgaben
   zunächst unerledigt zu lassen, um
   sie später nachzuholen
   Vergessenes mit Eleganz nachholend
   über Kleinigkeiten scheinbar achtlos
   hinweggehend, um schließlich
   dennoch auf sie zurückzukommen
L.4. angeberisch

u-Bogen und ü-Striche zwischen die
Grundstriche gesetzt
G.4. leicht aus dem Konzept zu bringen
   leicht zu irritieren
V.4. unsicher
L.4. geneigt, den zweiten Schritt vor dem
   ersten zu tun

fehlende Oberzeichen
I.2. selbstsicher
G.4. unklar im Denken
L.4. sich über Kleinigkeiten erhaben
   fühlend

häufig vergessene Oberzeichen
A.4. unordentlich
G.4. vergeßlich
L.4. unzuverlässig
   nicht gründlich

eingebundener t-Strich
W.2. widerstandsfähig

schwache, drucklose Oberzeichen (bei
stärkerer Textschrift)
A.4. charakterlich gefährdet

eingebundene Oberzeichen in sonst
schwach verbundener Schrift
G.2. ideenreich, jedoch unpraktisch
V.2. seelisch schwerfällig bei intellektuel-
   ler Gewandtheit

Das Ebenmaß Das *Ebenmaß* ist ein umstrittenes Merkmal, weil es ein *Ebenmaß der Bewegung*, ein *Ebenmaß des Raumes* und ein *Ebenmaß der Form* gibt. Da die ersten beiden Spielarten des Ebenmaßes unter den Begriffen *Ablaufrhythmus* beziehungsweise *Raumbild* abgehandelt wurden, bleibt das *Ebenmaß der Form* zu erläutern. Es ist von der *Regelmäßigkeit* dadurch abgegrenzt, daß es ohne Formhilfen (Linienblatt) zustande kommt. Die Entscheidung zwischen den beiden Kategorien ist letztlich mehr eine intuitive und basiert nicht primär auf formalen Kriterien; ausschlaggebend ist die *Harmonie* des Schriftbildes.

Bitte, wenn möglich, Gutachten bis Montag, d. 4.6.73 – 18.30 Uhr. Angelegenheit eilt sehr!

Wenn die in einer Schrift auftretenden Formen einander verwandt oder ähnlich sind, wenn sie in ihrer Bewegung und Verteilung angemessen erscheinen und keinerlei Formübertreibungen oder Unnatürlichkeiten vorliegen, handelt es sich um ein echtes *Ebenmaß* der Form.

Das *Ebenmaß* ist ein Standard, der sich auf das Erscheinungsbild der Gesamtschrift bezieht; es dürfen in ihr keine in sich widersprüchlichen Merkmale auftreten. Je ebenmäßiger die Formung, desto deutlicher, klarer und leserlicher wird eine Schrift sein, ohne schulmäßig zu wirken. Eindeutigkeit, Klarheit und Unmißverständlichkeit sind charakteristisch für solche Schreiber. Gute Leserlichkeit ist auch ein Ausdruck klarer zwischenmenschlicher Verhältnisse. Grundsatztreue, Charakterfestigkeit, Unkompliziertheit, Sachlichkeit und Objektivität sind nur einige weitere mit dem *Ebenmaß* in Zusammenhang gebrachte Qualitäten, denen auf der Negativseite Formalismus und Pharisäertum sowie Uninspiriertheit und geistig-seelische Stagnation gegenüberstehen.

A.	allgemeines Verhalten		gerecht
1.	sicher und ausgeglichen	3.	abwägend im Urteil
	in sich ruhend		ohne besondere Wünsche
	gleichmütig		und Ideale
2.	harmonisch		unbewußt
	gelassen		einfältig
	Sinn für Ästhetik	4.	wenig aufgeschlossen
	kultiviert		ohne ausdrückliche Meinung
			einseitig
G.	geistige Fähigkeiten		gleichgültig
2.	Sinn für Maß und Vernunft		undifferenziert
	objektiv im Urteil		

244   4. Die Analyse der Einzelmerkmale

W. **Willensbereich**
2. willensstark
   nach Vervollkommnung strebend
   um Konzentration bemüht
   kontrolliert und bewußt
3. maßvoll in Ermangelung starker
   Triebe
   bescheiden und zufrieden wegen
   niedrig angesetzter Ziele
   kontrolliert, mit der Folge abnehm-
   barer Erlebnisfähigkeit
   subaltern (bei Tendenz zur Schulmäßigkeit)
4. uneigenständig

I. **Ich-Bereich**
2. innerlich sicher und ausgeglichen
   natürlich selbstbewußt
   konservativ
   unerschütterlich
3. in einem natürlichen inneren Gleichgewicht
4. zu Selbstgerechtigkeit und Sattheit
   neigend
   innerlich leer
   langweilig
   stagnierend

F. **Fühlen, Gemüt**
1. abgeklärt und ruhig
2. lebensnah
   naturverbunden
   relativ unerschütterlich
3. geruhsam, in sich ruhend
4. innerlich unlebendig
   seelisch stagnierend
   flach
   unlebendig
   innerlich lahm

müde, schlaff
stumpf, eintönig
grobnervig
derb

V. **Vitalbereich**
1. mit der Welt im Einklang
   im Gefühlsbereich ökonomisch und
   ausgeglichen
2. unkompliziert
   fähig, Erfahrungen mühelos zu
   verarbeiten
   instinktsicher
4. zur Kompensation von
   Unzulänglichkeiten neigend
   unter Gewissensbissen leidend
   antriebslos
   unempfindlich
   ziellos
   kindlich, primitiv
   regressiv

M. **mitmenschlicher Bereich**
3. naiv, harmlos
   still
   autoritätsabhängig
   ignorant
   ehrlich aus Furcht
4. Herdennatur
   unsensibel
   langweilig
   indifferent
   undifferenziert
   unpersönlich

L. **Leistungsbild**
2. flexibel und belastbar
3. im Strom mitschwimmend
4. verantwortungsscheu, träge

Das Formbild 245

Das Unebenmaß Der Übergang vom *Ebenmaß* zum *Unebenmaß der Form* ist fließend. Sind *Ablauf, Verteilung* und vor allem die Formung in einem Schriftbild gestört, sprechen wir von *Unebenmaß*. Dieses gestörte Verhältnis zeigt sich in künstlerisch eigenwilliger oder sonstwie eigenartiger Formgebung. Die Gestaltung eines solchen Formbildes ist mißlungen, gelegentlich geschmacklos. So kann sich eine individuelle Schrift aus vielen divergierenden Stilelementen zusammensetzen. Dahinter können sich innere Richtungslosigkeit wie seelische Zerrissenheit verbergen. Immer zeigt sich in diesem Stilgemisch auch der Wunsch, die eigene Individualität auszudrücken.

Unebenmaß findet sich bedeutend häufiger als *Ebenmaß*. Es ist eine Folge des Mangels an ausreichend regulierenden Kräften und weiterhin Ergebnis ungleichmäßiger, nicht sonderlich dynamischer Antriebe, die eine echte Gestaltung des Schriftbildes nicht zulassen. In diesem Zusammenhang seien die *verunglückten Formen* erwähnt, die von manchen Schreibern nachgebessert werden. Sie zeigen, daß der Schreiber mit dem Ergebnis seiner Leistung nicht zufrieden gewesen ist und korrigiert, um einen anderen Eindruck zu erwecken, als es der ursprünglichen Leistung entsprechen würde. Positiv mag daran zu bewerten sein, daß ein solcher Schreiber sich keine Ungenauigkeit gestattet, negativ hingegen der Wunsch, den Leser zu täuschen. Man sollte solche Nachbesserungen erst dann diagnostisch auswerten, wenn sie gehäuft auftreten.

4. Die Analyse der Einzelmerkmale

A. allgemeines Verhalten
4. unausgegoren
   in der Entwicklung
      stehengeblieben
   auf einen guten Eindruck bedacht
   ohne stabile Gesinnung
   widersprüchlich
   auf Abenteuer aus
   unnatürlich, unecht
5. extravagant
   unzuverlässig
   jenseits von Gut und Böse

G. geistige Fähigkeiten
2. vielseitig
3. problembewußt
   aufgeweckt
4. standpunktlos
   in Wunschbildern lebend
   ohne geistige Linie
   geistig unproduktiv
   unkultiviert
   zu Projektionen neigend
   dem Widersprüchlichen und
      Gegensätzlichen zugetan
5. zerfahren, verworren

W. Willensbereich
4. inkonsequent
5. charakterlos

I. Ich-Bereich
3. um Originalität bemüht
   regressiv
   substanzlose Selbstdarstellung
      betreibend
4. auffallsüchtig
   nicht kreativ
   zwischen unvereinbaren
      Haltungen und Wert-
      maßstäben hin und her
      gerissen

   angeberisch
5. maßlos

F. Fühlen, Gemüt
3. differenziert
   sensibel
   stimmungsabhängig
   erregbar
4. abergläubisch
   schwärmerisch
   erregbar, reizbar
5. hysterisch

V. Vitalbereich
4. unfähig, die eigenen Antriebe
      sinnvoll einzusetzen
   unausgeglichen
   unentschlossen
   in der Entwicklung
      zurückgeblieben
   formalistisch und leer
   innerlich verkrampft
   ablenkbar
5. innerlich zersplittert
   ohne moralischen Halt
   desintegriert

M. mitmenschlicher Bereich
3. aufgeschlossen
   für alles empfänglich
4. aufrührbar

L. Leistungsbild
2. innovativ
3. wirkende Arbeitskraft
   rührig
4. Neuerer, jedoch ohne
      geistig-seelische
      Wendigkeit
   ungleichmäßig in
      der Leistung
   ohne Arbeitsmoral

Das Formbild   247

Der Formrhythmus Nicht alle Formen lassen sich im *Eben-maß* oder *Unebenmaß* einer Schrift erfassen. Aus der Vielfalt der Formgebung resultiert ein eigener *Formrhythmus*, der die genaue, gute lesbare und gestaltete Form ebenso umfaßt wie die mißlungene Form, die Formauflösung und den Formzerfall.

Wenn eine Schrift der Schulnorm zuneigt, die Abweichung davon gering ist und die Buchstaben wie Wiederholungen der immer gleichen Formgestaltung wirken, spricht man von *Formstarre.* Sind Form und Bewegung ausgewogen, innerlich einheitlich und echt, organisch gewachsen, selbständig gestaltet und in ihrer Eigenart unverkennbar, liegt *Formfestigkeit* vor. Leichte Abweichungen von der Norm bezeichnet man als *Formvielfalt* oder *Formbeweglichkeit,* gröbere Störungen als *Formauflösung* oder *Formzerfall.* Letztere erschweren die Lesbarkeit erheblich. Unter diese Kategorie fallen auch Übertreibungen und unschöne oder mißlungene Formgestaltungen.

Formzerfall

Auch die sogenannten *Wechselmerkmale* sind mitbestimmend für den *Formrhythmus.* Sie resultieren aus dem plötzlichen Wechsel der Schrift in Führung und Richtung und sind ein Anzeichen für das Nachlassen einer gleichmäßigen Schriftgestaltung. Somit deuten sie auf eine große Bereitschaft zum Wandel und Wechsel der seelischen Haltungen. Der Begriff des *Formrhythmus* umfaßt, dem *Ablaufrhythmus* vergleichbar, eine ganze Reihe von Stilelementen. Die Einzeldeutungen entnehme man der Tabelle. Es sei darauf hingewiesen, daß die vorliegenden Deutungsmerkmale sich in vielen Fällen durch andere Merkmale bestätigen lassen.

ausgeprägte Form
A.2. innerlich gefestigt
    den eigenen Überzeugungen verpflichtet
G.2. geistig produktiv
  3. glaubensfähig, phantasievoll
W.2. entwicklungsfähig, kreativ
  3. tatkräftig
    zur Sublimierung fähig
I.2. auf dem Weg zur Individuation
    nach Vervollkommnung strebend
F.2. innerlich von konkreten Leitbildern
    und Idealen erfüllt

formfest und gut lesbar
A.1. grundsatztreu
    gesinnungsfest
  2. um Allgemeinverständlichkeit
    bemüht
  3. einfach, klar, eindeutig
    den vorgegebenen Rahmen respektierend
  4. fassadenhaft
G.2. geistig orientiert
W.2. ordentlich, beharrlich
    ausgleichend
    moralisch
    ehrlich aus Tradition oder Stolz
I.4. hohl
    uneigenständig
V.4. unterentwickelt
    infantil, primitiv
M.2. lebensnah
  3. konfliktscheu
  4. pharisäerhaft

Formbetonung
A.2. kultiviert
  3. auf Form und Haltung bedacht
  4. oberflächlich
    unecht, gewollt
  5. maskenhaft
G.2. kreativ
W.2. Festigkeit und Abgrenzung über
    Gefühle und Triebwünsche stellend
I.4. unbewußt zur Selbstdarstellung neigend
V.4. ohne große Reserven
L.4. imitativ

individuell gestaltete Formen
A.2. individualistisch
W.2. lebendig, konstruktiv
I.2. klar konturiert
  3. ausdrucksfähig
    eigenwillig im Geschmack
  4. Uniformität ablehnend
    bemüht aufzufallen
  5. exzentrisch
F.2. ästhetisch orientiert
V.2. innerlich differenziert
M.4. antibürgerlich
L.3. unkonventionell

Formbeweglichkeit bis Formvielfalt
A.4. grundsatzlos
G.3. vielseitig interessiert
  4. für neue Entwicklungen sehr empfindsam
V.2. flexibel und wendig
    innerlich differenziert

fähig, Erfahrungen kreativ zu
  verarbeiten
M.3. anpassungsfähig
  4. opportunistisch
L.3. umstellungsfähig
  4. jede Gelegenheit nutzend

weiche, einheitliche Formen
(subkortikal)
A.2. echt, unkompliziert
  einfach
F.2. beschaulich
  tief
  innerlich erfüllt
M.2. schlicht, bescheiden
  ehrlich
  3. einfältig

Genauigkeit, gestaltet
A.3. gewissenhaft
G.3. realistisch
  genau kalkulierend
L.1. präzise
  2. pünktlich
  sorgfältig, gründlich
  3. pflichtbewußt

Genauigkeit, ungestaltet
G.4. kleinbürgerlich
I.4. unselbständig
L.4. von einer Vorlage abhängig
  langsam
  an Vorschriften klebend
  geizig

Ungenauigkeit, gestaltet
A.2. großzügig
G.2. selbständig denkend
  synoptisch begabt
  Sinn für das Wesentliche

Ungenauigkeit, ungestaltet
A.4. verantwortungslos

G.4. oberflächlich
M.5. bindungsunfähig
L.4. ungründlich im Detail
  5. nachlässig, schlampig
  gewissenlos
  verschwenderisch

Formstarre bei geglückten
Gestaltungsversuchen
A.3. auf der Suche nach einer eigenen
  Form
W.3. nach Eigenständigkeit strebend,
  ohne die dazu notwendige Kraft
  zu besitzen
I.3. erfolglos um Selbständigkeit
  bemüht
M.4. vergeblich um die Lösung aus alten
  Bindungen kämpfend

Formreduzierung und Abkürzung der
Schreibwege
G.1. intellektuell gewandt
  2. vom Verstand beherrscht
  geistig eigenständig
  konstruktiv
  nüchtern und abstrakt
  denkend
  bestimmt im Urteil
  3. sachlich, objektiv
  theoretisch ausgerichtet
  um die Auffindung logischer
  Gesetzmäßigkeiten bemüht
  skeptisch, rationalistisch
  4. formalistisch

Formzerfall und Formauflösung
G.1. genialisch
W.4. eigenmächtig, eigenwillig
  undiszipliniert
  5. form- und haltlos
V.1. ursprünglich
  4. machiavellistisch

innerlich abwehrend
labil
5. synoptisch begabt
  innerlich zerrissen
  moralisch indifferent
  dämonisch
M.4. gehemmt
  5. rücksichtslos
L.4. nicht gründlich

Anstückelung und Nachbesserung
A.2. nach Vervollkommnung strebend
  3. um einen guten Eindruck bemüht
G.2. nach Genauigkeit und Sorgfalt, Ein-
    deutigkeit und Klarheit strebend
  3. um Deutlichkeit bemüht
  4. ablenkbar, irritierbar
W.2. selbstkritisch

3. der eigenen spontanen
  Äußerung mißtrauend
  bemüht, die eigene
  Ungründlichkeit zu
  korrigieren
I.3. mit der eigenen Leistung
  unzufrieden
  Konzentrationsmangel durch erhöhte
  Selbstkontrolle
  ausgleichend
4. zu pedantischer Selbstbeobachtung
  neigend
V.4. von Gewissenbissen geplagt
  skrupulös
M.4. berechnend
  5. heuchlerisch
L.5. zur Vertuschung eigener
  Fehlleistungen neigend

Die Lesbarkeit Niemand schreibt nur um des Schreibens willen, das Geschriebene soll immer etwas mitteilen. Eine Mitteilung kann an die eigene Person gerichtet sein, zum Beispiel, wenn wir uns etwas merken wollen, oder sie geht an einen anderen. Dieser Empfänger steht in seiner sozialen Stellung über oder unter dem Schreiber oder auf gleicher Ebene mit ihm. Der Verfasser der Mitteilung findet den Empfänger mehr oder weniger sympathisch, oder er steht ihm gleichgültig oder ablehnend gegenüber. Manchmal sind wir von dem Empfänger einer schriftlichen Mitteilung abhängig, manchmal haben wir gar nichts mit ihm zu tun. Jedenfalls beeinflußt das Verhältnis zum Empfänger unsere innere Einstellung, was entsprechend in das Schriftbild einfließt. Durch die schriftliche Mitteilung stellen wir einen sozialen Bezug her, und die Lesbarkeit unserer Handschrift sagt sehr viel über unsere Einstellung gegenüber anderen.

Auf uns selbst nehmen wir meist die geringste Rücksicht, wir kennen uns ja mit uns selbst aus, und daher werden Notizen für den eigenen Gebrauch oft nur hingekritzelt oder ohne besondere Aufmerksamkeit zu Papier gebracht. Die eigene »Klaue« läßt sich eigentlich immer entziffern, selbst wenn infolge *Eile* oder *Nachlässigkeit* die *Lesbarkeit* sehr stark eingeschränkt ist. In der Beurteilung solcher Notizen sollte der Schriftpsychologe soviel Großzügigkeit walten lassen, wie sich der Schreiber selbst zubilligt.

Anders sieht es bei Mitteilungen an andere aus, wobei der Anlaß immer eine wichtige Rolle spielt. Es ist bei weitem nicht egal, ob man jemandem eine kurze Notiz zukommen läßt oder eine Examensarbeit, einen Leserbrief oder ein Dankschreiben verfaßt. Eine Bewerbung schreibt man zweifellos besonders gepflegt, bei einer Beschwerde wird man es vielleicht nicht so genau nehmen. Ob ein Arzt ein Rezept nur für den ihm bekannten Apotheker schreibt oder auch den Patienten über die therapeutischen Maßnahmen informieren will, wird sich auf die Lesbarkeit seiner Schrift auswirken.

Unter diesem Gesichtspunkt betrachtet, ist die Schrift ein Kommunikationsmittel, das Aufschluß über die Einstellung des Schreibers zu seinen Mitmenschen gibt. Die *Lesbarkeit* zeigt damit auch etwas von dem guten Willen beziehungsweise von dem Unwillen, mit dem ein Individuum dem anderen begegnet. Achtung oder Mißachtung der Persönlichkeit des Adressaten spiegeln sich in den Schriftzügen wider; zwischen den Extremen liegt das breite Feld der Gleichgültigkeit und Indifferenz. Immer ist der Grad der Lesbarkeit jedoch ein Indikator für die Reifungsstufe, auf der sich ein Schreiber zu einem gegebenen Zeitpunkt befindet.

graphischer Ausdruck	Deutung

absolute Lesbarkeit
 sichere Formbeherrschung
 zentrierte Gliederung
 regelmäßiger Neigungswinkel
 nicht zu starker Druck
 einheitliche Bindungformen
	G.2. um Allgemeinverständlichkeit
	       bemüht
	       auf der Suche nach einer geistigen
	       Orientierung
	 V.2. lebensnah
	 M.2. sozial
	       konfliktscheu
	 L.2. gewissenhaft
	       kooperativ

gute Lesbarkeit	M.3. einordnungsbereit bereit, sich anzupassen

Das Formbild

graphischer Ausdruck	Deutung

überbetonte Lesbarkeit
dazu originelle Formen- und
   Gestaltungstendenzen
machmal stilisiert
normschriftverwandt
vorwiegend starker Antrieb
	G.2. ideenreich und flexibel
	     genialisch
	  4. selbstherrlich
	A.3. unbekümmert
	  4. amoralisch
	L.4. reproduktiv

relative Lesbarkeit
Betonung des Unwesentlichen ohne
   Beeinträchtigung des Wesentlichen,
Weglassen von unwesentlichen
   Schriftteilen
häufig Oberzeichen ungenau
voreilend
	A.3. ausweichend
	G.3. unselbständig im Urteil
	  4. unausgegoren
	M.3. nicht darum bemüht, sich verständlich
	     zu machen
	L.3. mittelmäßig
	A.3. Bluffer

unechte Lesbarkeit
Überbetonung der Form
meist schlecht gegliedert
Krallenzüge, Einrollungen
linkswärts eingerollte Schlußzüge,
schmieriger, unmotivierter Druck
	I.4. um einen guten Eindruck bemüht
	     scheinheilig
	     nur nach außen hin korrekt
	M.3. konventionsgebunden
	L.4. unglaubwürdig und unzuverlässig

unentwickelte Lesbarkeit
primitive, schulmäßige Form
unselbständige Buchstabengestaltung
Anfangsbetonung
größer werdende Wortenden
	F.4. zu Kurzschlußhandlungen neigend
	V.4. innere Unsicherheit kaschierend
	M.4. unfähig, sich einzuordnen
	  5. parasitär
	     rücksichtslos

absolute Unleserlichkeit
unrhythmische Druckschwankungen
Bewegungs- und Formelemente sind
   gebrochen oder fallen auseinander
abrupte, ausfahrende Einzelzüge
Mangel an Koordination
	G.4. unselbständig im Urteil
	A.4. gleichgültig gegen Äußerlichkeiten
	     weltfremd
	     Außenseiter
	I.4. unaufrichtig
	     egozentrisch
	M.4. nicht anpassungswillig

Die Eigenart Der geübte Schriftpsychologe erkennt auf den ersten Blick den *Eigenartsgrad* einer Schrift und mißt daran nicht nur die Formhöhe, sondern schließt daraus auch auf den Grad der seelischen Reife eines Probanden.

An sich müßte jede Deutung mit der Analyse der *Eigenart* beginnen, da es sich um ein ganzheitliches Merkmal der Schrift handelt, das Ludwig Klages noch mit *Rhythmus* bezeichnete, um die Eigengesetzlichkeit der rhythmischen Bewegung angemessen zu würdigen. Dieses Charakteristikum zeigt sich schon in der Phase des Schreibenlernens. Trotz glei-

Das Formbild 255

cher Vorlagen wird kein Lernanfänger den gleichen Buchstaben schreiben wie seine Mitschüler. Seine Schrift unterscheidet sich oft schon im *Ansatz*, spätestens in *Druck, Lage, Duktus, Weite* und *Form* überhaupt, so daß jeder geschriebene Buchstabe von Anfang an ein individuelles Gepräge und einen persönlichen Stempel trägt, an dem zumindest der jeweilige Schrifteigner seine Schrift sofort wiedererkennt. Jedes Schriftbild trägt mit fortschreitender Übung und seelischer Reifung charakteristische Züge – eben eine *Eigenart*.

Die *Eigenart* ist folglich nicht mit dem *Rhythmus* deckungsgleich, sondern ein echtes Kriterium der *Formhöhe* einer Schrift. Wiederum sollte man die Wichtigkeit der *Eigenart* für die Deutung nicht überschätzen, sondern sie in Verbindung mit anderen Merkmalen dazu benutzen, allgemeine Tendenzen der charakterlichen Entwicklung des Probanden zu eruieren. Die *Eigenart* ist ein ziemlich zuverlässiger Indikator für den Reifungsgrad eines Menschen, vor allem bei der Schrift von Kindern und Jugendlichen.

ausgeprägte Eigenart
A.1. außergewöhnlich
   2. überdurchschnittlich
G.2. begabt
    kreativ
    produktiv
I.1. stolz auf die eigene Einmaligkeit
  2. souverän und selbständig
  3. selbstsicher
  4. Außenseiter
  5. zu Starallüren neigend
    exzentrisch
F.4. sektiererisch
  5. anarchisch
M.4. anpassungsfähig
    eigenbrötlerisch

unausgeprägte Eigenart
A.2. unauffällig
  3. brav, einfach

    schlicht, bescheiden
    konventionell
  4. unpersönlich
    um den Eindruck von Vornehmheit
    bemüht
G.3. sachlich
    durchschnittlich
  4. unbegabt
W.3. asketisch
I.4. unselbständig
    unauffällig
    ohne eigene Konturen
    infantil
    banal
  5. zur Selbstaufgabe neigend

unpersönliche Schrift
A.3. austauschbar
    ohne eigenes Profil
    durchschnittlich

M.4. langweilig
   Herdenmensch

Druckschrift, normnah
G.2. um besondere Deutlichkeit bemüht
   auf Ästhetik bedacht
3. (berufsbedingte) Technikerschrift
4. normentreu
   maskenhaft
5. die eigenen charakterlichen
   Schwächen verbergend
   Wolf im Schafspelz

Verwendung von Faserstiften
I.4. angeberisch
   bemüht, einen starken Eindruck zu
   hinterlassen
V.4. bequem
   mit nicht vorhandener Kraft
   protzend
   den eigenen Charakter verbergend

I.4. naiv anspruchslos
   bemüht, bedeutend und auffällig zu
   erscheinen

Verwendung farbiger Tinten
I.3. nach Einmaligkeit strebend
   sich zu sich selbst bekennend
   ästhetisch orientiert
   farbenblind
   verliebt
4. eitel
   imponiersüchtig
   bemüht, zu verlocken oder zu verführen

Zerbrochene Buchstaben

$$o\iota \, , \, o\iota \, , \, o_{\!\!\!\!\!\!\!\!\,} \! j$$

I.4. Ich-Schwäche
V.3. Ängste

Über- und Unterstreichungen

Wer sich oder seine Meinung hervorheben will, wird nach einer stützenden Form suchen, um sich darauf zu präsentieren. Graphisch gesehen, ist die *Unterstreichung* ein solches Podest. In manchen Fällen hat sie durchaus ihre Berechtigung, tritt sie hingegen gehäuft auf, so ist das ein Anlaß zum Mißtrauen.

Aussparungen in Unterstreichungen sind ein Hinweis auf mangelndes Selbstvertrauen. Menschen dieser Art scheuen vor wirklichen Konsequenzen zurück, wollen niemandem auf die Füße treten oder zu nahe kommen und halten sich möglichst aus allem heraus.

Überstreichungen schließlich gelten seit eh und je als Protektionsgeste. Man sollte sie jedoch in ihrer diagnostischen Bedeutung nicht überbewerten.

In einigen Ländern ist die *Unterstreichung* der Unterschrift üblich, so daß diese Praxis für eine individualpsychologische Deutung nichts hergibt. Ansonsten zeigt diese Angewohnheit

Das Formbild

das Geltungsbedürfnis des Schreibers an. Es kann auch sein, daß er in seinem Selbstbewußtsein einer gewissen Stütze bedarf, weil er befürchtet, ansonsten völlig in der Masse unterzugehen. Das Motiv für die Unterstreichung der Unterschrift ist nicht aus der Unterschrift selbst, sondern nur aus der Textschrift zu erschließen.

Überstreichung ohne Druck	normale Unterstreichungen
V.2. lebhaft	G.3. das Wesentliche hervorhebend
temperamentvoll	um Deutlichkeit bemüht
	differenzierend
Überstreichung mit Druck	eindringlich, nachdrücklich
W.3. nach Macht strebend	M.4. Mißverständnisse fürchtend
M.2. sich zum Beschützer	bemüht, die eigene Meinung auch im
aufwerfend	Detail verständlich zu machen

gehäufte Unterstreichungen	Unterstreichungen mit Aussparungen an
G.4. spleenig	der Unterlänge
V.4. zu Affekthandlungen neigend	V.4. den eigenen spontanen Impulsen
zu Übertreibungen tendierend	gegenüber mißtrauisch
manisch	ängstlich
hysterisch	M.4. auf Abstand bedacht
5. bis zur Aufdringlichkeit	übertrieben, rücksichtsvoll
spontan	L.4. supergenau, pedantisch
	verantwortungsscheu

Die Strichqualität Die *innere Struktur eines Striches* bleibt bei einem Schreiber immer gleich, dies haben Untersuchungen Professor Pophals ergeben. Sie ist erst bei etwa fünfzehnfacher Vergrößerung zu erkennen. In Kugelschreiber- und Faserstiftschriften verwischt sich diese Struktur wieder, solche Schriften lassen sich zur Untersuchung der Strichstruktur kaum verwenden.

homogener Strich

granulierter Strich

amorpher Strich

Die Deutungsbefunde der *Strichqualität* sind dann relevant, wenn mehrere einwandfreie Schriftproben vorliegen. Was sich in der Strichstruktur ausdrückt, hängt mit den tiefsten Bereichen der Persönlichkeit zusammen und ist ohne optische Hilfsmittel kaum erkennbar.

Wir unterscheiden drei Arten der Strichqualität: den homogenen, den granulierten und den tuschigen oder amorphen Strich. Der *homogene Strich* ist fest und dicht; er ist in sich geschlossen, und seine Ränder sind glatt. Ein solcher Strich wirkt klar, eindeutig, sauber, ruhig, rein und gleichmäßig. Zwar kann dabei ein periodischer Wechsel zwischen hellen und dunklen Stellen, die sich voneinander abheben, auftreten, aber der Strich bleibt in sich fest. Der *granulierte Strich* ist porös, aufgelockert, durchlöchert, unfest. In seinem Aufbau ist er uneinheitlich, in seinem Gefüge unorganisch, eine innere Differenzierung ist nicht vorhanden. Dieser *Strich* wirkt körnig, marmoriert, fleckig, unruhig, flimmernd und ungleichmäßig. Die Pigmente sind zerstreut oder aufgelöst, wobei die vorherrschend trübe und unklare Strichqualität ungleichmäßig aufgehellt sein kann. Der *amorphe* oder *tuschige Strich* erscheint schwach, leblos, monoton und einförmig. Er wirkt undurchsichtig und trübe wie Tusche, und die Pigmente der Schreibflüssigkeit sind ineinander verschmolzen.

Die gesamte Problematik der *Strichstruktur* gehört eigentlich in den Bereich des *Farbbildes*, dessen Verständnis uns gewiß tieferen Einblick in gewisse seelische Vorgänge geben würde, dessen »innere Logik« jedoch graphologisch noch nicht so weit und gründlich erforscht ist, daß man auf dieser Basis zu gesicherten Aussagen gelangen könnte. Auf diesem Feld bleibt der Forschung noch viel zu tun.

homogener Strich	granulierter Strich
A.2. charakterfest	A.4. unharmonisch
eindeutig, klar, sauber	5. charakterschwach
G.2. initiativ, aktiv und wendig	gesinnungslos
W.2. innerlich fest und stabil	G.3. fachlich kompetent, jedoch ohne
unbeugsam in der Verfolgung	Initiative
wichtiger Ziele	4. zur Fachidiotie neigend
I.2. sich selbst treu	W.4. labil
weder durch Erfolge noch Niederla-	willensschwach
gen aus der Bahn zu werfen	die eigene Willenskraft unökono-
V.2. innerlich ausgewogen	misch einsetzend
3. anregend	V.3. innerlich locker
M.2. vertrauenswürdig	4. leicht erregbar, nervös
L.1. führungsfähig	5. labil, brüchig
2. solide	ohne inneren Schwerpunkt

M.4. wenig vertrauenswürdig	wenig leistungs- und erfolgs-
L.3. für Routinearbeiten geeignet	orientiert
4. ohne Führungsfähigkeiten	seelisch-geistig undifferenziert
5. unzuverlässig	primitiv
	M.4. langweilig
amorpher (Tusche-)Strich	indifferent
G.3. nüchtern	L.4. geeignet für Routinearbeiten
4. indifferent	formalistisch, pedantisch
V.4. unlebendig	entscheidungsunfähig
monoton	unsicher im Auftreten

Die Unterschrift In der *Textschrift* offenbart ein Schreiber seine Persönlichkeit. Das gleiche sollte man von seiner *Unterschrift* vermuten, aber in vielen Fällen trifft diese Annahme nicht zu. Die Unterschrift weicht bei vielen Menschen merklich von der Textschrift ab, da sich darin darstellende Merkmale besonders gut anbringen lassen. Der Schreiber zeigt in der Unterschrift primär, wie er erscheinen möchte.

Die *Unterschrift* nimmt auch infolge ihrer juristischen Bedeutung eine Sonderstellung ein. Sie muß nicht unbedingt lesbar, aber für die Gewähr ihrer Echtheit gleichbleibend sein. Sie ist das persönliche, für die Öffentlichkeit bestimmte, Aushängeschild des Individuums und verdient schon deswegen beson-

Das Formbild 261

dere Beachtung. Ohne seine Unterschrift sollte man die
Handschrift eines Menschen gar nicht begutachten, denn erst
im Vergleich von *Text-* und *Unterschrift* wird offenbar, ob der
Schreiber in seinem privaten und öffentlichen Auftreten übereinstimmt. Die Inkongruenz zwischen beiden ist ein Warnsi-
gnal! Nach dem Grundsatz: Wer nichts zu verbergen hat, versteckt auch nichts, sollte die Unterschrift lesbar sein. Je unle-
serlicher sie ist, desto mehr Zweifel an der sozialen
Einstellung des Schrifturhebers müssen aufkommen, da eine
unleserliche Unterschrift ein Zeichen dafür ist, daß der
Schreiber keinen gesteigerten Wert darauf legt, von seiner
Umwelt erkannt oder verstanden zu werden. Dennoch zeigen sich gerade in der Unterschrift ungeschminkt Geltungsbedürfnisse, Herrschsucht, die Größe und Art des Selbstwertgefühls, Ehrlichkeit oder Unehrlichkeit sowie der Grad der
inneren Reifung. Mit einem Punkt hinter der Unterschrift stellt
sich der Schreiber gleichsam symbolisch hinter seinen Text,
und die Paraphe unter seinem Namen zeigt die Stellung an,
die er gern in seiner Umwelt einnehmen möchte. Es gibt
zahlreiche Fälle, in denen eine Unterschrift mehr als eine
ganze Seite Text sagt.
Stimmen Text- und Unterschrift völlig überein, läßt sich daraus auf eine einheitliche und in sich geschlossene Persönlichkeit schließen. Sobald die Unterschrift von der Textschrift
abweicht, kommt darin ein Kompensationsverhalten zum
Ausdruck, dem man nachgehen sollte, denn selten ist eine
gegenüber der Textschrift veränderte Unterschrift ein Zeichen
menschlicher Stärke. Sie kann allerdings aus gutem Grund
individuell gestaltet sein, damit sie zum Beispiel schwer nach-
geahmt werden kann; man findet dieses Motiv häufig in Kauf-
mannsschriften.
Die gängigste Form der Eigengestaltung ist die Überhöhung
oder *Vergrößerung*; das ist ein Zeichen dafür, daß der Schreiber glaubt, im gewöhnlichen Leben zu kurz gekommen zu
sein, und mit derartigen Stilisierungen seinen Anspruch auf
persönliche Geltung deutlich anmeldet. Bei Künstlern liegt
die Faszination in ihrer Darstellungskraft, die auch in der
Unterschrift sichtbar wird.

Unterschrift deutlich, ohne Zutaten
A.2. zuverlässig
   ehrlich
   moralisch mutig
   3. schlicht
L.2. verantwortungsbewußt
   3. ruhig und sorgfältig
   gewissenhaft
   unbeirrbar

Unterschrift wie Textschrift
A.2. charakterlich ausgewogen
   natürlich
   ausgeglichen, gutmütig
   bescheiden, zufrieden
   echt
   4. unzufrieden
   naiv
   selbstgerecht
   ohne Abstand zu sich selbst

Unterschrift deutlicher als Text
I.4. wichtigtuerisch
   eitel

Unterschrift undeutlich
A.4. falsch
G.4. berechnend
M.4. mißtrauisch
L.4. vielgeschäftig
   5. verantwortungsscheu
   feige
M.5. unsozial

Unterschrift vernachlässigt
V.4. gehetzt
   überlastet
L.4. übereilt
   nicht gründlich

Unterschrift unleserlich
L.4. feige und verantwortungsscheu

Unterschrift unlesbar, Textschrift lesbar
A.4. privat klar, geschäftlich
   nicht ganz eindeutig

Unterschrift unterstrichen
I.4. geltungssüchtig
   eitel
   egomanisch, selbstgefällig

Unterschrift überstrichen
I.4. geltungssüchtig
M.3. schutzbedürftig
W.4. herrschlustig
   rücksichtslos

Unterschrift abfallend
V.4. depressiv

Unterschrift ansteigend
W.2. strebsam
   ehrgeizig
   erfolgsorientiert
A.3. optimistisch

Unterschrift kurvenreich
W.3. kompromißgeneigt
M.2. unparteiisch
   vermittelnd
   4. entscheidungsschwach

Unterschrift eckenreich
W.2. kompromißunfähig
   zielgerichtet
   unnachgiebig
   durchsetzungsfähig
I.4. unfähig, Kritik zu ertragen
   autoritär
M.4. streitlustig
L.4. unkooperativ

Unterschrift größer als Textschrift
I.3. selbstbewußter als nach außen
   sichtbar

Das Formbild

mehr an Persönlichem als an Sachlichem interessiert

Unterschrift kleiner als Textschrift
M.3. bescheiden
4. unsicher
I.4. schwaches Selbstvertrauen

Unterschrift größer und druckstärker als Textschrift
I.3. selbstbewußt
4. eitel
auf Wirkung bedacht

Unterschrift kleiner und druckschwächer als Textschrift
I.4. bemüht, nicht aufzufallen
unfähig, die eigenen Interessen zu vertreten (insbesondere bei Faden)

Unterschrift rechtsschräg, Textschrift steil
M.4. im Beruf weniger menschlich als zu Hause
beruflich vorsichtiger als privat
leicht verkrampft

Unterschrift steil, Textschrift schräg
L.2. beruflich voll engagiert
3. unter dem Mangel an Privatleben leidend

Unterschrift anmaßend, Textschrift schwach
M.3. beruflich überlastet
4. tyrannisch in der Familie

Unterschrift in der Mitte
I.4. sich in den Mittelpunkt stellend

Unterschrift links Mitte
F.3. vergangenheitsbezogen

V.4. mutlos, melancholisch
vorsichtig
gehemmt

Unterschrift tief unten
M.3. bescheiden
V.4. materialistisch

Unterschrift weiter oben
G.3. intellektuell
W.2. strebsam
M.4. zudringlich
L.3. unbesonnen

Punkt nach Unterschrift
A.2. behutsam
3. vorsichtig
G.3. um einen deutlichen Abschluß bemüht
I.3. sicherheitsbedürftig
L.2. verantwortungsbewußt

gleiche Formgebung bei Vor- und Zunamen
A.3. innerlich ausgeglichen

unterschiedliche Größe bei Vor- und Zunamen
I.3. die Privatsphäre bevorzugend

Unterschrift aus Vor- und Zunamen in einem Zug
I.2. Privatsphäre und öffentliches Auftreten im Gleichgewicht
privater wie öffentlicher Sphäre gleiches Gewicht beimessend

ständige Hinzunahme des Vornamens in die Unterschrift
M.2. freundlich
warmherzig

Unterstreichung der Unterschrift bei
tiefer gesetzten Großbuchstaben
I.4. zur Selbstverhimmelung neigend
      wichtigtuerisch
      um Bedeutung bemüht

Titelbetonung in der Unterschrift
I.3. stolz
  4. geltungsbedürftig

Titelvernachlässigung in der Unterschrift
I.2. zurückhaltend
      bescheiden

Titel des Mannes bei Frauen
I.5. anmaßend

Einrollungen der Unterschrift von innen
nach außen bei den Kleinbuchstaben
a, d, g
I.4. nur an den eigenen Interessen
      orientiert

unsachlich
  5. narzißtisch
      egozentrisch (krankhaft)

Einrollungen der Unterschrift von außen
nach innen bei den Kleinbuchstaben
a, d, g
A.3. diskret, bedachtsam
M.3. zurückhaltend, verschlossen
L.3. zurückhaltend, diplomatisch
      geschickt und konzentriert

Unterschrift fängt groß an, hört klein auf
A.4. aufgeblasen
L.4. protzend ohne die entsprechende
      Leistung

Anfangsbuchstabe in Unterschrift durch
Verlängerung über- oder unterstrichen
I.4. narzißtisch

Die Sonderformen

Trotz aller Systematisierung gibt es noch immer Formen, die einen so starken Eigenrhythmus haben, daß sie nicht mehr in das allgemeine Schema des *Formrhythmus* passen. Solche Merkmale haben meist eine Bedeutung, die sich ziemlich direkt aus ihrer Bildhaftigkeit herleiten läßt. Man sollte ihnen jedoch bei weitem nicht jene Aussagekraft beimessen, wie es die Graphologie des neunzehnten Jahrhunderts getan hat. Viele dieser Formen sind, wie es scheint, unausrottbar. Trotzdem handelt es sich dabei häufig nur um spielerische Einzelformen, die besonders den rein intuitiv begabten Graphologen anregen, aus der Bildhaftigkeit Assoziationen herzuleiten, die mit dem wirklichen Leben übereinstimmen mögen, es jedoch nicht müssen. Zum Teil beruht die Interpretation solcher Merkmale auf kaum erklärbaren Erfahrungswerten und hat dann die Funktion, die übrigen Befunde zu unterstützen.

Das Formbild

lateinisch-deutsche Mischschrift
A.4. unzuverlässig

nach rechts gewölbte Langlänge
F.4. entmutigt und enttäuscht
beeinflußbar und Reizen hilflos ausgeliefert
M.4. ängstlich verschlossen

nach rechts gehöhlte Langlängen
I.3. zur Selbstbehauptung fähig
W.4. hartnäckig
gegen wirkliche oder vermeintliche
Hindernisse ankämpfend
sich selber im Weg

doppelt geknickte Langlängen
A.4. innerlich gebrochen
sehr krisenanfällig
V.4. Triebimpulse verdrängend

starker Wechsel zwischen großen und
kleinen Kurzlängen
I.4. im Selbstwertgefühl gestört (oft
mit allgemeiner Erregbarkeit verbunden)

Vernachlässigung der Grundstriche
W.4. unfähig, sich durchzusetzen

Stützungen und Deckzüge
statt Schleifen
F.3. unter der Oberfläche weich
4. verklemmt

Verkleinerung und Verengung
einzelner Buchstaben
F.4. unsicher
gehemmt

266   4. Die Analyse der Einzelmerkmale

krampfaderähnliche Verdickungen in
den Unterlängen
V.4. im Sexualbereich gestört

zu einem dunklen Punkt zusammen-
fließende Kreisbewegung (beispielsweise im a)
I.5. unaufrichtig und eitel
V.4. komplexbeladen

Druckbuchstaben
G.2. literarisch gebildet
   3. zu Vorbildern emporblickend
A.4. bemüht, die eigene Persönlichkeit zu
       tarnen
   5. hinter einer Maske verborgen
       charakterschwach

symbolhafte Zeichen und Formen
V.3. von verdrängten Wunschvorstellun-
       gen besessen (Deutung vieldeutig
       und unsicher!)

Sonderformen aus
tiefenpsychologischer Sicht

aktive Aggression

orale Aggression

**Schrift mit starker Rechtslage und aus-
fahrenden Endzügen**

Klages: Strich durchs Leben, größere
          Lebensenttäuschungen haben
          bleibende Spuren hinterlassen

5 Das Gutachten

Sein Aufbau

Mit der Analyse der einzelnen Merkmale ist die wichtigste graphologische Vorarbeit geleistet, jetzt gilt es, in der *Synthese* zu einer Form der Beschreibung zu finden, die auch dem außenstehenden Betrachter verständlich ist. Während der systematischen Auflistung der Deutungsbefunde nach *vorher* festgelegten Gesichtspunkten – zweckmäßigerweise sollten diese Ordnungsprinzipien schon in dem graphischen Merkmalprotokoll aufgegliedert sein – entsteht beim Betrachter, oft intuitiv, eine gewisse Vorstellung von Charakter und Persönlichkeit des Probanden. Anhand der dabei in den Vordergrund tretenden Schwerpunkte läßt sich ein Gutachten am besten aufbauen. Man faßt zusammen, was inhaltlich zusammengehört, verwandt ist, das Verhalten begründet, bestärkt oder als Mangelerscheinung auftritt.

Der Aufbau eines *Gutachtens* ist keine graphologische Leistung mehr, sondern das Ergebnis einer psychologisch zutreffenden Zusammenschau und darüber hinaus in seiner sprachlichen Gestaltung eher eine literarische Leistung, die zwar einer wissenschaftlichen Grundlage nicht entbehren sollte, über weite Strecken jedoch primär eine künstlerische Aufgabe ist; und in diesem Zusammenhang zeigt sich der Unterschied zwischen einem »nur« graphologisch gebildeten Gutachter und dem Schriftpsychologen.

Was ist ein graphologisches Gutachten? Ein graphologisches Gutachten ist das schriftlich fixierte, sachverständige Urteil eines psychologisch geschulten Graphologen, der Charakter- und Verhaltensstruktur eines Menschen aus dessen

Handschrift erschließt, begründet und verständlich darlegt. Mit Sicherheit dient jedes Gutachten einem bestimmten Zweck. Die entsprechenden Fragestellungen sind folglich mannigfaltig, je nachdem, ob es sich um eine Aussage über die Eignung für eine bestimmte Berufstätigkeit handelt oder ob beispielsweise ein Partnerschafts- oder Persönlichkeitsgutachten verlangt wird. Von diesem Zweck her wird die Formulierung eines Gutachtens wesentlich mitbestimmt.

Neben dem Verwendungszweck eines Gutachtens, über den von Anfang an Klarheit herrschen sollte (es könnte dazu die ethische Berechtigung fehlen), muß der Gutachter die Auffassungsgabe des Auftraggebers berücksichtigen. In den meisten Fällen handelt es sich dabei um Laien, die psychologischen Gedankengängen sehr wohl folgen können, aber mit Fachausdrücken aus diesem Bereich nur wenig anzufangen wissen oder sie sogar mißverstehen. Deshalb sollte der Gutachter Fachausdrücke, die nicht allgemeinverständlich sind, tunlichst vermeiden oder so in die Umgangssprache übersetzen, daß sie auch dem Nichtfachmann verständlich sind.

Bei der Abfassung des Gutachtens ist natürlich die Individualität des Schrifteigners in Betracht zu ziehen, das heißt herauszuarbeiten, wie der Betreffende sich selbst erlebt, um dann in einem zweiten Schritt auf sein Sozialverhalten einzugehen. Dabei hat sich der Gutachter aller diskriminierenden Äußerungen zu enthalten. Wo der Gutachter auf Charakterdefizite zu sprechen kommt, kann er das auch in Form höflicher Umschreibungen tun.

Je nach Interessenlage des Auftraggebers stellt sich die Frage, wie der betreffende Schreiber unter den gegebenen Bedingungen zu beurteilen ist. Die dominanten Merkmale und ihre Deutung haben immer Priorität. Wenn man immer mehr Einzelaussagen zusammenträgt, klärt sich allmählich die Schichtstruktur der Persönlichkeit, und es kristallisieren sich charakterliche Zusammenhänge oder typische Verhaltensweisen heraus, die für dieses eine Individuum kennzeichnend sind. Ob dabei der Schwerpunkt der Interpretation auf analytischer oder auf intuitiver Erfassung liegt, spielt eine

Sein Aufbau 269

untergeordnete Rolle, entscheidend ist, daß der Gutachter seine Befunde sachlich begründen kann.

Quer durch alle Schulen herrscht Übereinstimmung hinsichtlich der Grundbedeutungen der Einzelmerkmale. Wichtiger als alle isolierten Bedeutungen sind die Zuordnungen, die Gewichtung und unter Umständen Bedeutungseinschränkungen, wie sie sich unter gewissen Umständen ergeben können. Oft erweist es sich als zweckmäßig, nicht zu sehr an den wörtlichen Bedeutungen der Einzelmerkmale zu kleben, sondern selbst eine dem Zusammenhang angemessene Formulierung zu finden. Ein Beispiel: In der Merkmaltabelle findet sich unter *Faden G 4* die Bedeutung *seicht und oberflächlich*. In einem Gutachten könnte man schreiben: Denken und Handeln des Probanden vollziehen sich mit einer Leichtigkeit, die fast beneidenswert wäre, würde sie nicht infolge eines gesteigerten psychischen Tempos an Gründlichkeit und Tiefgang so viel einbüßen, daß die Bewältigung ernsthafter Aufgaben gefährdet ist. Solche oder ähnliche »barocke« Formulierungen sind natürlich nicht immer angebracht, manchmal genügt es auch, statt von Seichtheit und Oberflächlichkeit nur von einem zu geringen Tiefgang zu sprechen.

Schwierig wird die Erstellung eines Gutachtens, wenn offenbar gegensätzliche Bedeutungsmerkmale in einer Schrift auftauchen. Solche »Widerspruchsdominanten« bringen Farbe in ein Persönlichkeitsbild, vorausgesetzt, es ist dem Graphologen gelungen, diese scheinbaren oder wirklichen Gegensätze dynamisch zueinander in Beziehung zu setzen und ihre verhaltensbegründende Funktion zu erhellen. »Zwei Seelen wohnen, ach, in meiner Brust«, bekennt Dr. Faust in Goethes Drama, und nicht wenige Menschen empfinden ähnlich. Meist sind sie sich ihrer inneren Zerrissenheit jedoch nur dumpf bewußt. Dem Schriftpsychologen bleibt dann die manchmal undankbare Aufgabe, solche Widersprüche »unter einen Hut zu bringen«, das heißt sie so zu koordinieren, daß sich ein abgerundetes Persönlichkeitsbild ergibt.

Es ist zweckmäßig, bei der Abfassung eines Gutachtens den Stoff nach bestimmten Schwerpunkten zu gliedern. Solche Gruppierungen sind beispielsweise *Leib – Seele – Geist* oder *Intelligenz – Durchsetzungsvermögen – mitmenschliches Verhalten* oder *Energie – Vitalität – Leistung* oder *Selbstwertgefühl – soziales Verhalten – berufliche Qualitäten.* Der Zweck des Gutachtens sowie die Art des Schrifteigners bestimmen die passende Gliederung des Gutachtens.

In jedem Gutachten sollte am Anfang wenigstens eine positive Seite des Probanden herausgestellt werden. Charakterliche Mängel und sonstige Defizite kann man später erwähnen, ohne dabei verletzend zu wirken. Zu einem rein beschreibenden Gutachten gehört auch eine begründete und zusammenfassende Gesamtschau, welche die verhaltensbestimmenden Motivationen des Schreibers erhellt. In dieser kurzen Zusammenfassung sollte, falls erbeten, auch der Eignungsbefund stehen.

Es darf in einem Gutachten auf keinen Fall der Eindruck entstehen, der Graphologe habe das betreffende Individuum völlig enttarnt oder gar entlarvt, vielmehr sollte das Verhalten des Schrifteigners dem Auftraggeber verständlich gemacht werden. Falls notwendig und erwünscht, kann der Schriftpsychologe dem Probanden auch einige Ratschläge erteilen. Derart ist graphologische Arbeit Dienst am Menschen, und als solcher soll ein graphologisches Gutachten auch verstanden sein.

An dieser Stelle ein Wort über die Berufsauffassung des Schriftpsychologen: Seiner subjektiven Bedingtheit sollte ein guter Graphologe neben kritischer Selbsterkenntnis und Verantwortungsgefühl auch eine fundierte Fachausbildung sowie ein sprachliches Differenzierungsvermögen entgegensetzen. Kein Graphologe sollte sich dazu hergeben, nur die gesellschaftliche Neugier zu befriedigen, obwohl der Anreiz dazu oft recht groß ist. Ehrfurcht und Achtung vor dem Menschen gebieten es, daß er klärend, verstehend und helfend seine Aufgabe erfüllt, und die Fairneß verlangt, die Intimsphäre eines Menschen soweit wie möglich auszuklammern und unter Wahrung der Menschenwürde des Probanden ehrlich das zu sagen, was notwendig ist, um dem Auftraggeber Klarheit sowie Verständnis für den Bewerber zu vermitteln. Ein

gutes Gutachten sollte auch sprachlich jenes Niveau erreichen, auf dem der Schrifteigner steht, wenn möglich es sogar
noch ein wenig übertreffen.

Die Gestaltung des Gutachtens:
Auch negative Befunde lassen sich positiv darlegen

Ein Gutachten, das mit einer Anhäufung negativer Aussagen
beginnt, wird nicht nur dem Schrifturheber, sondern auch
dem Auftraggeber einen unangenehmen Eindruck vermitteln,
und der Schriftpsychologe selbst ist meist auch nicht damit
zufrieden.

Man verfahre deshalb wie jeder gute Redner und stelle ein
kleines Kompliment für den Schreiber an den Beginn der
Beurteilung, da läßt sich in jedem Fall etwas finden, und sei
es die Tatsache, daß der Schreiber selbst ein positives Bild
von sich hat. Von sich selbst hat jeder Mensch im allgemeinen
eine hohe Meinung, auch dann, wenn er dazu, »objektiv«
betrachtet, wenig Anlaß hätte.

Wir müssen immer bedenken, daß nicht jeder vom Schicksal begünstigt ist oder bei seiner Berufswahl eine glückliche
Hand bewiesen hat. Es gibt Fehlentwicklungen, die sich nicht
verheimlichen lassen, aber man kann sie in einem Gutachten
immerhin in netter Form erwähnen. In der Praxis würde das
bedeuten, daß der Gutachter nach einer wohlmeinenden Einführung beispielsweise den Satz anfügt: »Wo viel Licht ist, da
fällt natürlich auch Schatten«, oder »Jede Medaille hat ihre
Kehrseite«. Sachlicher formuliert könnte es heißen: »Aus kritischer Distanz betrachtet, muß man der Vollständigkeit halber
hinzufügen....« Galanter könnte ein solcher Satz lauten: »Zwischen hohen Bergen liegen bekanntlich tiefe Täler«, oder:
»Wie in der Natur Sonnenschein und Regen ständig wechseln,
so zeigt sich auch dieser Charakter nicht immer von seiner
Sonnenseite.«

Solche und ähnliche Formulierungen sind dazu angetan,
die nachfolgenden Schwächen in einem milderen Licht
erscheinen zu lassen, sie vor allem nicht überzubewerten,

und das ist wichtig! Es kommt hier wie bei allen negativen Aussagen darauf an, die Wahrheit zu sagen, ohne das Individuum in ehrverletzender Weise anzutasten. Deshalb darf man das »Schlechte« ruhigen Gewissens als das »weniger Gute« verkaufen. Aber statt vieler theoretischer Erörterung möchte ich Ihnen dafür lieber ein paar praktische Beispiele geben:

Sind in einer Schrift offensichtlich Anzeichen von Unehrlichkeit zu finden, so schreibe man: »Der Schreiber läßt sich in seinen Handlungen primär von rein subjektiven Maßstäben leiten. Er legt dabei nicht gleich jedes Wort auf die Goldwaage«, oder: »Sein Gerechtigkeitsempfinden entspricht wohl nicht ganz den üblichen Maßstäben«. Bei maskenhafter Glätte des Schriftbildes spricht man von einer »glatten Fassade, die wohl eines tieferen Hintergrundes entbehrt«. Labilität läßt sich als die »Dynamik eines Ablaufgeschehens, das sich nur schwerlich unter willentliche Kontrolle bringen läßt«, darstellen. Entschlußunfähigkeit umschreibt man an besten als »stark verringerte Schwungkraft«, ein ausgeprägtes Triebleben als »satte Vitalgrundlage, die sowohl geistig als auch willensmäßig sich gelegentlich der Kontrolle entzieht«. Bei innerer Leere rückt man das »fehlende Formgefühl« und den »schwachen Geltungsdrang« in den Vordergrund. Mangel an Begabung läßt sich umschreiben, indem man sagt, daß »besondere Intelligenzleistungen nicht die starke Seite des Probanden« sind. Unruhe, Fahrigkeit und Oberflächlichkeit lassen sich abwandeln in »Lebendigkeit, die auf Kosten der Tiefe des Erlebens geht«. Schwerfälligkeit ist »Begrenztheit der geistigen Beweglichkeit oder Regsamkeit«. Selbst Unzuverlässigkeit läßt sich in diesem Zusammenhang als eine »Schwächung des Steuerungsvermögens« oder als »Überbewertung des Gefühlsmäßigen« charakterisieren.

Launenhaftigkeit bezeichnet man als den »sprunghaften Wechsel der Interessen«, Unausgeglichenheit als ein »Zeichen dafür, daß der Proband wohl noch einen weiten Weg bis zur endgültigen Reifung zurückzulegen hat«. Kleinmut wird zum »vorsichtigen Abwägen der Gegebenheiten«, Eigensinn ist nichts anderes als der »betonte Durchsetzungswunsch eigener, als vorteilhaft erkannter Interessen«. Nach der hier aufge-

Die Gestaltung des Gutachtens 273

zeigten Methode der Darstellung ist mangelndes Stilgefühl
die »Unfähigkeit, zum richtigen Zeitpunkt das Richtige zu
tun«, Eitelkeit die »Kunst, sich in jeder Lage mit schmücken-
dem Beiwerk zu versehen«. Pessimismus »resultiert aus einer
Reihe fortgesetzter trüber Erfahrungen«. Undurchsichtigkeit
ist die »Kunst, die eigenen Intentionen vor den Blicken Neu-
gieriger zu verbergen, so daß eine klare Linie nicht zu erkennen ist«. Empfindlichkeit ist »mimosenhaftes Angerührtsein«,
Liederlichkeit ein »zu geringes ästhetisches Interesse«, Willensschwäche ließe sich als »Nachgiebigkeit gegenüber fremden Forderungen« deklarieren, vielleicht auch als die
»Unfähigkeit, gewissen Impulsen und Wünschen einen
Widerstand entgegenzusetzen«.

Man könnte die Reihe solcher Beispiele, die zeigen, wie
man bittere Wahrheiten schonend verpacken kann, beliebig
fortsetzen.

Für eine schlechte Methode halte ich jene Praxis, die man
in vielen graphologischen Gutachten findet, daß nämlich der
Schriftpsychologe in einem einführenden Satz etwas Unangenehmes in aller Deutlichkeit ausspricht, dann jedoch in
einem Nachsatz versucht, die Wirkung wieder abzuschwä-
chen; wenn eine solche Gegenüberstellung überhaupt sinnvoll ist, so würde sich der umgekehrte Weg anbieten. Etwas
Unangenehmes zu umschreiben, es in »genießbarer Form«
darzubieten, ist immer noch vornehmer, als einfach nackte
Tatsachen auf den Tisch zu knallen oder umgekehrt das
Unangenehme einfach zu unterschlagen. Einem Kind, das
aus gesundheitlichen Gründen Lebertran schlucken muß,
geben kluge Eltern diese Medizin in Form einer süßen Emul-
sion. Das Kind schluckt die süße Variante des Stärkungsmit-
tels widerstandslos, und der Effekt ist derselbe wie bei übel-
schmeckendem Lebertran.

Muß ein Graphologe wegen dieser »entschärften« Form der
Beschreibung ein schlechtes Gewissen haben? Keineswegs!
Solange er sich an die Hintergrundwahrheit hält, ist eine
Umschreibung besser als die »Wahrheit« in ihrem abstoßen-
den Kleid. Der Auftraggeber will weniger ein knallhartes Psy-
chogramm des Probanden, als solche Hinweise, aus denen er

die für seinen Zweck entscheidenden Schlüsse ziehen kann. Aus diesem Grunde ist die rhetorische Frage ein ausgezeichnetes Darstellungsmittel. So kann der Gutachter beispielsweise fragen, ob der Bewerber XY bei einem solch dynamischen Antrieb, wie ihn die Handschrift ausweist, sich noch den starren Regeln eines Betriebes gern und dauerhaft unterordnen wird. Eine direkte Antwort bleibt dem Graphologen somit erspart, und der Personalchef hat überdies das Gefühl, daß keine Entscheidung vorweggenommen wurde, sondern daß er selbst kraft seines Einfühlungsvermögens die richtige Wahl getroffen hat. Es ist nicht zuletzt eine Frage des Taktes und menschlicher Klugheit, sich solcher Methoden zu bedienen, die unsere Klienten und Auftraggeber in gleicher Weise zufriedenstellen. Wohl dem, dem das in jedem Fall gelingt!

Das »Schwerter Graphopsychogramm«

Bildhaftigkeit ist ein Grundzug menschlichen Denkens. Wenn es eben möglich ist, versucht der Mensch, in Bildern und Vergleichen sich Dinge vorzustellen, die eigentlich abstrakt sind. So hat man nicht von ungefähr verschiedentlich versucht, im Rahmen der Schriftpsychologie menschliche Verhaltensweisen miteinander in Beziehung zu setzen und ihre jeweilige Rangstufe im Leben eines Individuums graphisch darzustellen. Zu diesem Zweck benutzt man Säulen, Kurven oder Diagramme, die mit Hilfe eines Rundprofils die wichtigsten Eigenschaften eines Menschen und ihr Verhältnis zueinander abbilden.

In diesem Zusammenhang sei an Klara G. Roman-Stämpfli sowie an Bernhard Wittlich erinnert, die diese Form der Graphik mit Erfolg benutzt haben, deren Methode allerdings viel Zeit beansprucht. Als Angehöriger eines graphologischen Arbeitskreises habe ich mich bemüht, die Prozedur weniger kompliziert und dennoch das Wesentliche im Zusammenspiel der Charaktereigenschaften und Kräfte des jeweiligen Probanden sichtbar zu machen. Das Ergebnis ist das »Schwerter Graphopsychogramm«.

Das »Schwerter Graphopsychogramm«

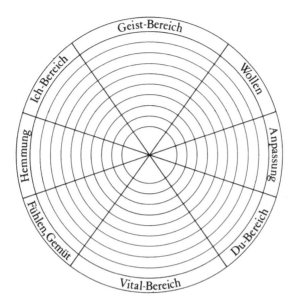

Das Graphopsychogramm

Die Schriftpsychologie verfügt damit über ein weiteres Hilfsmittel zur anschaulichen Darstellung der Schwerpunkte der charakterlichen Entwicklung eines Menschen und der Relation, die zwischen seinen Persönlichkeitszügen besteht. Wie geschlossen oder zerrissen ein Charakter ist, wird in diesem Graphopsychogramm ebenso deutlich wie Stärken und Schwächen des Menschen und sein Kompensationsverhalten. Feinere Nuancen verschwinden allerdings dabei; das Graphopsychogramm ist sozusagen ein »seelischer Schattenriß«, der – wie viele Beispiele gezeigt haben – sich im Laufe eines Lebens kaum verändert.

Die durch das Rundprofil abgedeckten acht »Zonen« der menschlichen Persönlichkeit ermöglichen in jedem Fall eine brauchbare Grobeinschätzung eines Charakters und zeigen außerdem das Zusammenspiel der Kräfte sowie den Grad der Geschlossenheit oder Disharmonie der Persönlichkeit. Die derart in Erscheinung tretenden Stärken und Schwächen er-

5. Das Gutachten

möglichen es dem Graphologen gleichzeitig, gezielten Rat anzubieten, so daß seine Tätigkeit über eine bloße Beschreibung hinaus bedeutsam wird. Die acht Segmente des Rundprofils sind ihrerseits in zehn Einzelfelder unterteilt. Jedes dieser Raumfelder entspricht einem graphologischen Befund, der, falls im Einzelfall zutreffend, dunkel schraffiert wird. Trifft ein Befund nur halb zu, wird das entsprechende Feld zur Hälfte ausgefüllt. Diese graphische Darstellung der Einzelmerkmale erhebt keinen Anspruch auf absolute Genauigkeit, sondern zeigt allgemeine charakterliche Trends an. Je kontinuierlicher sich die Schraffierung um den fünften Kreis, das heißt die Mittellinie bewegt, desto harmonischer dürfte das Persönlichkeitsbild des betreffenden Probanden sein; je differenzierter die Profilierung ausfällt, desto origineller, eigenwilliger oder gestörter ist der Gesamtcharakter des Schrifturhebers. Das »Innenbild« eines Menschen ist mit diesem Graphopsychogramm so weit erfaßbar, daß seine unverwechselbaren Konturen eindeutig sichtbar werden.

Das Schwerter Graphopsychogramm

I. **geistige Fähigkeiten**
1. gute Gliederung, klare Zeilen- und Wortabstände, geordnetes Raumbild
2. hoher Eigenartsgrad, gelungene Gestaltung
3. gewandte Bindung, Wegabkürzung, eingebundene Oberzeichen
4. reduzierte, vereinfachte Formen, gut lesbar
5. betonte Oberlängen, gelungene OL-Bereicherungen
6. kleiner werdende Wortenden, gelungener Faden
7. mager, drucklos, scharf bei guter Gestaltung

8. Eile mit Verbundenheit, flüssiger Ablaufrhythmus
9. locker, harmonisch, rechtsläufig
10. klein oder weit bei Formhöhe 1–3

II. **Willenskräfte**
1. druckbetonte Schrift
2. erstrebtes Regelmaß
3. Winkel, feste Formen
4. Normtreue, feste Knotung an f und t, genaue und tiefe Oberzeichen
5. scharf, exakte Detailgestaltung
6. große Längenunterschiede

Das »Schwerter Graphopsychogramm«

7. gerade oder steigende Zeile, straffe Ränder
8. betonte Endzüge, Querdruck, Druck im Basisbogen
9. straffer und gespannter Strich
10. steil, auch leicht linksgeneigt, Versteifung gestaltet

III. Anpassung

1. Girlande, locker
2. Endgirlande, rechtsläufig
3. Doppelkurve oder Faden
4. druckschwach, unebenmäßig aber nicht unrhythmisch
5. schräg und weit
6. verbunden, Luftverbindung
7. schulmäßig oder klein
8. Endfaden, verkürzte Formen, ausgeprägter Ablaufrhythmus
9. verschiedene Oberzeichen, dt.-lat. Buchstabenmischung, Formenvielfalt
10. betonte Bewegung, geschmeidige Formen

IV. Du-Bereich

1. Girlande, Faden- Endgirlanden bei sonst anderer Bindungsform
2. Rechtslage, rechtsläufig
3. mittlere bis starke Verbundenheit mit Eile
4. Linksrand breiter werdend, Rechtsrand schmal oder fehlend
5. offene a, o, d, g
6. weit
7. locker
8. kleine Wortabstände, enge Zeile
9. verlängerte Anfangs- (und End-)züge
10. größer werdende Wortenden, steigende Zeile

V. Vitalbereich/Triebe

1. druckstark
2. teigig
3. unregelmäßig
4. unharmonische Zonen, starke Versteifung
5. Völle, volles dichtes Schriftbild
6. Unterlängenbetonung, Unterlängenbereicherung
7. langsam, Oberzeichen tief und dick
8. Ungliederung, willkürliche Raumaufteilung
9. enge Wortabstände, Zeilenhäkelung
10. wenig Eigenart, Formhöhe 4–5

VI. Fühlen/Gemüt

1. Girlande
2. schwacher oder fehlender Druck, ästhetische Formen
3. betonte Mittellage
4. Weite/Völle
5. Wellenzeichen, wechselnde Oberzeichen, schwankende Ränder
6. flüchtig, vernachlässigte Formen
7. Unregelmaß in Weite, Höhe und Druck
8. Unebenmaß, Tendenz zum Faden, starke Lageschwankungen
9. Bereicherungen aller Art
10. Bewegungsbetonung, lebhafter Ablaufrhythmus, Schleifenbindung an Arkade oder Girlande

VII. Hemmungen (Nichtanpassung)

1. linksschräg oder steil linksläufig, Unterschrift links
2. weite Wortabstände, breiter Rechtsrand,

zerrissene Wortbilder,
leeres Schriftbild
3. langsam, versteift,
   starres Regelmaß
4. Sperr- und Bremszüge,
   abgebrochene Endungen,
   Schlußarkade bei sonst anderem
   Duktus
5. Haken und Spitzen,
   dreieckige Unterlagen am G
   (S,H,s,t,F,T)
6. Enge
7. starke Unverbundenheit
8. extrem klein, unelastisch-striärer
   Ablauf
9. geschlossene a,o,d,g
10. gestützte Arkarde, Deckstriche

VIII. Ich-Verhalten
1. große Schrift,
   hohe Mittellage

2. alles, was nach links
   zurückgeht, kreisende,
   einwärts rollende Bogen,
   Linkslage, linksläufig
   Schleifengirlande oder Ringelarkaden
3. betonte Anfangszüge,
   hohe Anfangsarkade
4. verlängerte Anstriche (auch im Wort-
   innern)
5. breite Großbuchstaben
   Aufbauschungen
6. Unterschrift größer und druckstärker
   als Text
7. weit und voll
8. breite Ränder, Raumverschwendung
9. Arkade, scharfe Winkel
10. alle Querzüge, Keulenzüge,
    ausfahrende Endungen

Ein Vergleich zweier Graphopsychogramme

Im folgenden möchte ich zur Veranschaulichung die Graphopsychogramme von zwei Frauen miteinander vergleichen. Beide sind Mitte dreißig, im Schuldienst tätig und zum zweiten Mal verheiratet. A.s Mann ist früh gestorben, B. hat sich nach sieben Jahren von ihrem Ehepartner getrennt, ihn zwei Jahre später noch einmal geheiratet, um sich anschließend endgültig von ihm freizumachen und eine neue, bisher recht glücklich verlaufene Bindung einzugehen.

Beim bloßen Betrachten der beiden Psychogramme (S. 279 und 280) erkennen wir einen merklichen Unterschied. Während Abbildung A relativ einheitliche Werte zeigt, sind auf der Graphik B jeweils vier stark und schwach ausgeprägte Segmente zu sehen, was auf den ein größeres Maß an Disharmonie im Charakter der Probandin schließen läßt. Vergleicht man die beiden recht intelligent wirkenden Schriften, fällt in

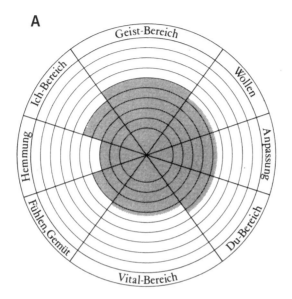

erster Linie der deutliche Farbunterschied zwischen den Schriftbildern ins Auge. B.s Schrift wirkt kraftloser, und man vermutet richtig, wenn man die zur Lebensbewältigung notwendige Kraft bei B. geringer einschätzt als bei A. Der *Du-Bereich*, das heißt die Fähigkeit zur Hinwendung zum Mitmenschen, ist bei beiden Frauen optimal entwickelt; keine von ihnen geht *zu* weit auf ihre Mitmenschen ein, ohne daß sie deshalb unzugänglich wären, was für einen Pädagogen ja außerordentlich wichtig ist.

Während aber bei Psychogramm A die dem Du-Bereich gegenüberliegende *Ich-Funktion* auf ein voll entwickeltes Selbstwertgefühl schließen läßt, müssen bei der Probandin B diesbezüglich Bedenken aufkommen, ihr Eigenmachtgefühl ist zu gering, so daß sie immer wieder an der eigenen Lei-

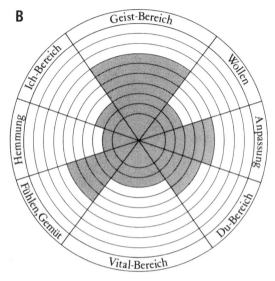

stung zweifelt beziehungsweise daran, daß ihr wohlgemeintes Zugehen auf den anderen von diesem auch anerkannt wird. Sie ist daher zu Vorleistungen bereit, ohne gleichzeitig an Selbstbewußtsein und Selbstsicherheit zu gewinnen.

Der Grad der Anpassung ist in beiden Fällen ziemlich hoch, bei B. noch ein wenig höher als bei A. Dafür sind bei A. die hemmenden Elemente stärker ausgeprägt. Zwar ist B. nicht gerade ein hemmungsloser Mensch, aber sie ist sehr direkt und sagt immer genau, was sie denkt, selbst dann, wenn diese Direktheit ihr selbst schadet. A. nimmt auch nicht gerade ein Blatt vor den Mund, spricht aber wesentlich zurückhaltender. A.s Psychogramm ist insgesamt in sich geschlossen, seine Werte bewegen sich um die fünfte Mittel-

Ein Vergleich zweier Graphopsychogramme 281

linie, das heißt, es ist zentriert. So ist auch der Charakter dieser Schreiberin ausgeglichener, derjenige der Vergleichsperson zeigt keine markanten Höhepunkte, aber auch keine bedeutenden Einbrüche. Es handelt sich bei A. um eine brave, gutbürgerliche, solide Natur mit festem, in sich geschlossenem Weltbild, das keine Unruhe in sich trägt und gegen Anfechtungen von außen weitgehend gefeit ist.

Ganz anders B. Diese Frau fällt durch ihre hohe geistige Beweglichkeit und ein überraschend gutes Kombinationsvermögen auf, wobei diese eine »überentwickelte« Seite fast alle Schwächen mittragen muß. Da sind gleich drei: die *vitale Schwäche*, die auf einen Mangel an Belastbarkeit hinweist, der *unterentwickelte Willensbereich*, der einen Mangel an Durchsetzungskraft signalisiert, schließlich der *schwache Ich-Bereich,* der auf ein geringes Selbstvertrauen hinweist, so daß bei Belastung die Gefahr eines Versagens naheliegt.

Während A. als eine in sich geschlossene Persönlichkeit erscheint, ist B. innerlich zerrissen, findet keine Ruhe, muß ständig um ihr seelisches Gleichgewicht kämpfen und ihre Schwächen kompensieren. Da ihre Stärke im geistigen Bereich liegt, muß sie die entsprechenden Fähigkeiten ausschöpfen, um alle jene Probleme zu meistern, die eine solche Ungewichtigkeit mit sich bringt. Ihre Befriedigung findet sie im Umgang mit Menschen, auch ist sie tieferer Gefühle durchaus fähig, wobei allerdings jene schöngeistigen Erlebnisse im Vordergrund stehen, *mit* denen man herrlich, *von* denen man jedoch kaum leben kann. Auch darin zeigt sich, wie wenig praxisbezogen sie ist. Das Leben muß sie erst ordentlich zurechtschubsen, ehe sie, von ihren Höhenflügen zurückkehrend, den Tatsachen ins Auge blickt.

Während A. auf kompensatorische Formen der Bedürfnisbefriedigung nicht oder kaum angewiesen ist, muß B. in dreifacher Hinsicht auf dieses Mittel zurückgreifen. Ihren schwachen Willen und ihre mangelnde Vitalität gleicht sie durch Einsatzfreude und Ehrgeiz vor allem im mitmenschlichen und sozialen (hier pädagogischen) Bereich aus, und zwar ohne Rücksicht darauf, daß ihre ohnehin schon schwachen Nerven dadurch noch mehr strapaziert werden; auf die Dauer also ein hoffnungsloses Unterfangen, wie es für kompensatorische Verhalten nicht untypisch ist. Dem mangelnden Selbstbewußtsein und geringen Eigenmachtsgefühl der Probandin wirken teils ihre außerordentlichen geistigen Fähigkeiten, teils ihr differenziertes Gefühlsleben entgegen. Der Mangel an Hemmungen wirkt sich für sie positiv aus, weil sie ohne Schwierigkeiten auf andere Menschen zugehen kann. Leider wird diese Geste nicht immer verstanden, und so kann es zu unliebsamen Konflikten kommen, wie es die beiden Ehescheidungen bestätigen. Konfliktsituationen sind bei B. programmmiert; sie hat wesentlich größere Schwierigkeiten, ihr inneres Gleichgewicht zu finden als die fast problemlose Schreiberin A.

Im Fall B. könnte man als Gutachter auf die Dominanz der geistigen Steuerungsfunktionen hinweisen, die durch umsichtiges Planen unter Berücksichtigung der eigenen Schwächen Erfolgserlebnisse ermöglicht, die für die gesunde Weiterentwicklung der Probandin und für die Stärkung ihres Selbstwertgefühls wichtig wären. Der Wille der jungen Frau ließe sich durch gezielte, schrittweise Übung trainieren und festigen, ihr Mangel an Vitalität ist zwar nicht zu ersetzen, aber ihr Kräftepotential ließe sich durch einen ökonomischen Umgang damit für wichtige Aufgaben schonen. Neurotische Störungen und seelisches Fehlverhalten sollte sie mit Hilfe bewußten Handelns vermeiden.

Gerade im Zusammenhang mit der Erstellung eines Gutachtens erweist sich die Nützlichkeit eines Graphopsychogramms immer wieder. Wegen seiner Anschaulichkeit ermöglicht es dem Graphologen eine ebenso anschauliche Sprache und trägt damit zum besseren Verständnis zwischen dem Schriftpsychologen und dem Probanden beziehungsweise Auftraggeber bei.

6 Ausgewählte graphologische Aspekte

Die Kinder- und Jugendschriften

Ein erfahrener Pädagoge hat das Wort geprägt: »Litera est imago animae«, was soviel heißt wie: »Die Schrift ist das Spiegelbild der Seele«. Da die kindliche Seele von Umwelteinflüssen noch relativ wenig geformt ist, müßte man in Kinderschriften die Persönlichkeit um so deutlicher lesen können. Das trifft auch wohl zu, allerdings mit der Einschränkung, daß man die Erkenntnis aus der Erwachsenen-Graphologie nicht bedenkenlos auf Kinderschriften übertragen darf, weil sie sich auf psychologische Verhältnisse beziehen, die sich von denen eines Kindes grundlegend unterscheiden.

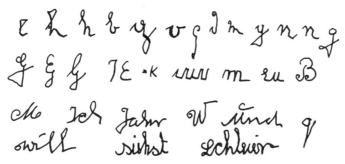

Typische Pubertätsmerkmale

Für die Kinder- und Jugendgraphologie gelten also andere Gesetze als für die Graphologie der Erwachsenenschrift. Das haben namhafte Autoren wie Minna Becker (in *Graphologie der Kinderschrift,* erschienen 1924) schon recht früh festgestellt. Ich möchte in gebotener Kürze einige wichtige Hinweise geben, die bei der Behandlung von Kinder- und Jugendschriften berücksichtigt werden sollten.

Mit viel gutem Willen und unter Mühe lernen unsere Kinder in der ersten Klasse das Grundalphabet. Der aufmerksame Lehrer stellt schon nach kurzer Zeit fest, daß einige Kinder dieses Schreibgerüst individuell verändern, andere sich lange krampfhaft daran festhalten. Hier deutet sich bereits eine Entwicklung an, die unaufhaltsam ist. Die *Erweiterung* der Schrift, das *Breiterwerden der Buchstaben und Wortabstände* ist ein Zeichen dafür, daß ein Kind unbefangen und unbekümmert aus sich heraus lebt, wogegen eine *enge* Buchstaben- und Wortgestalt auf die Tendenz hinweist, sich um das winzige eigene Ich zu kauern und sich aus Berührungsscheu aus der mächtigen und verständnislosen Außenwelt zurückzuziehen. Das *weit* schreibende Kind zeigt in allen Fächern eine relativ große Aufnahmebereitschaft, es ist frei, erlebnisfroh und aufgeschlossen, während ein *eng* schreibendes Kind infolge einer harten und falschen Erziehung, die meist weit ins Vorschulalter zurückreicht, in unkindlich starke Hemmungen getrieben wurde. Es kann natürlich auch sein, daß eine angeborene Befangenheit das Kind hemmt, aber dann ist die Schrift außerdem noch *klein*. »Jeder Buchstabe«, sagt Minna Becker, »stellt beim Kind einen Gedanken dar.« Die weit auseinandergezogene Buchstabenreihung (*sekundäre Weite*) einer Kinderschrift verrät auch weitläufiges Denken. Konzentrationsfähigkeit weist sich in enger Buchstabenfolge aus. *Weit* schreibende Kinder sind normalerweise gelöst, natürlich – offen bis vorlaut – und ohne Hemmungen. *Eng* schreibende Kinder wagen oft selbst dann nichts zu sagen, wenn sie wahrscheinlich eine richtige Antwort bereit haben, aus lauter Scheu vor der Umwelt.

Werden in Kinderschriften die Wortenden größer, dann bedeutet das, daß die anfängliche Aufmerksamkeitsspannung immer wieder nachläßt, bestehende Hemmungen sich lösen und das betreffende Kind sich wünscht, erwachsen zu sein. *Bogenzüge* oder *abgebrochene Arkaden* am Wortende sind ein Hinweis darauf, daß das Kind aus umweltbedingten

Die Kinder- und Jugenschriften

Gründen verschlossen ist. Es fühlt sich unverstanden und schließt sich von der Außenwelt ab.

Wenn in Kinderschriften die *Unterlängen* mehr oder weniger fehlen, liegt meist eine erhebliche Vitalschwäche vor, die auf seiten der Erwachsenen zu vielen Fehlbeurteilungen veranlaßt und das Kind in körperliche und seelische Not treiben kann. Treten zusätzliche *Zitterzüge* auf, muß das kindliche Nervensystem schon stark in Mitleidenschaft gezogen sein.

Je mehr sich die Schrift *nach rechts neigt,* desto wahrscheinlicher ist auch, daß das Kind sich leicht zu unbeherrschten Reaktionen hinreißen läßt, je deutlicher die *Linksneigung,* um so ausgeprägter ist die Abwehrhaltung. Um diesen Faktor richtig beurteilen zu können, muß man die erlernte Ausgangslage genau kennen. Eine *schwankende Lage* ist immer auch Ausdruck einer ungefestigten Haltung und von Unsicherheit.

Das *Farbbild* einer Kinderschrift und die *Druckverteilung* lassen die gleichen Schlüsse, wie bei der Erwachsenenschrift zu, sie zeigen Gefühls- und Vitalstärke beziehungsweise -schwäche. Auch die *Schriftrichtung,* also Rechts- oder Linksläufigkeit, ist oft schon in Kinderschriften zu erkennen und entsprechend zu bewerten.

Etwa mit dem Ende des zehnten Lebensjahres ist die rein kindliche Entwicklung abgeschlossen, und die Pubertät setzt ein. In dieser Phase ändert sich auch die Schrift merklich, meist wird der Umschwung im Schriftbild schon fast ein halbes Jahr vor dem Beginn der eigentlichen Pubertät sichtbar. Es treten völlig neue Merkmale auf, die Schrift verschlechtert sich, sie wird insgesamt *schmierig,* oft *unleserlich, spröde* und *eckig.* Neben *Knickungen* zeigen sich *Eindellungen; Teigigkeit* und *Unregelmaß, Schwellzüge* und *Verschiebungen des Federdrucks* entstellen das ursprüngliche Schriftbild.

Knaben und Mädchen neigen in dieser Zeit zu Introversion, Kontaktschwierigkeiten oder Verschlossenheit. *Fehlende Endzüge, Abflachungen in m und n, abgebrochene und nicht ausgeführte Unterschleifen* weisen in dieser Phase nicht nur auf die hormonale Umstellung im Körper hin, sondern

auch auf die damit verbundene Berührungs- und Kontakt-
scheu. Bei Mädchen drückt sich der Wechsel am stärksten in
übertriebener Linkslage, in *Mäanderschrift* oder in *dreiecki-
ger Schleifenfolge* aus.

Die Pubertätszeit ist aber nur die mehr oder weniger stür-
misch verlaufende Phase, die der Vorbereitung der eigentlichen Reifung dient. Entwicklungsgrad und Tempo dieser Reifung kann man an der Schrift sehr wohl ablesen; ihr erstes
Stadium ist um das fünfzehnte Lebensjahr herum meist abgeschlossen, um nach einer kurzen Beruhigungspause in eine
erneute Erregungsphase, die sogenannte Jugendkrise, zu
münden.

Zwischen dem fünfzehnten und dem siebzehnten Lebensjahr befinden sich die Jugendlichen entweder in der Berufs-
ausbildung oder in der Oberstufe einer weiterführenden
Schule. Während der Jugendkrise kommt es wiederum zu
gesteigerter innerer Unruhe, erhöhter Affektivität, Labilität
und zu Lösungstendenzen. Nur kommt es dabei gegenüber
der Pubertät insofern zu einer Umkehrung, als die *pubertäre
Introversion* der *Extraversion der Adoleszenz* weicht. In diesem Prozeß vollzieht sich gleichsam unter Gärungserschei-
nungen eine allmähliche innere Abklärung und Festigkeit der
seelischen Strukturen. Der Jugendliche gewinnt in diesem
Stadium die Fähigkeit, selbst das Steuer seiner Entwicklung in
die Hand zu nehmen. Eltern und Pädagogen sollten daher
nicht länger mit Worten und dem Zeigefinger mahnen, sondern kameradschaftlicher Ratgeber werden, Vertrauter und
Partner.

Was das Schriftbild Jugendlicher angeht, so lassen sich darin zwar schon einige wichtige Charakterzüge erkennen, aber
daraus auf eine fixierte Persönlichkeit schließen zu wollen,
wäre nicht angebracht. Der Schriftpsychologe kann zu diesem Zeitpunkt nur gewisse Entwicklungstendenzen beziehungsweise Retardierungen des oder der betreffenden
Jugendlichen aufzeigen. Jugendschriften liegen meist in der
Mitte zwischen *Ausgangs-* und *Persönlichkeitsschrift.* Am
ehesten ist ein Graphospychogramm geeignet, die Grundstruktur der jugendlichen Persönlichkeit darzustellen. Für die

Deutung von Jugendschriften ist unter anderem entscheidend, wie nahe man selbst der Jugend noch steht, wieviel Verständnis man ihrer stürmisch-wechselnden Denk- und Fühlweise noch entgegenbringen kann. Graphologisches Können allein genügt nicht, um eine Jugendschrift angemessen zu interpretieren, genauso wichtig – wenn nicht wichtiger – sind psychologisches und pädagogisches Einfühlungsvermögen.

Ich verweise auf die neue Fachliteratur zu diesem Thema: Gertrud Beschel, *Beiträge zur Psychologie der Kinder- und Jugendschriften* und Ursula Avé-Lallemant, *Graphologie der Jugendlichen.*

Probleme des graphologischen Partnervergleichs

Es ist vielleicht ein Zeichen der Zeit, daß Schriftpsychologen in der Eheberatung oder bei der Partnerwahl in zunehmendem Maße zu Rate gezogen werden. Zum einen mag darin ein Vertrauensbeweis zu sehen sein, zum andern spielt für diese Tendenz auch Unsicherheit eine wichtige Rolle.

Der Graphologe selbst sucht um einen Partnervergleich gern herumzukommen, nicht so sehr, weil er sich um die Wissenschaftlichkeit seiner Argumentation sorgen müßte, sondern weil er sich bewußt ist, daß er nach der graphologischen Analyse beider Partner in einem Vergleich psychologische Spekulationen anstellen muß, die in ihrer Stimmigkeit weitgehend von seinem Kombinationsvermögen und der Geschicklichkeit seines Ausdrucks abhängen.

Kann die Schriftpsychologie unter solchen Voraussetzungen überhaupt einen echten Partnervergleich anstellen? Ja! Was sollte sie sonst können, wenn sie nicht einmal zwei Charaktere miteinander vergleichen könnte? Aber genau an diesem Punkt tauchen Fragen auf. Ist denn für eine Ehe der *Charakter* der beiden Partner von ausschlaggebender Bedeutung? Zunächst ist doch das Bindeglied zwischen beiden Partnern Liebe, und gerade die läßt sich in keiner Phase graphologisch erfassen oder nachweisen, wie es überhaupt unmöglich ist, die Frage psychologisch zu beantworten, warum dieser Mensch gerade jenen anderen liebt.

In der Ehe kommt es dann vor allem auf die gegenseitige Kontaktbereitschaft an. Man muß aufeinander zugehen können; selbst Teilverweigerungen, Kontaktstörungen, introversives Verhalten können eine Ehe auf Dauer gefährden. Innere Harmonie und ein echter Einklang bieten die beste Gewähr für ein zufriedenes und glückliches Verhältnis. Die gegenseitige Sympathie darf nicht nur spontan sein, sondern sie sollte echte Substanz aufweisen und daraus immer wieder zehren. Die harmonische Wechselbeziehung zwischen beiden Partnern ist es, die den Ausschlag für das Glück einer Ehe gibt. Wie aber eine solche Übereinstimmung graphologisch und auch psychologisch nicht faßbar ist, so ist auch die seelische Übereinstimmung zweier Menschen nicht voraussehbar oder gar berechenbar.

Was kann ein Graphologe in der Partnerschaft wirklich leisten? Jedes Zueinanderfinden zweier Menschen vollzieht sich mehr oder weniger auf der Ebene des Unbewußten, zwischen ihnen baut sich eine Art Spannungsverhältnis auf, das sie unmerklich zueinanderführt. Wo aber erst verstandesmäßige Überlegung eingeschaltet werden muß, um sich von der Richtigkeit der eigenen Wahl zu überzeugen, ist von vornherein die Saat des Mißtrauens gelegt. Wenn ein Ehekandidat zum Schriftpsychologen kommt, sollte dieser erst einmal dessen Motive zu ergründen versuchen. Ganz offensichtlich hat ein Mensch, der auf diese Weise um Rat nachsucht, selbst Zweifel an der Richtigkeit seiner Wahl. Solche Zweifel kann ihm begründetermaßen auch ein Schriftpsychologe nicht nehmen.

Ein Partnervergleich durch einen Schriftpsychologen ist daher nur vertretbar, wenn aus graphologischer Sicht beide Teile ganz klar zu zeichnen sind. Zu diesem Zweck kann man von beiden Partnern ein ausführliches Gutachten erstellen, den Vergleich zwischen den beiden Psychogrammen aber sollte nicht etwa der Gutachter, sondern der Auftraggeber selbst vornehmen. Gerade eine Partnerschaft zwischen zwei

Menschen ist von so vielen Imponderabilien bestimmt, daß ein Außenstehender, sei er auch ein noch so guter Schriftpsychologe, gar nicht imstande ist, ein Urteil darüber zu sprechen, und von daher ist es in jedem Fall besser, die Entscheidung dem Auftraggeber zu überlassen.

Hierzu ein Wort des Altmeisters Ludwig Klages: »Gegen alle Erwartung und fast widerstrebend habe ich mich im Laufe jahrzehntelanger Erfahrung nun überzeugen müssen, daß trotz Unstimmigkeit der Charaktere dennoch ein dauerhaft befriedigendes Eheleben möglich ist, wenn mindestens folgende drei Bedingungen erfüllt sind: Harmonie der ehelichen Zärtlichkeiten, niemals fehlender Unterhaltungsstoff und Ähnlichkeit des Geschmacks, im buchstäblichen Wortsinn genommen.«

Wolfgang Husmann, Lisa Jud, Urs Rechlin sagen zum Thema Partnerschaften in der *Zeitschrift für Menschenkunde* 1/92, S. 59: »In der graphologischen Paarberatung werden wir oft mit der Frage konfrontiert, ob zwei Partner charakterlich zusammenpassen oder nicht. Wir können diese Frage *graphologisch nicht beantworten*, da wir nur Aussagen über die einzelnen Charaktere, jedoch nicht über ihr »Zusammenpassen« machen können. Werden solche Interpretationen abgegeben, basieren sie auf Vermutungen und sind wissenschaftlich nicht zulässig.«

Zum Schluß möge man bedenken, daß eine Partnerschaft kein Zustand ist, sondern sich dynamisch (möglicherweise auseinander) entwickelt. Daher ist eine verantwortliche Prognose, wie ein graphologisches Gutachten sie impliziert, kaum verantwortbar. Zumindest müßte am Ende eines solchen Partnervergleichs darauf sehr ernsthaft und deutlich hingewiesen werden.

Ehrlichkeit, Zuverlässigkeit und Echtheit und ihr Ausdruck in der Schrift

Wenn jemand ein graphologisches Gutachten in Auftrag gibt, möchte er meist wissen, ob der Proband auch zuverlässig und ehrlich ist. Von unserer eigenen Aufrichtigkeit sind wir selbstverständlich überzeugt, aber bei einem anderen Menschen weiß man nie so genau, woran man ist, solange man ihn noch nicht genauer kennt und ihn verstehen gelernt hat. In der Zwischenzeit muß man daher ein gewisses Risiko auf sich nehmen und in den zukünftigen Geschäfts-, Gesprächs- oder Arbeitspartner etwas investieren, von dem der Graphologe (vorher) sagen soll, ob sich dieses Engagement auch lohnen wird.

Untersuchen wir die Struktur der Ehrlichkeit näher, stellen wir fest, daß sie ihre Wurzeln in der Gesinnungsfestigkeit hat. Aspekte der Gesinnungsfestigkeit sind: Treue zu sich selbst, Standfestigkeit, Unbeirrbarkeit, Aufrichtigkeit und Geradlinigkeit, Gerechtigkeitssinn und Pflichtbewußtsein, Verantwortungsbewußtsein und Integrität. Diese Qualitäten schlagen sich natürlich auch im Schriftbild nieder, und zwar als *Regelmaß, Ebenmaß, gleichmäßiger Druck, harmonische Zonengestaltung, straffe Winkel, guter Ablaufrhythmus* und *gute Gliederung, Rechtsläufigkeit, gerade Zeilenführung* und *gute Lesbarkeit.*

Merkmale der Zuverlässigkeit (+):

- Spontaneität der Schrift (Eile und Klarheit des Schriftbildes)
- gleichmäßig gebildete Buchstaben
- gute Raumauffassung
- Regelmäßigkeit in Höhe, Weite und Lage (aber: Gefahr der Pedanterie)
- einheitliche Bindungsform
- einheitliche Ränder
- gute Gliederung

Zum Bereich der Unehrlichkeit gehören Gesinnungslosigkeit, Beeinflußbarkeit, Widerstandsschwäche, Unoffenheit, übermäßige Ich-Bezogenheit, Verstellung, Gerissenheit, Unzuverlässigkeit, zu starke Phantasie und Hysterie. Diese Haltungen drücken sich graphisch in *instabilen Faden, Unregelmaß, unrhythmischem Ablauf, Deckzügen, Krallenzügen, Halbovalarkaden, Formzerfall, Unleserlichkeit* und *übertriebener Linksläufigkeit* aus.

Ehrlichkeit, Zuverlässigkeit und Echtheit   291

Merkmale der Unzuverlässigkeit (-):

- gestörter Grundrhythmus
- Langsamkeit
- unnötige Punkte
- Anfangsbetonung
- Übertreibung
- Einrollungen von a, e, und o: + geschäftliche Gewandtheit, – Talent zum Betrügen
- zerbrochene Schriften
- vereinzelt verlangsamte Linksläufigkeit
- Buchstabenweglassung
- Retouchen (häufige)
- Buchstaben, die die Form anderer haben
- Vernachlässigung
- Fassaden- oder Zuchtschrift
- Deckzüge in
  - Oberlängen (Unsicherheit in geistigen Dingen)
  - Mittelband (bewußte Täuschung)
  - Unterlängen (bei sexuell schwachen Menschen, die gerade deshalb ihr Verhalten auf erotischem Gebiet zu verheimlichen suchen)

Nicht jedes dieser Merkmale, sondern erst eine Anhäufung davon ist ein Hinweis auf Unaufrichtigkeit.

Umgekehrt sind solche graphischen Merkmale, die im allgemeinen ein Ausdruck von Aufrichtigkeit sind, noch keine Garantie für unbedingte Ehrlichkeit. In schwierige Situationen gestellt, in denen Ehrlichkeit nachweislich zu unserem Nachteil ausschlagen würde, sind wohl die meisten von uns bereit, der Wahrheit ein wenig nachzuhelfen, ohne dabei wirklich unehrlich zu sein. Zwischen unbedingter Ehrlichkeit und ihrem Gegenteil gibt es mancherlei Abstufungen, die sich im einzelnen graphologisch nicht präzise definieren lassen. Je stabiler ein Charakter ist, um so eher bekennt er sich wohl auch zu seinen Schwächen; und es gibt Menschen, die bringen es nicht über sich, sich selbst untreu zu werden, sie sind ehrlich um jeden Preis, auch wenn es ihnen zum Nachteil gereicht. Hut ab vor solchen Persönlichkeiten, es gibt ihrer nicht viele!

Philipp Lersch weist in seinem Werk *Aufbau der Person* darauf hin, daß der Mensch auf seinen verschiedenen Persönlichkeitsebenen durchaus unterschiedlich weit entwickelt sein kann; auf der einen Ebene mag er labil und wankelmütig sein, auf einer anderen absolut prinzipientreu. Die Tatsache solcher Ambivalenzen erschwert eine graphologische Aussage erheblich. So mancher ist nur für einen guten Preis verschwiegen und ehrlich; aus seiner Vertrauensstellung entlassen, braucht er keine Rücksicht mehr zu nehmen und nutzt sein Wissen rücksichtslos aus. Nicht wenige nach außen hin biedere und brave Bürger gehen tagsüber einer rechtschaffenen Arbeit nach und führen in der Nacht oder im Urlaub oder an einem anderen Ort ein völlig entgegengesetztes Leben.

Die Angst vor gesellschaftlichen Sanktionen oder vor vergitterten Fenstern ist oft das einzige Hindernis, das Menschen vor Unehrlichkeit zurückschrecken läßt. Echte Ehrlichkeit ist jedoch eine Sache des Herzens und der Gesinnung. Wo sie als Prinzip nicht fest verankert ist, wo ein fester Wille nicht ausreichend Halt bietet, wo die Wahrheit nicht um der Wahrheit selbst willen gelebt und gesprochen wird, da ist brüchiger Boden.

Wenden wir uns nach diesem Exkurs wieder dem graphologischen Aspekt der *Unehrlichkeit* zu. Robert Saudek, der sich intensiv mit diesem Problem befaßt hat, nennt zehn Merkmale der Unehrlichkeit:

1. langsames Tempo
2. unnatürliche Schrift
3. labile Schrift
4. Nachbesserungen, die nicht der Deutlichkeit dienen
5. Buchstabentausch (y statt g) (u statt a)
6. viele unsichere Ruhepunkte
7. Buchstabenzerstückelung
8. Fortlassen wesentlicher Buchstabenteile
9. auffallende Anfangsbetonung
10. unten offene Buchstaben, Halbovalarkaden

Psychisches Tempo und Charakter   293

Wenn in einer Schrift mindestens vier dieser Merkmale vorkommen, so deutet das auf kriminelle Neigungen hin, drei
sollten Anlaß zum Mißtrauen sein, zwei hingegen können
auch in »normalen« Schriften auftauchen. Der Schriftpsychologe sollte sich nie an Einzelmerkmale klammern, sondern
den Gesamteindruck einer Schrift erst auf sich wirken lassen,
bevor er urteilt.

Die *Ehrlichkeit* zeichnet sich graphisch durch *Formfestigkeit, Eben-* und *Regelmaß, deutliche und genaue Oberzeichen,* eine *optimale Gliederung, gute Lesbarkeit,* ein *harmo-
nisches Schriftbild* sowie im Einzelfall durch *pedantische Korrektheit* aus.

Der Ehrliche hat nichts zu verbergen. Sein Blick ist wie seine Schrift, klar und eindeutig, wie sie uns auch schon in sau-
beren Schul- und Kinderschriften entgegenleuchtet. Kein
Kind ist im Grunde seines Herzens unehrlich, erst die Umwelt
treibt es in die Lüge. Man sollte jedoch einen Menschen, der
diese kindliche »Anpassungsleistung« innerhalb erträglicher
Grenzen mit in sein Erwachsenendasein »hinübergerettet« hat,
nicht zu streng verurteilen.

Unehrlichkeit ist eine Schwäche, die nicht unbedingt und
in jedem Fall verdammenswert ist. Die meisten von uns neigen dazu, es gelegentlich mit der Wahrheit nicht ganz genau
zu nehmen. Wir können für niemanden, kaum für uns selbst
die Hand ins Feuer legen; deshalb sollte der Schriftpsychologe bei der Beurteilung gerade dieser Charakterkomponente
sehr behutsam vorgehen.

Psychisches Tempo und Charakter

Jeder Mensch zeigt in seinen Reaktionen und Bewegungen
ein bestimmtes Tempo. Der eine ist schwerfällig und langsam, der andere schnell und beweglich. Dieses *Eigentempo*
des Individuums ist sein *psychisches Tempo.* Es bestimmt
nicht nur die Geschwindigkeit körperlicher Vorgänge, sondern auch seelisch-geistige Prozesse, wie Wahrnehmen, Denken, Fühlen und Wollen. Dabei sind zwischen den einzelnen

294   6. Ausgewählte graphologische Aspekte

seelischen Funktionen leicht divergierende Reaktionsge-
schwindigkeiten durchaus möglich, aber im Grunde genommen ist das Eigentempo, weil angeboren, bis ins hohe Alter
konstant. Beim weiblichen Geschlecht ist es durchweg etwas
höher als beim männlichen.

Ein *hohes Tempo* bewirkt Unternehmungsgeist, Rührigkeit,
Beweglichkeit, Gewandtheit, aber auch Sorglosigkeit, Nonchalance, Hast, Ungeduld, Flüchtigkeit, Voreiligkeit oder
Oberflächlichkeit. Ein *niedriges Tempo* hat Ruhe, Geduld,
Ausdauer, Beständigkeit, Gründlichkeit und Gewissenhaftigkeit, aber auch Trägheit, Schwunglosigkeit, Entschluß-
schwäche und Zauderei beziehungsweise eine überwiegend
abwartende und passive Haltung zur Folge.

Die Intensität seelischer Reaktionen ist individuell ebenso
unterschiedlich wie ihre Dauer; beides kann sich positiv und
negativ auswirken. Die Psychomobilität eines Menschen läßt
sich (laut Ernst Kretschmer) anhand seiner Schrift leicht
ermitteln. So ist beispielsweise eine runde Bewegung locker,
weich und elastisch (*Girlande, Kurve, Bogen*); sie ist ein Hinweis auf die Fähigkeit, gestellte Aufgaben problemlos zu
bewältigen. Für den Betrachter haben solchen Schriften
etwas Wohltuendes, bei *Langsamkeit* sogar etwas Gemütli-
ches an sich. Freilich fehlt es ihnen auf der anderen Seite
auch an Zielstrebigkeit. Diesbezüglich ist der *Winkel* »im Vorteil«. Je weniger die Rundungen willensgesteuert sind, das
heißt, je mehr die Schrift an *Regelmaß* verliert, um so geringer sind Leistungsfähigkeit und Verläßlichkeit des Schreibers.

Geradlinige Bewegungen, Ecken, Winkel sowie *senkrechte*
und *waagerechte Striche* weisen auf Zielstrebigkeit und
Genauigkeit hin. Je mehr eine Schrift willensgesteuert ist,
desto straffer und zackiger, allerdings auch unelastischer und
verkrampfter, wirkt sie. Die Eckigkeit und Steifheit solcher
Schriften haben nicht nur etwas Ungemütliches, sie münden
auch häufig in linkische und ungeschickte Bewegungsabläufe.

Breite und *ausladende Bewegungen, Bogen* und *Schnörkel,
breite Großbuchstaben* und ähnliche Stilelemente, die einen
geradezu üppigen und barocken Eindruck erwecken, verra-

ten Antriebsreichtum und Bewegungslust, Freude am Spiel, aber nicht selten auch eine mangelnde Willenssteuerung. In letztem Fall sind sie unbeherrscht und unbestimmt. Bewegungsluxus ist immer auch unökonomisch, er geht über das zur Vollbringung einer Leistung notwendige Maß hinaus. Demgegenüber wohnt der sparsamen Bewegung in ihrer Einfachheit das Prinzip der Kräfteökonomie inne. Schreiber *vereinfachter Schriften* erreichen ihre Ziele immer mit relativ geringem Kraftaufwand. Dazu müssen sie allerdings ihre Bewegungen, und nicht nur die Schreibbewegungen, ständig zügeln und sich zugleich davor hüten, daß die gezügelten Bewegungen zur Hemmung werden. In der Jugend neigt man zu Bewegungsluxus, in höherem Alter tendieren die meisten Menschen zu Sparsamkeit auch der Bewegung.

Graphotherapeutische Maßnahmen können, wie Franz Konz (in: *Die gute Handschrift*) und Magdalena Heermann nachgewiesen haben, ein wenig zur Bremsung beziehungsweise Beschleunigung einer Schrift beitragen, grundlegend läßt sich das psychische Tempo aber nicht verändern.

Wir können dieses Kapitel nicht abschließen, ohne ein Wort über solche Schriften zu sagen, die sozusagen gar keine oder nur geringe Dominanten aufweisen, und auch über das psychische Tempo keinen Aufschluß geben. Dabei handelt es sich um Schriftbilder wenig differenzierter Charaktere, die so unergiebig sind, daß ein Schriftpsychologe schier an seinem Können verzweifeln möchte. Aber es gibt im menschlichen Leben nicht nur Hoch- und Tiefpunkte, sondern auch das Durchschnittliche. Doch auch unscheinbare Mitmenschen verdienen unseren Respekt. Ich bin mir nicht sicher, ob Persönlichkeitsentwicklung und Selbstverwirklichung etwas mit Verdienst zu tun haben. Seien wir daher bescheiden und dankbar, wenn die Natur uns ein wenig reicher ausgestattet hat. Graphologisches Können sollte uns nicht zu Richtern über andere machen, sondern uns Selbsterkenntnis und die Achtung vor der Einmaligkeit des anderen lehren.

Schlußwort

Bei aller Mühe, die wir uns mit der Diagnose der Variablen und der Zusammenfassung im Gutachten gegeben haben, sollten wir uns darüber klar sein, daß uns trotz aller Sorgfalt das letzte Geheimnis der Persönlichkeit verschlossen bleibt. Das Einmalige und Einzigartige des Individuums ist auch graphologisch nicht faßbar, man kann einen Menschen liebend erfassen, aber nicht mit wissenschaftlicher Akribie analysieren.

Die Ehrfurcht vor der Würde eines Menschen sollte uns daran hindern, auch noch den letzten Schleier des Geheimnisvollen, der um seine Seele liegt, lüften zu wollen. Unsere wichtigste Aufgabe als Schriftpsychologen ist es zu helfen, wobei die Integrität der Persönlichkeit auf jeden Fall gewahrt bleiben muß. So gehört zum Beispiel die Intimsphäre eines Probanden niemals in ein Eignungsgutachten, hier sollte die Zweck- und Leistungsbezogenheit der einzige Blickwinkel sein. Der Graphologe muß ständig bemüht sein, die größtmögliche Sicherheit in seiner Aussage zu gewährleisten. Dazu sollte er weitere brauchbare Hilfsmittel zur Begutachtung heranziehen, als da sind: Das Graphopsychogramm, die Versteifungsgrade nach Pophal, die Angststrukturen nach Riemann, die Leistungstypen nach Affemann, die graphologische Auswertung des wiederentdeckten Enneagramms, einschließlich der Entwicklungsstufe, des Haupt- und Flügeltyps, des Verhaltens unter Entspannung und Streß. Je mehr zuverlässige Deutungsmöglichkeiten hinzugezogen werden können, desto sicherer wird am Ende die Aussage.

Es ist selbstverständlich, daß der Graphologe sich um größtmögliche Gewissenhaftigkeit und Objektivität bemühen

Schlußwort

muß. Leichtfertig gemachte Fehler kämen einem Vertrauensbruch gleich und wären das Ende seiner Glaubwürdigkeit. Man hüte sich auch, Prognosen zu stellen oder Garantien zu geben. Das gezeichnete Bild ist immer ein Zustandsbild, wie ein Foto; der Mensch aber entwickelt sich dynamisch und bleibt nie da stehen, wo er im Augenblick des Schreibens gestanden hat. Zwar ändert sich seine Grundhaltung wohl nicht, doch die menschliche Vielfalt weist viele Variationen auf. Außerdem sollte man den gesunden Menschenverstand und die Erfahrung eines Personalchefs nicht gering- und das eigene Können nicht überschätzen. Sachlichkeit und Bescheidenheit dienen der Schriftpsychologie mehr, als alle gutgemeinten »Sprüche«. Der Graphologe will dem menschlichen Sein und seiner Wahrheit durch intensive Beobachtung näherkommen, um bei Reifung und Entwicklung zu helfen. Dies ist auch der Zweck dieses Buches.

Literaturhinweise

Avé-Lallemant, Ursula: Graphologie der Jugendlichen. Basel/München 1988

Becker, Minna: Graphologie der Kinderschrift. Hamburg 1949

Bernert, W.: Ehe und Handschrift. Wien 1949

Beschel, Gertrud: Beiträge zur Psychologie der Kinder- und Jugendschriften. Hamburg 1989

Brenger, Curt: Graphologie und ihre praktische Anwendung. München 1967

Bühler, Charlotte: Psychologie im Leben unserer Zeit. München 1962

Busemann, Adolf: Krisenjahre im Ablauf der menschlichen Jugend. Ratingen 1953

Christiansen, Broder und Carnap, Elisabeth: Lehrbuch der Graphologie. Stuttgart 1955

Cobbaert, Anne-Marie: Graphologie. Genf 1973

Daim, Wilfried: Handschrift und Existenz. Graz, Salzburg, Wien 1955

Dirks, Heinrich: Die Handschrift, Schlüssel zur Persönlichkeit. München 1974

Donig, Curt: Betriebsgraphologie. München 1975

–: Die Bedeutung der Unterschrift. In: Angewandte Graphologie und Charakterkunde, I/79

Fischer, Hermann: Graphologische Deutungspraxis, Heidelberg 1960

Gramm, Dieter: Graphologie der Schülerschrift. Hannover 1973

Gross, Karl: Vitalität und Handschrift. Bonn 1950

Heiss, Rudolf: Die Deutung der Handschrift. Hamburg 1966

Hellpach, Willy: Deutsche Physiognomie. Berlin 1949

–: Der deutsche Charakter. Bonn 1954

Helwig, Paul: Charakterologie. Stuttgart 1952
Hubmann, Hans: Lexikon der Graphologie. München 1973
Jäger, Charlotte und Harder, Richard: Kleiner Führer durch die Graphologie. München 1956
Jung, Carl Gustav: Welt der Psyche. München o. J
Känzig, Rudolf: Mensch und Graphologie. München 1975
–: Sind Führungseigenschaften graphologisch faßbar? In: Angewandte Graphologie und Charakterkunde, III/82
Klages, Ludwig: Graphologie. Heidelberg 1949
–: Handschrift und Charakter. Bonn 1949
–: Die Handschrift des Menschen. München 1964
Knopp, Josef: Die Handschrift im Dienste der Pädagogik. Neuwied 1966
Konz, Franz: Die gute Handschrift. Berlin 1966
Kretschmer, Ernst: Körperbau und Charakter. Berlin, Göttingen, Heidelberg 1951
Lersch, Philipp: Aufbau der Person. München 1962
Lüke, Alfons: Die menschliche Vielfalt in der Handschrift. Schwerte 1982
–: Das Schwerter Graphopsychogramm. In: Graphologische Schriftenreihe, II/59
–: Geheimnisvolle Kinderschriften. In: Neue Wege, 10/53
–: Über die Deutbarkeit der Kinderschrift. Prüfungsarbeit für den Berufsverband deutscher Graphologen (DGV) 1952
Müller, Wilhelm H. und Enskat, Alice: Graphologische Diagnostik. Bern 1962
Nohl, H.: Charakter und Schicksal. Frankfurt/M. 1947
Pfanne, Heinrich: Lehrbuch der Graphologie. Berlin 1961
Pokorny, Richard: Psychologie der Handschrift. München, Basel 1968
Pulver, Max: Symbolik der Handschrift. Zürich 1940
Remplein, Heinz: Psychologie der Persönlichkeit. München, Basel 1956
Revers, Wilhelm J.: Deutungswege der Graphologie. Salzburg 1966
Roman-Stämpfli, Klara G.: Psychogramm. In: Ausdruckskunde 6/56
Rothacker, E.: Schichten der Persönlichkeit. Bonn 1952

Schelenz, Erich und Lotte: Pädagogische Graphologie. München 1958

Schraml, Walter J.: Einführung in die Tiefenpsychologie. Stuttgart 1970

Schulz, Hans-Jürgen: Psychologie für Nichtpsychologen. Stuttgart 1974

Singer, Eric: Die Handschrift sagt alles. München 1964

Taillard, Anja: Handschriftdeutung. Bern 1963

Victor, Frank: Projektion der Persönlichkeit. München 1964

Wieser, Roda: Mensch und Leistung. München, Basel 1960

Wittlich, Bernhard: Graphologische Charakterdiagramme. München 1956

–: Graphologische Praxis. Berlin 1961

ZEITSCHRIFTEN

Ausdruckskunde. Ratingen 1956

Graphologische Schriftenreihe. Frankfurt/M. 1958 bis 1966

Erziehung und Unterricht. Wien 1966

Zeitschrift für Menschenkunde. Wien, Stuttgart 1967 bis 1970

AGC: Angewandte Graphologie und Charakterkunde. 1975 bis 1983

EINZELARBEITEN

Beurteilungsbogen für kaufmännische Lehrlinge. Pelikan, Hannover 1965

Eignungszeugnis für Handel und Industrie. Lüke, Schwerte (unveröffentlicht)

Anforderungsprofile. Prof. Dr. Gerhard Freitag, Hagen 1982

Personalwerbung und Personalauslese. Prof. Dr. Gerhard Freitag, Hagen 1980

Adressen

(Stand: Januar 1998)

Bei Fragen und für Ihre Ausbildungs- oder Fortbildungswünsche wenden Sie sich bitte an eines der folgenden Verbandssekretariate:

Deutschland

Berufsverband geprüfter Graphologen/ Psychologen (BGGP)
Rossinistraße 9
D-85598 München
(1. Vorsitzender: Herr Dr. Helmut Ploog)

Deutsche Graphologische Vereinigung (DGV)
Hölderlinweg 59
D-73728 Esslingen
(1. Vorsitzende: Frau Roswitha Klaiber)

Fachverband Deutsche Graphologen (FDG)
Eitzen II Nr. 10
D-29582 Hanstedt
(1. Vorsitzende: Frau Gudrun Goldau)

Schweiz

Interessengemeinschaft Diplomierter Graphologen (IDG)
Breitfeldstraße 34
CH-3014 Bern
(Präsident: Herr Eduard Hasen)

Schweizerische Graphologische/Schriftpsychologische Berufsvereinigung (SGB)
Maihölzlistraße 17
CH-5620 Zufikon
(Präsident: Herr Dr. iur. Werner Zeder)

Schweizerischer Verband für Graphologie und Tiefenpsychologie (SVGT)
Manessestraße 10
CH-8036 Zürich
(Präsident: Herr Wolf-Dieter Schmid)

Verband Deutschsprachiger Graphologen (VDG)
Löwenstraße 20
CH-8001 Zürich
(Präsident: Herr Albert Linder)

Österreich

Österreichische Gesellschaft für Schriftpsychologie (ÖGS)
Gersthofer Straße 162
A-1180 Wien
(Präsident: Herr Dr. Walter Brandner)

Niederlande

Nederlandse Orde van Grafologen (NOG)
Wikkelaan 56
NL-3852 CN Ermelo
(Sekretariat: Frau Thérèse Strienstra-Dielen)

Alfons Lüke
Graphologie für Einsteiger

Wer Handschriften zu deuten vermag, verfügt über einen Schlüssel zur umfassenden Einschätzung von Menschen. Alfons Lüke, ehemaliger Vorsitzender des Berufsverbandes deutscher Graphologen, führt in die Beurteilungsmethoden ein und verhilft so zu grundlegenden Kenntnissen der Handschriftendeutung.

160 Seiten, kartoniert, ISBN 3-7205-2045-5

Dr. Albert Lang/Alfons Lüke
Unterschriften – graphologisch gedeutet
Was vielsagende Schnörkel verraten

Eine Einführung in ein Spezialgebiet der Handschriftenkunde: Im Zeitalter von Computern und Textverarbeitungssystemen bleibt dem Graphologen häufig nur der Blick auf die Unterschrift. Doch auch aus dieser stark verkürzten und stilisierten Handschriftenprobe lassen sich Rückschlüsse auf die Charaktereigenschaften des Urhebers ziehen.

155 Seiten, kartoniert, ISBN 3-7205-1624-5

Bernd A. Mertz
Die Praxis der Handanalyse

Handdeutung hilft Psyche und Charakter eines Menschen zu erschließen, sie ist erlernbare Menschenkenntnis. Die Art und Weise, wie ein Mensch seine Hände gebraucht, die Verschiedenheit der Außenhand, die Bedeutung der Linien, Formen und Berge der Innenhand geben Hinweise auf sein innerstes Wesen. Dieses praktische Arbeitsbuch vermittelt das Grundwissen der Handanalyse.

364 Seiten, zahlreiche Abbildungen und Tabellen, gebunden, ISBN 3-7205-1563-X

Alle diese Bücher erhalten Sie in jeder Buchhandlung.
Ein farbiges Büchermagazin mit den lieferbaren Titeln des Ariston Verlages senden wir Ihnen auf Wunsch gerne zu.

ARISTON VERLAG · KREUZLINGEN/MÜNCHEN

Hauptstraße 14, CH-8280 Kreuzlingen, Tel. 071/672 72 18, Fax 071/672 72 19
Karl-Theodor-Straße 29, D-80803 München, Tel. 089/38 40 68-0, Fax 089/38 40 68-10

Alfred J. Bierach
In Gesichtern lesen
Menschenkenntnis auf den ersten Blick

An seinem Gesicht erkennt man einen Menschen, an seinem Gesichtsausdruck glaubt man ihn beurteilen zu können. Doch Vorsicht vor Fehleinschätzungen, denn landläufig bekannte Klischeevorstellungen sind ebenso unzuverlässig wie bloße Intuition. Dieses Buch vermittelt das erforderliche physiognomische Grundwissen und viele praxisbezogene Tips für das Lesen in Gesichtern und die Einschätzung der Persönlichkeit anderer Menschen.

228 Seiten, gebunden, 40 Zeichnungen, ISBN 3-7205-1585-0

Alfred J. Bierach
Das gewisse Etwas
Die starke Persönlichkeit – eine Sache der Übung

Alle haben es, das gewisse Etwas! Aber nur wenige können es richtig zur Geltung bringen. Dieses Buch ermutigt Sie, Ihre Stärken kennenzulernen, sie selbstbewußt zu entwickeln und wirkungsvoll auszustrahlen. Eine Vielzahl praktischer Hinweise und Übungen zeigt Ihnen, wie Sie verborgenes Persönlichkeitspotential entfalten und zum Strahlen bringen können – im beruflichen und öffentlichen wie im privaten Leben.

198 Seiten, gebunden, ISBN 3-7205-1687-3

Branko Bokun
Wer lacht lebt
Emotionale Intelligenz und gelassene Reife

Eine heitere, gelockerte Grundeinstellung ist der beste Schutz gegen Ärger und Angst, Hektik und Stress – die allgegenwärtigen Krankmacher von Körper, Geist und Seele. Aus kulturhistorischer, anthropologischer und medizinischer Sicht entwickelt der Autor seine Theorie von den Heilqualitäten einer heiteren Lebenseinstellung. Er zeigt, wie man sich vor verbitterten und verkrampften Fehlhaltungen schützt und zu gelassener Reife findet.

223 Seiten, kartoniert, ISBN 3-7205-1944-9

Alle diese Bücher erhalten Sie in jeder Buchhandlung.
Ein farbiges Büchermagazin mit den lieferbaren Titeln des Ariston Verlages senden wir Ihnen auf Wunsch gerne zu.

ARISTON VERLAG · KREUZLINGEN/MÜNCHEN

Hauptstraße 14, CH-8280 Kreuzlingen, Tel. 071/672 72 18, Fax 071/672 72 19
Karl-Theodor-Straße 29, D-80803 München, Tel. 089/38 40 68-0, Fax 089/38 40 68-10